생활법률

우병창 · 김보람 · 김나래

박영사

머리말

법이란 무엇일까. 궁금하다면 바로 다음 책장을 넘기면 된다. 그러면 가느다란 버드나무 가지 하나만큼의 설명이 나올 것이다. 그게 전부다. 그 다음은 독자의 몫이다.

표지의 그림은 클로드 모네의 작품 버드나무이다. 표지를 두고 의견이 분분했으나 결론은 그림이었다. 그런데 수천 장의 명화를 보고 정한 것이 왜 하필 버드나무일까.

법학도가 되어 들어 온 법에 대한 평가는 법학은 딱딱한 학문이고 그것을 공부하는 사람은 고지식하거나 경직되어 있다는 이미지가 일반적이었다. 버드나무의 꽃말은 정화, 경쾌이다. 버드나무의 꽃말과 법의 이미지, 그 케미는 어떨까.

우리나라 법 중에서 기본의 기본이 되는 법은 민법이다. 우리의 일상생활 속에서 생기는 법률관계의 대부분은 민사법률관계이다. 그래서인지 변호사시험에서의 비중도 민사법 분야가 공법이나 형사법 분야보다 더 많기도 하다. '민사에 관하여 법률에 규정이 없으면 관습법에 의하고 관습법이 없으면 조리에 의한다'라는 것이 민법 제1조이다. 천 개가 넘는 민법 조문 중에서 맨 앞에 있다는 것은 그만큼 많은 의미를 담고 있고 중요한 조문이라는 뜻이다. 이 제1조가 바로 법학도가 나아가는 출발점이며, 내가 생활법률 강의에서 맨 먼저 얘기하는 법조문이기도 하다.

버드나무를 표지로 고른 이유는 제1조에 나오는 조리(條理)라는 용어 때문이다. 민법 교과서마다 '조리는 사물의 본성이다'라고 설명하고 있다. 조리도 어려운데 사물은 뭐고 본성은 또 뭔가. 이래서 법은 어려워 ㅜㅜ. 이런 학생들에게 '사물의 본성'을 설명할 때 예로 드는 것이 바로 버드나무와 대나무이다. '버드나무는 부드럽게 아래로 늘어지는 게 본성이고, 대나무는 곧게 위로 뻗는 게 본성이다.'

그렇다면 생활법률이란 무엇일까. 법학의 생명은 실효성이다. 현실과 동떨어진 법은 제 역할을 할 수가 없다. 따라서 생활법률의 내용은 지나치게 전문적인 내용보다는 일상 속에서 자신에게 어떤 법률적인 문제가 생겼고 어디에 도움을 청하여야 하는지 정도만 파악할 수 있는 기초적인 것이라야 한다. 그 다음은 법률전문가에게 맡겨야 한다.

나는 10년 넘게 생활법률을 전담해 오고 있다. 첫 학기 때에 1개 분반의 수강인원이 150명 정도였고 2개 분반을 운영한 것으로 기억된다. 같은 교수, 같은 과목이라도 수강인원은 늘 출렁이게 마련이다. 2024년 어느 날 박영사로부터 책을 내자는 제안을 받았지만 내키지가 않았다. 법학 전문서적이 아닌 것을 책으로 낸다는 것은 불필요하고 낭비라는 게 나의 오랜 생각이었기 때문이다.

필자가 처음으로 강단에 올라 가르친 과목은 법학개론과 민법총칙으로 기억된다. 그렇게 강단에 오른 지 올해가 35년째인 듯하다. 내 나이 이순을 지나 곧 정년을 맞이하게 될 것이다. 생활법률은 이제 나 혼자만 하는 강의가 아니다. 법이 필요하지만 법에 익숙하지 않은 사람들에게 끊이지 않고 들려줘야 할 과목인 것이다. 내겐 박사 제자 세 명이 있다. 출판을 권유 받을 무렵엔 세 제자 모두 새 학기에 이 과목을 강의할 예정이었다. 두 김 박사는 한국어로, 다른 이탈리아 제자는 숙대에선 처음으로 영어로 생활법률을 강의하게 된다. 그래, 제자들과 기념물 하나는 남겨야지. 그렇게 출판을 시작하게 되었다.

이 책의 기본 컨셉은 '내용은 적게 다루고 설명은 쉽게 하자'이다. 10여 년 전에 처음 생활법률이라는 과목을 시작할 때만 해도 열정이 넘쳐

갓난아기를 키우는 엄마의 마음으로 가능하면 많은 것을 주입시키려고 달려들었다. 학기를 거듭하면서 강의는 내게도 공부가 되었지만 법의 ㅂ도 모르는 법린이가 한 번에 이해하기 어려운 법지식을 일방적으로 내뱉는 것이 과연 적당한 법 교육인가 하는 의문이 들었다. 이 깨달음이 있은 후부터 강의의 내용은 조금씩 줄어들었고, 아주 정말 기초적인 것만 가르치자고 다짐하면서 강단에 선 게 수년째이다. 그 적디적은 강의 내용과 쉬운 설명이 활자화 되어 나오는 것이다.

이 책은 나의 책이 아니다. 대부분의 내용을 공동저자인 두 김 박사가 맡아주었고 나는 거저 앞부분에 몇 자 적었을 뿐이다. 그들이 없었다면 이런 책은 나오기 어려웠을 것이다. 이 책을 만드는 과정은 힘들었겠지만 그 결과는 두 김 박사에게 의미 있는 추억이 되기를 소망하며, 우리 연구실의 다음을 기대해 본다.

이 책이 나오기까지 실무적으로 걸린 시간은 1년이 채 되질 않는다. 그렇지만 단어 하나하나, 문장 한 줄마다 고민하고 고치고 또 고친 결과이다. 부족한 점이 있겠지만 독자 여러분의 양해를 바란다. 출판을 적극적으로 권해 준 박영사 정성혁 과장, 편집을 맡아 마무리까지 해 준 이승현 차장께 감사의 마음을 전하며, 이 책이 국내 최고의 법률서적 출판사인 박영사에 누가 되지 않기를 바라는 마음이다.

이번 출판은 다음 책을 위한 기획이다. 법을 대하는 독자의 심신이 이 책을 통해 버드나무의 꽃말처럼 정화되어 경쾌해지길 진심으로 고대한다.

2025. 8. 18.

청파 언덕에서, 저자 대표 집중우박(執中禹博)

차례

제1부 서 론

제2부 재 산

제3부 상 속

제4부 친 족

제5부 형 사

제 1 부

서론

01

법의 의의

법이란 무엇인가

법은 사회적 규범이며, 강제성을 가진 실질적 규범이다. 또한 법은 행위규범이며, 재판규범이다.

법은 언어와 국가에 따라 다양한 모습으로 표현될 수 있는데, 우리의 법률용어는 대부분 한자로 되어 있다. 현대법에서 법을 나타내는 한자는 '法'이다. 한자에 나타난 법의 의미를 보면, 아래와 같다.

灋

法(水+去)+廌

법 = 순리(順理) + 정의(正義)

오늘날 법은 '法'이라고 간단한 한자를 쓰고 있지만 법의 본래 한자는 '灋'으로, 매우 복잡하다. 이런 한자를 속자(俗字)라고 한다. 한자에 있어

서 속자가 복잡한 경우 획수를 줄여서 쓰는 경우가 있는데, 法도 그런 한자이다.

주지하다시피 法은 〈물 水〉와 〈갈 去〉가 합쳐진 한자이다. 여기에서 水의 의미는 물의 표면처럼 공평을 의미하는 것이고, 去는 흘러간다(진행한다, 해결한다, 판단한다)는 의미로서 공평무사(公平無私)하고 자연스럽게 해결된다는 의미가 담겨 있다.

✚ 법과 도덕은 다른 규범인가

✚ 경복궁 근정전 앞에 있는 해태상이 가지는 의미

법의 목적

법은 그마다 각각의 목적을 지니고 있으며, 궁극적으로는 인간을 위한 규범이다. 그러므로 그 목적 또한 법 그 자체라기보다는 법을 통해 실현하려는 인간의 목적(최대다수의 최대행복이 곧 법의 정의이며 법의 목적에 맞는 것이 아닐까)에 이바지하는 것이다.

법의 존재형식과 종류

법의 존재형식을 "법원(法源)"이라고 하며, "법의 연원(淵源)"이라고도 한다. 민법의 경우 제1조에서 '민사에 관하여 법률에 규정이 없으면 관습법에 의하고 관습법이 없으면 조리에 의한다'라고 규정하고 있다.

법원(法源)은 그 형식에 따라 성문법과 불문법으로 나뉜다. 우리나라 법체계는 성문법을 중심으로 하면서 불문법(관습법/판례/조리)으로 보충하고 있다.

법규범이라고 하여 모두 동일한 효력을 갖는 것이 아니라 그 형식에 따라 위에서부터 〈헌법 ⇒ 법률 ⇒ 명령 ⇒ 규칙〉의 순서로 피라미드와 같은 구조를 가지는데 이를 법단계설이라고 하며, 아래 법규범의 규정 내용이 위 법규범에 위반되는 경우에는 무효로 한다.

법을 공부하면서 반드시 모든 개념을 샅샅이 꿰고 있을 필요는 없다. 법학에서는 서로 연관되거나 상반되는 개념이 매우 많이 나오므로 어느 한쪽만 제대로 이해하고 있으면 다른 하나는 비교적 쉽게 이해할 수 있는 경우가 많다.[1] 그렇기 때문에 무작정 외우려고 하는 것은 올바른 공부방법이 아니며 반드시 기본적인 개념이나 용어를 이해하고 그 다음 단계로 넘어가야 공부한 내용이 논리적으로 연결되어 오래도록 머릿속에 남아 있게 될 것이다.

✚ **성문법과 불문법의 장점과 단점**

	성문법	불문법
법의 통일 정비	쉽다	곤란하다
법적 질서 안정	확정적이다	유동적이다
법의 명확화	쉽다	곤란하다
법의 경화(硬化)	쉽다	어렵다
사회변화에 적응	어렵다	쉽다
법적 질서의 유동성	저해 우려 많다	저해 우려 적다

법의 해석과 적용

우리가 어떤 음식을 먹을 때 그 음식의 재료나 양념을 단순히 날것

1) 공법&사법, 국내법&국제법, 신법&구법, 실체법&절차법, 강행법(규정)과 임의법(규정), 형식적&실체적, 절대적&상대적, 추상적&구체적, 대외적&대내적 등.

그대로 섞어서 만드는 것이 아니라 요리라는 과정을 통해 그 식재료가 가지고 있는 본래의 맛을 최대한 끌어낸다면 더욱 맛있는 음식이 될 것이다.

법도 마찬가지이다. 성문법이든 불문법이든 추상적으로 규정되어 있는 법 자체를 현실에서 발생하는 우리의 구체적인 행위에 그대로 적용할 수 없는 경우가 대부분이다. 우리의 생활과 법을 연결하기 위해서는 일정한 과정을 거쳐야 하는데 그것이 바로 '법의 해석과 적용'이다.

법의 해석이란 법이 규정하고 있는 의미와 내용을 이해하고, 그 타당한 범위를 한정하는 작업이다. 법해석의 방법은 유권해석과 무권해석(학리해석)으로 나뉘며, 후자는 다시 문리해석과 논리해석으로 나뉜다. 그리고 분류기준에 따라 자연적 해석, 규범적 해석, 보충적 해석으로 구분되기도 한다. 이러한 해석의 과정을 거쳐서 추상적인 법규정을 현실에서 일어나는 구체적인 사실과 연결시키는 과정이 '법의 적용'이다.

✚ 법의 해석과 적용 : 법적 안정성 vs 구체적 타당성

✚ 민사와 형사

> - 택시에서 토하면 얼마나 물어줘야 할까요?
> - http://bizn.khan.co.kr/khan_art_view.html?artid=201501270933371&code=920100&med=khan

✚ 손해란 무엇인가

✚ 고의와 과실

법의 효력

법은 규범력과 타당성 그리고 실효성을 가져야 하며, 그렇지 못할 경우 법으로서의 역할을 할 수가 없다. 그렇지만 인간의 모든 행위를 법으

로 해결할 수는 없다. 즉 법이 인간의 모든 행위에 개입할 수는 없는 것이다.[2)]

법의 효력은 형식적 효력과 실질적 효력으로 나뉘며, 소급하지 않는 것이 원칙이다. 그리고 법이 적용되는 국민이나 국가에 따라 속인(屬人)주의와 속지(屬地)주의로 구분된다.

2) 법률관계/인간관계/신사(紳士)협정/호의(好意)관계의 차이를 확실하게 알아야 한다.

02

민사법률관계

민사법률관계의 형성

민사법률관계는 〈개인 vs 개인〉의 법률관계로서 사유재산권존중(尊重)의 원칙, 사적자치(私的自治)의 원칙 및 과실(過失)책임의 원칙에 의해 규율된다.

개인 사이의 법률행위(계약)에 의해 법률관계(당사자)가 형성되고, 그로부터 법률효과(권리와 의무)가 발생하는 구조이다. 법률행위가 유효하기 위해서는 성립요건과 효력요건을 갖추어야 하며, 법률행위는 보통 2개의 의사표시로 구성된다. 계약을 이루는 2개의 의사표시 중에서 특별히 먼저 표시된 것을 청약, 나중에 표시된 것을 승낙이라고 부른다. 이 2개의 의사표시가 일치하여야 그 계약이 유효하게 될 수 있으며, 청약은 철회하지 못한다(민법 제527조).

✚ 취소와 철회 vs 무효와 취소

신의성실의 원칙

민법 제2조(신의성실)
① 권리의 행사와 의무의 이행은 신의에 좇아 성실히 하여야 한다. ② 권리는 남용하지 못한다.

絜矩之道(혈구지도)_〈大學〉
所惡於上으로 毋以使下하며, 所惡於下로 毋以事上하며, 所惡於前으로 毋以先後하며, 所惡於後로 毋以從前하며, 所惡於右로 毋以交於左하며, 所惡於左로 毋以交於右가 此之謂絜矩之道니라.

민사법률관계의 기본원칙

법률행위자유의 원칙은 사적 자치의 원칙으로부터 당연히 나오는 원칙으로서 구체적으로는 아래 4가지이다.

- 법률행위 체결의 자유
- 상대방 선택의 자유
- 내용 결정의 자유
- 법률행위 방식의 자유

법률행위를 위한 능력

민사법률관계에서 필요한 능력은 권리능력과 의사능력 그리고 행위능력이다.

권리능력에 대해 우리 민법은 '사람은 생존한 동안 권리와 의무의 주체가 된다(제3조)'라고 규정하고 있다. 즉 권리가 인정되는 기간은 사람이 생존하는 동안이다.

의사능력이란 자기의 행위의 의미와 결과를 판별할 수 있는 정신능력을 말하며, 행위능력이란 단독으로 유효한 법률행위를 할 수 있는 능력을 말한다. 능력이 없거나 충분하지 않은 사람의 법률행위를 돕는 제도로 후견제도가 있고, 우리 민법은 미성년후견(민법 제928조 이하)과 성년후견(민법 제9조 이하 및 제936조)으로 구분하여 규율하고 있다.

03

분쟁 해결하기_민사소송

소송제도의 필요성

일상생활 속에서 분쟁이 발생하면 자신의 권리를 지키기 위하여 여러 수단을 강구하게 된다. 국가권력이 확립되기 전에는 동서양을 불문하고 자력구제라는 것이 권리를 실현하는 원칙적인 수단이었다. 자력구제는 개인이 스스로 권리를 보호하거나 실현하기 위하여 국가의 힘을 빌리지 않고 실력을 행사하는 방법이다. 결국 물리력을 동원하는 것이므로 힘의 불균형이 존재하는 당사자 사이에서는 불공정한 결과를 낳기 쉬웠고, 피해를 회복하는 것을 넘어 상대방의 재산을 파손하거나 물리적 · 경제적인 '보복'을 하는 방식이었기 때문에 오히려 분쟁을 악화시키고 불필요한 갈등을 증폭시키는 결과를 초래하는 경우가 많았다. 이와 같은 자력구제를 통해서는 사회질서를 안정적으로 유지해 나가는 것이 곤란하였기 때문에 국가권력이 확립되면서부터는 자력구제를 원칙적으로 금지하고, 분쟁이 발생하였을 때 그 사회의 법규범을 통해서 강제적이고 평화적으로 해결하자는 사회적인 요청에서 등장한 것이 소송제도라고 할 수 있다.

민사소송이란

민사소송은 민법, 상법 등 사법(私法)에서 규정하고 있는 권리를 다투는 소송으로 개인 상호 간의 생활관계에서 발생한 법률상 분쟁을 국가재판권에 의하여 강제적으로 해결하는 절차이다.

민사소송은 그 목적에 따라 크게 세 가지 절차로 구분된다. 판결절차는 법원의 판결에 의해서 권리의 유무를 확정하는 것으로, 좁은 의미에서 말하는 민사소송은 이 판결절차를 뜻한다. 다음으로 보전절차는 권리의 실현에 대비하는 것으로, 법적 분쟁이 해결될 때까지 채권자의 권리를 임시로 보호하기 위하여 채무자의 재산 등에 제한을 가하는 조치이다. 가압류나 가처분이 보전절차에 해당한다. 마지막으로 강제집행절차는 사법상 의무가 이행되지 않을 때 공권력을 발동해서 강제적으로 실현하는 것이다. 경매나 압류가 강제집행절차에 해당한다.

✚ 가압류와 가처분의 구분

> 가압류는 금전채권의 집행을 위해서 미리 채무자의 재산을 동결시키고 잠정적으로 처분권을 빼앗는 역할을 한다. 예를 들어, 대여금반환청구소송이나 부동산매매대금청구소송을 할 때 소송이 끝날 때까지 상대방이 그 재산을 처분할 수 없도록 하는 것이다.
> 가처분은 금전채권을 제외한 다른 권리에 대하여 현재 상태를 유지하게 하는 역할을 한다. 예를 들어, 상대방에 대하여 어떤 물건을 돌려받아야 하는 상황이라면, 소송을 하는 도중에 상대방이 이 물건의 점유를 제3자에게 이전하면 승소하더라도 이 물건을 되찾아 오기 어렵다. 이와 같은 경우에 필요한 것이 점유이전금지가처분이다. 즉, 상대방이 어떤 행위를 하게 되면 당사자의 권리 실현이 현저히 곤란해질 가능성이 있을 때 일단 현재의 상황이 유지되도록 하는 기능을 하는 것이 가처분이다.

민사소송의 원칙

민사소송에서 기억해야 하는 가장 중요한 원칙은 처분권주의 및 변론주의로, 민법을 지배하는 대원칙인 사적자치의 원칙을 민사소송을 통하여 구현한 것이다.

처분권주의는 소송물에 대한 당사자의 처분의 자유를 의미한다. 절차의 개시, 심판의 대상, 절차의 종결 여부에 대해 당사자인 원고에게 주도권을 주고 그 처분에 맡기는 것이다. 민사소송절차는 당사자가 소를 제기함으로써 시작되고, 심판대상은 원고의 의사에 의하여 특정되고 한정되며, 법원은 당사자가 신청한 사항에 대하여 신청한 범위 내에서만 판단할 수 있다. 나아가 개시된 절차를 종국판결에 의하지 않고 종결시킬 것인지의 여부도 당사자의 의사에 일임한다.

변론주의는 소송자료에 대한 자유를 의미한다. 사실과 증거의 수집, 제출은 소송당사자가 부담하여 법원은 당사자가 제출한 사실과 증거만을 재판의 기초로 삼아 판결하여야 한다.

민사소송의 주체

소송은 당사자 사이 분쟁을 재판으로 해결해 줄 것을 법원에 요청하는 것이다. 따라서 우선 법원이 필요하다. 법원은 법관으로 구성된 재판기관으로, 단독판사 1인으로 구성될 수도 있고 여러 명으로 구성된 합의부가 될 수도 있다. 지방법원은 단독제가 원칙이지만(법원조직법 제7조 제4항), 합의부에서 재판할 수도 있다(법원조직법 제7조 제5항). 고등법원과 대법원은 언제나 합의제에 따라 재판을 진행한다.

소송당사자는 법원에 대하여 본인에 대한 재판권의 행사를 요구하는 자 및 그 상대방이다. 소송의 당사자를 표현하는 명칭은 판결절차별로 다른데, 보통 원고/피고라고 하는 사람은 1심 재판에서의 소송당사자를 의미하는 것이다. 2심에서는 항소인/피항소인, 3심에서는 상고인/피상고인이라 한다.

민사소송의 대리인에는 법정대리인과 임의대리인인 소송대리인이 있다. 법정대리인은 법률의 규정에 의한 대리인으로 소송당사자가 미성년자나 피성년후견인일 때에는 법정대리인이 소송절차를 대신하도록 하고 있다. 미성년자의 법정대리인은 친권자인 부모가 되며, 친권자가 없을 때에는 미성년후견인이 법정대리인이 된다. 피성년후견인의 법정대리인은 성년후견인이다. 성년자의 경우에는 단독으로 소송을 할 수도 있지만 소송대리인을 선임할 수도 있는데, 법률에 따라 재판상 행위를 할 수 있는 대리인 외에는 원칙적으로 변호사가 아니면 소송대리인이 될 수 없다(민사소송법 제87조). 임의대리인은 계약에 따라 선임된 대리인이다.

✚ 변호사가 아니더라도 소송대리가 가능한 경우(민사소송법 제88조 및 소액사건심판법 제8조)

1. 단독판사가 심리 · 재판하는 사건 가운데 그 소송목적의 값이 일정한 금액 이하인 사건에서, 당사자와 밀접한 생활관계를 맺고 있고 일정한 범위 안의 친족관계에 있는 사람 또는 당사자와 고용계약 등으로 그 사건에 관한 통상사무를 처리 · 보조하여 오는 등 일정한 관계에 있는 사람(법원의 허가 필요함)
2. 소액사건(소송목적 값이 3,000만 원을 초과하지 않는 사건)에서 당사자의 배우자 · 직계혈족 또는 형제자매(법원의 허가 필요 없음)

민사소송의 절차

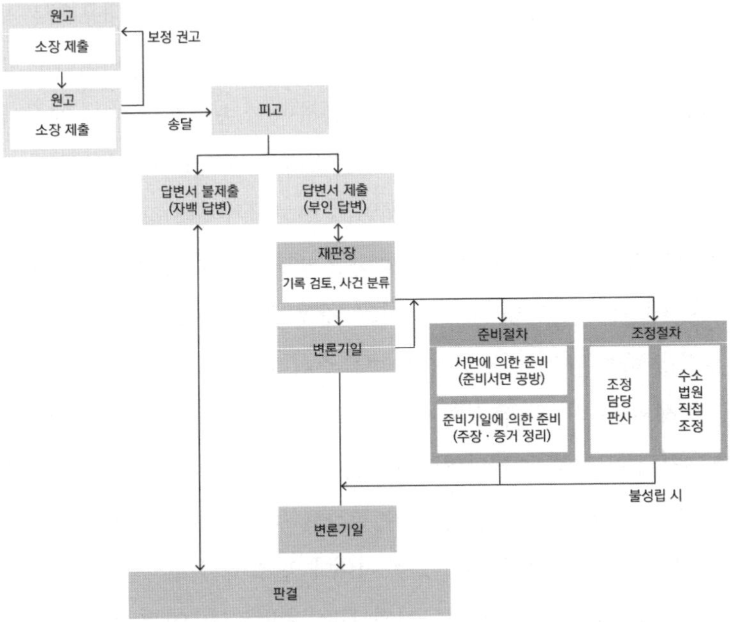

자료: 대한민국 법원 홈페이지 '나홀로 소송'

민사소송이 시작되기 위해서는 '소장'이라고 하는 서면을 1심 법원에 제출하여야 한다. 어떤 서면이 소장으로서 효력을 가지기 위해서는 반드시 기재하여야 하는 사항이 있다. 소송의 당사자가 누구인지 원고와 피고를 표시하여야 하고, 법정대리인이 있으면 법정대리인, 청구취지와 청구원인이 포함되어야 적법한 소장으로 인정되는 것이다.

원고가 소를 제기하면 법원에서는 소장이 제대로 작성되었는지를 심사하고 다른 문제가 없으면 소장 부본을 피고에게 송달한다. 그리고 피고가 소장의 내용에 대하여 다투기 위해서는 30일 이내에 답변서를 제출하여야 한다. 피고가 답변서를 제출하지 않은 때에는 법원이 피고가 청구원인을 자백한 것으로 보고 변론없이 판결할 수 있다. 이때는 법원이 선고기일을 지정해서 판결을 하게 되는데 피고가 이 내용을 자백한 것으로 보기 때문에 보통은 원고가 주장하는 내용대로 선고기일에 원고 승소판결이 선고된다. 다만, 선고기일이 지정되더라도 판결이 선고되기 전에 피고가 답변서를 제출하면 소송절차가 다시 개시된다.

피고가 답변서를 제출하였다면 변론절차가 시작된다. 당사자는 준비서면을 제출하여야 하는데, 준비서면은 변론절차에서 각자 주장할 내용을 기재한 문서로, 준비서면을 제출하면 법원이 상대방에게 송달하게 된다. 소송에서는 원고 및 피고가 여러 개의 준비서면을 제출해서 상대방의 주장을 다투는 것이 보통이다. 변론준비절차 동안 법원이 변론준비기일을 정해서 당사자를 출석하게 하고 각자의 주장과 증거를 정리할 수도 있다. 변론준비절차가 끝나면 바로 변론기일을 지정하게 되고 변론기일에 당사자는 변론준비기간 동안의 결과를 진술하고 법원의 증거조사가 이루어진다. 변론 종결일부터 2주 이내에 판결이 선고되는 것이 원칙이며, 이 판결정본은 원고와 피고에게 모두 송달된다. 이때 판결서를 송달받고 2주 내에 당사자가 이의를 제기하지 않으면 그 판결이 확정된다.

[소장 예시]

소 장

원고 : 김갑순

서울특별시 용산구 청파로47길 100

피고 : 이을동

경기도 용인시 죽전로 100길 201동 107호

청구취지

1. 피고는 원고에게 100,000,000원 및 2024. 7. 1.부터 갚을 때까지 연 10%의 이율로 계산한 돈을 지급하라.
2. 소송비용은 피고의 부담으로 한다.

라는 판결을 구합니다.

청구원인

1. 원고는 피고에게 2023. 1. 1. 자로 100,000,000원을 2024. 6. 30.을 변제기로 하여 연 5%의 이율로 대여하였습니다.
2. 피고는 변제기가 지났음에도 위 대여금을 지급하지 않고 있으므로 원고는 피고에 대하여 위 대여금 100,000,000원의 지급을 구하기 위하여 이 사건 청구에 이른 것입니다.

입증방법

갑 제1호증 차용증 1통

첨부서류

소장부본 1통

2025. 4. 1. 원고 김갑순

서울서부지방법원 귀중

* 청구취지는 원고가 어떤 내용의 판결을 구하는지 특정해서 기재하는 것이다.

** 청구원인은 청구취지의 근거가 되는 사실관계를 의미한다.

[답변서 예시]

답 변 서
사건번호　　2025가단9981 원고 : 김갑순 피고 : 이을동 위 사건에 관하여 피고는 다음과 같이 답변합니다. 청구취지에 대한 답변 1.　　원고의 청구를 기각한다. 2.　　소송비용은 원고의 부담으로 한다. 라는 판결을 구합니다. 청구원인에 대한 답변 원고는 피고에게 대여금 100,000,000원을 청구하고 있으나 피고는 원고에게 이를 차용한 사실이 없으므로 변제할 채무도 없습니다. 입증방법 진술서 1통 2025. 4. 30. 피고 이을동 서울서부지방법원 귀중

재판에 대한 불복: 상소

하급법원의 재판으로 불이익을 받은 당사자는 그 재판이 확정되기 전에 상급법원에 대하여 판결에 대한 불복을 주장하여 다시 심리할 것을 요구할 수 있다. 이를 상소라 한다.

1심 법원의 판결에 대한 불복신청을 항소라 하고, 2심 법원의 판결에 대한 불복신청을 상고라 하는데, 우선 항소하기 위해서는 판결서가 송달된 날부터 2주 내에 항소장을 1심 법원에 제출하여야 한다. 항소를 하는 이유는 크게 제한이 없다. 2심 판결에도 불복한다면 상고를 하여야 한다. 상고는 2심 판결에 대한 법령 해석작용의 당부를 심사하는 것으로 판결이 위법할 때 파기 또는 변경을 요구하는 것이다. 따라서 판결에 영향을 미친 헌법·법률·명령 또는 규칙의 위반이 있다는 것을 이유로 드는 때에만 할 수 있다(민사소송법 제423조). 따라서 상고사건의 경우는 헌법이나 법령 등에 중대한 위반이 있거나 대법원 판례에 반하는 경우가 아니라면 더 이상 심리하지 않고 상고를 기각하게 되는데, 이를 심리불속행제도라고 한다. 상고심은 항소심 절차를 준용하기 때문에 2심 법원의 판결에도 불복한다면 2주 내에 2심 법원에 상고장을 제출하면 된다.

✚ 심급제도

> 심급제도는 공정한 재판을 통해서 억울한 사람이 생기지 않도록 재판기회를 여러 번 주는 것이다. 하나의 소송사건에 대해서, 서로 다르게 구성된 법관 또는 다른 종류의 법원에서 재판을 받을 수 있도록 하고 있으며 우리나라는 3심제를 원칙으로 한다. 이와 같은 절차를 통해서 앞선 재판에서 간과하거나 오해한 사실을 뒤의 재판에서 바로잡을 수가 있기 때문에 3심제도는 재판의 적정성, 공정성 등을 담보하는 기능을 한다.

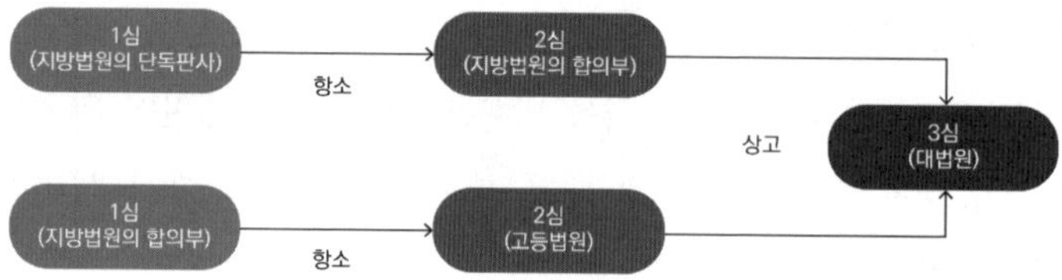

자료: 대한민국 법원 '나홀로 소송'

재판에 대한 비상(非常) 불복: 재심

재심은 통상의 방법으로는 상소를 할 수 없게 된 확정판결에 중대한 오류가 있을 경우 당사자의 청구에 따라 그 판결의 당부를 다시 심리하는 절차이다. 재심을 위해서는 관할 법원에 재심소장을 제출하여야 하는데, 재심소장에는 당사자와 법정대리인, 재심할 판결의 표시 및 그 판결에 대하여 재심을 청구하는 취지, 재심의 이유를 기재하여야 한다. 다만, 항소심에서 사건에 대하여 본안판결을 하였을 때에는 1심 판결에 대하여 재심을 청구할 수 없다(민사소송법 제451조 제3항).

재심을 무한정 할 수 있는 것은 아니다. 판결이 확정되고 재심의 사유를 안 날부터 30일(불변기간) 내에 청구하여야 하고, 판결이 확정되고 5년이 경과하면 재심청구를 할 수 없다(민사소송법 제456조). 또한 재심을 청구하기 위해서는 민사소송법에 정해진 사유가 존재하여야 한다.

✚ 재심사유(민사소송법 제451조 제1항)

1. 법률에 따라 판결법원을 구성하지 아니한 때
2. 법률상 그 재판에 관여할 수 없는 법관이 관여한 때
3. 법정대리권·소송대리권 또는 대리인이 소송행위를 하는 데에 필요한 권한의 수여에 흠이 있는 때. 다만, 제60조 또는 제97조의 규정에 따라 추인한 때에는 그러하지 아니하다.

4. 재판에 관여한 법관이 그 사건에 관하여 직무에 관한 죄를 범한 때
5. 형사상 처벌을 받을 다른 사람의 행위로 말미암아 자백을 하였거나 판결에 영향을 미칠 공격 또는 방어 방법의 제출에 방해를 받은 때
6. 판결의 증거가 된 문서, 그 밖의 물건이 위조되거나 변조된 것인 때
7. 증인 · 감정인 · 통역인의 거짓 진술 또는 당사자신문에 따른 당사자나 법정대리인의 거짓 진술이 판결의 증거가 된 때
8. 판결의 기초가 된 민사나 형사의 판결, 그 밖의 재판 또는 행정처분이 다른 재판이나 행정처분에 따라 바뀐 때
9. 판결에 영향을 미칠 중요한 사항에 관하여 판단을 누락한 때
10. 재심을 제기할 판결이 전에 선고한 확정판결에 어긋나는 때
11. 당사자가 상대방의 주소 또는 거소를 알고 있었음에도 있는 곳을 잘 모른다고 하거나 주소나 거소를 거짓으로 하여 소를 제기한 때

04

형사법의 기초_범죄와 형벌

범죄의 의의

사회적으로 유해(사회공동생활의 존립과 기능을 현저히 침해)하고 '법적으로 보호할 가치가 있는 이익(법익)'을 침해하는 '반사회적이고 불법적인 행위'로서, 형벌을 과할 필요가 있는 행위를 말하며, 범죄의 구성요건에 해당하고(구성요건해당성) 위법하며(위법성) 책임 있는(책임성) 행위가 범죄로 된다.

형벌

형벌은 범죄에 대한 법적 효과로서 범죄자에게 과하는 제재(법익의 박탈)이다. 우리 형법은 제41조~제50조에서 범죄에 대해 규정하고 있고, 종류로는 사형, 징역, 금고, 자격상실, 자격정지, 벌금, 구류, 과료, 몰수 등이 있다(형법 제41조). 형벌은 박탈되는 법익의 내용에 따라 생명형(사형), 자유형(징역 · 금고) 등으로 구분된다.

✚ 과료(형벌) vs 과태료(행정벌)

죄형법정주의

죄형법정주의란 범죄와 그에 대하여 부과되는 형벌을 미리 법률로써 명확하게 규정하여야 한다는 형사법의 기본원칙으로서 형사법에 "명확성의 원칙"을 반영하고 "예측가능성"을 보장하기 위함이다. "법률이 없으면 범죄도 없고, 법률이 없으면 형벌도 없다"라는 법언으로 이 원칙을 천명하고 있다. 구체적인 실천 원칙으로는 다음과 같은 것이 있다.

① 관습형법의 배척

범죄와 형벌은 국회에서 제정된 '법률'로 정해야만 하고, 관습법에 의한 처벌은 허용되지 않는다는 원칙으로서 관습법은 그 내용과 범위가 불명확하기 때문이다. 다만, 구성요건의 해석이나 행위의 위법성 판단에 있어서 사회생활상의 관습을 고려하지 않으면 안 되는 경우가 있다.

② 형법불소급의 원칙

이것은 형법의 효력은 소급할 수 없다는 원칙이다. 일단 허용한 국민의 행동을 사후에 위법한 것으로 처벌할 수 없다는 의미이다. 만일 처벌한다면 국민들의 행위 기준에 혼란을 초래할 뿐 아니라(형법이 행위규범으로서의 의미를 상실) 법 질서의 안정을 해치기 때문이다. 다만, 피고인의 이익을 지키기 위한 원칙이므로 피고인에게 유리한 경우라면 신법의 소급효가 인정되어야 할 것이다(형법 제1조 제2항).

③ 유추해석의 금지

형법의 개별법규에 대한 유추해석은 허용되지 않는다는 원칙이다. 법률에 규정이 없는 사항에 관하여 그와 유사한 성질을 지닌 사항에 관한 법률을 유추하여 적용하는 것이 유추해석이다. 이러한 유추해석을 허용하게 되면 국가권력에 의한 자의적 지배, 국민의 권리와 자유에 대한 부당한 억압을 초래하기 쉽다. 특히 형벌은 개인의 권리와 자유에 대한 예외 규정이므로 가능한 한 엄격하게 해석하여야 한다. 그러므로 적어도 피고인에게 불이익한 방향으로의 유추해석은 죄형법정주의 원칙상 허용되지 않는다. 다만, 지나치게 엄격하게 유추해석을 금지할 경우 형법이 변화하는 사회현상에 대응하지 못하는 결과를 초래하게 되어 법과 현실의 괴리가 생길 우려가 있다.

④ 절대적 부정기형의 금지

부정기형이란 형의 기간을 확정하지 아니하고 선고하는 자유형으로서 형기를 전혀 정하지 않고 선고하는 절대적 부정기형과 형기의 상한과 하한을 정하여 선고하는 상대적 부정기형으로 나뉜다. 상대적 부정기형은 형사정책적으로 효과가 있어 세계 각국이 형사법상 채택(우리나라 소년법 제60조 참조)하고 있으나 자유형의 형기를 전혀 확정하지 않는 절대적 부정기형은 허용되지 않는다. 이를 허용하게 되면 법관은 유죄선고만 하고, 그 기간의 장단은 행정부가 행형 성적에 따라 정하게 되어 사법권에 대한 행정권의 침해를 초래하는 결과가 되기 때문이라고 한다.

형법의 목적과 적정성

① 형벌의 목적

형벌의 본질에 대해서는 응보형주의(형벌의 본질은 범죄에 대한 정당한 응보에 있다고 보는 견해)와 목적형주의(형벌의 본질은 응보가 아니라 범죄를 예방하기 위한 수단 또는 목적이라고 보는 견해)가 있었으나 최근에는 교육형주의(같은 범죄를 반복하지 않도록 교육하는 것이 형벌의 목적이라는 견해)가 지배적인 견해이다.

또한 형벌의 목적은 일반예방과 특별예방으로 구분할 수 있다. 형벌은 일정한 행위를 한 자를 벌할 것을 예고하고 실제 처벌함으로써 일반인들을 두렵게 하여 죄를 범하지 않도록 하는 예방의 효과를 거둘 수 있다는 것이 전자의 입장이고, 형벌은 그 범인이 재범하지 않고 다시 사회에 복귀할 수 있도록 교화하는 수단이라는 것이 후자의 입장이다.

② 범죄에 대한 양형

형법 제347조의 사기죄를 범하면 10년 이하의 징역 또는 2천만 원 이하의 벌금에 처해질 수 있다. 이 경우 판사는 사기죄를 저지른 피고인에 대해 법정형의 범위 내에서 형을 선택(선택형)하고, 가중·감경 사유의 유무에 따라 처단형을 정하게 된다(형법 제51조~제56조). 이처럼 판사는 대법원 양형위원회[3]가 정한 양형기준에 의하여 처단형을 결정하게 되고 재량의 여지는 거의 없다고 할 수 있다.

✚ 양형기준이란?

- 법관이 법정형 중에서 선고할 형의 종류(예컨대, 징역 또는 벌금형)를 선택하고, 법률에 규정된 바에 따라 형의 가중·감경을 함으로써 주로 일정한 범위의 형태로 처단형이 정해지는데, 처단형의 범위 내에서 특정한 선고형을 정하고 형의 집행유예 여부를 결정함에 있어 참조되는 기준이 바로 양형기준(2009.4.24. 의결, 2009.7.1. 시행)이다.
- 양형기준은 원칙적으로 구속력이 없으나, 법관이 양형기준을 이탈하는 경우 판결문에 양형이유를 기재해야 하므로, 합리적 사유 없이 양형기준을 위반할 수는 없다.
- 양형위원회는 개별 범죄별로 범죄의 특성을 반영할 수 있는 별도의 양형기준을 만들고 있는데, 범죄의 발생빈도가 높거나 사회적으로 중요한 범죄의 양형기준을 우선 설정하고 점진적으로 양형기준 설정 범위

---

3) 대법원 양형위원회_sc.scourt.go.kr/sc/krsc/main/Main.work.

를 확대하고 있다.

- 현재(2023.4.24. 수정, 2023.7.1. 시행) 살인, 뇌물, 성범죄, 횡령 · 배임, 절도, 사기, 선거, 교통 등 47개 주요 범죄의 양형기준이 시행 중이며, 양형위원회는 나머지 범죄에 관한 추가 양형기준 설정 작업 및 기존 양형기준의 수정 · 보완 작업을 지속적으로 진행하고 있다.

05

범죄의 성립

범죄의 성립요건

○ 고의(형법 제13조)

죄의 성립요소인 사실을 인식하지 못한 행위는 벌하지 아니한다. 다만, 법률에 특별한 규정이 있는 경우에는 예외로 한다.

○ 인과관계(제17조)

어떤 행위라도 죄의 요소되는 위험발생에 연결되지 아니한 때에는 그 결과로 인하여 벌하지 아니한다.

○ 부작위범(제18조)

위험의 발생을 방지할 의무가 있거나 자기의 행위로 인하여 위험발생의 원인을 야기한 자가 그 위험발생을 방지하지 아니한 때에는 그 발생된 결과에 의하여 처벌한다.

○ 과실(제14조)

정상적으로 기울여야 할 주의를 게을리 하여 죄의 성립요소인 사실을 인식하지 못한 행위는 법률에 특별한 규정이 있는 경우에만 처벌한다.

○ 사실의 착오(제15조)

특별히 무거운 죄가 되는 사실을 인식하지 못한 행위는 무거운 죄로 벌하지 아니한다. 또한 결과 때문에 형이 무거워지는 죄의 경우에 그 결과의 발생을 예견할 수 없었을 때에는 무거운 죄로 벌하지 아니한다.

○ 법률의 착오(제16조)

자기의 행위가 법령에 의하여 죄가 되지 아니하는 것으로 오인한 행위는 그 오인에 정당한 이유가 있는 때에 한하여 벌하지 아니한다.

○ 독립행위의 경합(제19조)

동시 또는 이시의 독립행위가 경합한 경우에 그 결과발생의 원인된 행위가 판명되지 아니한 때에는 각 행위를 미수범으로 처벌한다.

형(刑)의 감면

아래의 경우에는 범죄에 해당되더라도 형의 감면을 받을 수 있다.

○ 형사미성년자(제9조)

14세가 되지 아니한 자의 행위는 벌하지 아니한다.

○ 심신장애인(제10조)

심신장애로 인하여 사물을 변별할 능력이 없거나 의사를 결정할 능력이 없는 자의 행위는 벌하지 아니한다. 또한 심신장애로 인하여 사물을 변별할 능력이나 의사를 결정할 능력이 미약한 자의 행위는 형을 감경할 수 있다. 그러나 위험의 발생을 예견하고 자의로 심신장애를 야기한 자의 행위에는 심신장애인을 배려하는 규정(제10조 제1항 및 제2항)을 적용하지 아니한다.

○ 청각 및 언어 장애인(제11조)

듣거나 말하는 데 모두 장애가 있는 사람의 행위에 대해서는 형을 감경한다.

○ 강요된 행위(제12조)

저항할 수 없는 폭력이나 자기 또는 친족의 생명, 신체에 대한 위해를 방어할 방법이 없는 협박에 의하여 강요된 행위는 벌하지 아니한다.

범죄의 불성립

○ 정당행위(제20조)

법령에 의한 행위[4] 또는 업무로 인한 행위[5] 기타 사회상규에 위배되지 아니하는 행위는 벌하지 아니한다.

○ 정당방위(제21조)

현재의 부당한 침해로부터 자기 또는 타인의 법익(법익)을 방위하기 위하여 한 행위는 상당한 이유가 있는 경우에는 벌하지 아니한다(적합성의 원칙, 최소침해의 원칙). 방위행위가 그 정도를 초과한 경우에는 정황에 따라 그 형을 감경하거나 면제할 수 있다. 또한 방위행위가 야간이나 그 밖의 불안한 상태에서 공포를 느끼거나 경악하거나 흥분하거나 당황하였기 때문에 그 행위를 하였을 때에는 벌하지 아니한다.

○ 긴급피난(제22조)

자기 또는 타인의 법익에 대한 현재의 위난을 피하기 위한 행위는 상당한 이유가 있는 때에는 벌하지 아니한다. 그러나 위난을 피하지 못할

4) 공무원의 직무집행행위, 징계행위, 사인의 현행범인 체포행위, 노동쟁의행위 등이 있다.

5) 의사의 치료행위, 변호사·성직자의 직무수행행위 등이 있다.

책임이 있는 자에 대하여는 관련 규정에 따라 처벌한다.

○ 자구행위(제23조)

법률에서 정한 절차에 따라서는 청구권을 보전할 수 없는 경우에 그 청구권의 실행이 불가능해지거나 현저히 곤란해지는 상황을 피하기 위하여 한 행위는 상당한 이유가 있는 때에는 벌하지 아니한다. 다만, 자구행위가 그 정도를 초과한 경우에는 정황에 따라 그 형을 감경하거나 면제할 수 있다.

○ 피해자의 승낙(제24조)

처분할 수 있는 자의 승낙에 의하여 그 법익을 훼손한 행위는 법률에 특별한 규정이 없는 한 벌하지 아니한다.

06

수사와 재판

수사의 시작

사건의 단서를 계기로 범죄사실과 증거를 조사, 수집하고 범인을 찾아내는 일련의 과정이 수사이다.

수사기관이 범죄의 발생을 의심할 만한 사유가 되는 모든 것이 수사의 대상으로 되며, 그 시작이 범죄 피해자의 고소[6]나 제3자의 고발,[7] 시신발견 신고 등 어느 것에 의하든 제한이 없다. 국가 형벌권의 행사는 의무이므로 고소는 수사개시 단서의 하나일 뿐이다. 다만, 일정한 범죄는 그 성격상 피해자의 범인에 대한 의사를 우선 존중하여야 한다.

---

6) 범죄의 피해자(형사소송법 제223조) 또는 그와 일정한 관계에 있는 고소권자(제225조 내지 제229조)가 수사기관에 범죄사실을 신고하여 범인의 처벌을 원하는 의사표시이다. 고소장을 제출하는 것이 보통이지만 검사나 사법경찰관 앞에서 구술하고 조서를 작성하는 방식도 가능하다.

7) 고발은 고소권자 외의 자가 하는 고소의 내용과 같은 의사표시이다.

✚ 친고죄와 반의사불벌죄

- 친고죄는 고소권자의 고소가 있어야 공소제기를 할 수 있다. 강간죄, 강제추행죄, 모욕죄 등
- 반의사불벌죄는 고소권자의 의사에 반해서 처벌할 수 없다. 명예훼손죄 등

✚ 공소시효의 기간(형사소송법 제249조)

- 사형에 해당하는 범죄에는 25년
- 무기징역 또는 무기금고에 해당하는 범죄에는 15년
- 장기 10년 이상의 징역 또는 금고에 해당하는 범죄에는 10년
- 장기 10년 미만의 징역 또는 금고에 해당하는 범죄에는 7년
- 장기 5년 미만의 징역 또는 금고, 장기 10년 이상의 자격정지 또는 벌금에 해당하는 범죄에는 5년
- 장기 5년 이상의 자격정지에 해당하는 범죄에는 3년
- 장기 5년 미만의 자격정지, 구류, 과료 또는 몰수에 해당하는 범죄에는 1년

수사의 진행

○ 피의자 신문

피의자 신문이란 수사기관이 피의자를 출석시켜 진술을 듣는 것으로서 피의자는 출석의무가 없고 출석했더라도 언제든지 중단하고 나갈 수 있다. 수사기관은 피의자가 정당한 이유 없이 출석이나 진술을 거부하거나 그럴 우려가 있는 경우 영장을 발부받아 피의자를 체포할 수 있다(형사소송법 제241조 이하 참조).

○ 참고인 진술

참고인 진술이란 피의자 이외의 제3자인 참고인이 일정한 체험사실을 수사기관에 진술하는 것이다. 참고인은 출석이나 진술의 의무는 없고, 참고인이 진술을 거부하더라도 과태료를 부과하거나 구인할 수 없다.

○ 조서의 작성

수사기관은 피의자(참고인)의 진술내용을 피의자신문조서(참고인진술조서)로 기록·작성하여 참고인에게 보여 주거나 읽어 주어 진술한 대로 기재되었는지 확인하게 한다. 만일 피의자(참고인)가 수정을 요구하면 이의제기 내용을 추가로 기재하여야 하며, 그 후 조서에 기명날인 또는 서명하게 한다(제244조). 이러한 절차는 영상녹화의 경우에도 마찬가지이다(제244조의2).

○ 진술거부권 등의 고지

헌법상 모든 국민은 진술거부권을 가지고 있으므로 자기에게 불리한 진술을 강요당하지 않는다. 따라서 수사기관은 피의자 신문 전에 피의자에게 '일체의 진술이나 개개의 질문에 답하지 않을 수 있고, 진술한 내용은 유죄의 증거로 사용될 수 있으며, 신문 시부터 변호인을 참여시켜 도움을 받을 수 있다'는 내용을 반드시 알려주어야 한다.

✚ 수사기관에서 피의자 혹은 참고인으로 출석할 때 주의할 사항

○ 출석 전에 수사기관의 소환 이유를 정확하게 파악하고 충분히 대비할 것
- 갑작스런 소환에 당황하거나 두려워할 필요 없으며, 시간에 쫓겨 출석하지 말 것
- 법률전문가와 미리 협의한 후 출석하고 필요하면 변호사 입회 하에

진술할 것

○ 질문 내용을 정확하게 이해하고 왜 그런 질문을 하는지 생각해 본 후 답변할 것

- 선입관이나 편견을 버리고 질문을 경청할 것. 건성으로 또는 듣고 싶은대로 듣지 말 것

○ 절대로 거짓말(기억과 다른 진술)을 하지 말 것

- 검사나 사법경찰관들은 전문가이므로 일반인의 능력으로는 이길 가능성이 별로 없음
- 사실대로 진술하는 것이 자신에게 불리할지 모른다는 생각이 들면 "잘(정확하게) 기억나지 않는다"라고 하거나, 정 어려우면 차라리 묵비권을 행사하는 것이 나음

○ 조서는 반드시 꼼꼼하게 읽어 보고 진술한 대로 기재된 경우에만 서명 혹은 기명날인

- 조서는 증거로 사용되는 것이므로 단어 하나, 표현 하나까지 꼼꼼히 체크할 것
- 기재내용의 수정이나 추가를 요청하는 데 주저하지 말 것

체포와 구속

수사는, 피의자는 물론 모든 관련자들의 인권을 침해할 소지가 있다. 그래서 우리 헌법은 "적법절차의 원칙"을 선언하고 있고, 인권침해를 방지하기 위해 개별 법률을 정비하고 있다.

○ 체포

체포는 초동 수사에서 구속의 경우보다 완화된 요건 하에서 피의자의 신병을 단기간 확보하기 위한 조치로서, 법관으로부터 체포영장을 발부받아 수사기관이 집행한다.

피의자가 죄를 범하였다고 의심할 만한 상당한 이유가 있고 수사기관

의 출석요구를 거부하거나 그럴 우려가 있어야 체포할 수 있다. 그러나 범죄가 중한 사건에서 피의자가 증거인멸 또는 도주의 우려가 있음에도 영장을 사전에 발부받을 시간적 여유가 없으면 영장 없이 체포할 수 있다(긴급체포). 범죄를 저지르거나 저지른 후의 현행범이나 현행범으로 간주되는 준현행범의 경우에도 영장 없이 체포할 수 있다.

범인으로 호칭되며 추적되고 있는 때, 범죄 등에 사용된 것으로 보이는 흉기 등의 물건을 소지한 경우, 누구인지의 물음에 대해 도망하려는 자는 현행범으로 간주(준현행범)한다.

체포 시에는 피의사실의 요지, 체포이유, 변호인선임권을 고지하고 변명의 기회를 주어야 한다. 또한 변호인이나 배우자, 가족 등에게 체포사실을 서면으로 알려주어야 한다. 피의자를 체포한 경우, 검사는 48시간 내에 법원에 구속영장을 청구하거나 피의자를 석방하여야 한다. 만약 구속영장을 청구하지 않고 석방한 때에는 검사는 긴급체포와 관련한 일정 사항을 기재한 서면을 법원에 통지하여야 한다. 긴급체포 후 석방된 피의자 등은 통지서 및 관련 서류를 열람하거나 등사할 수 있으며 긴급체포가 적법하였는지를 검토해 볼 수 있다.

○ 구속영장 발부

체포에 비해 신체적 제약이 장기간 계속되는 피의자에 대한 구속을 하려면 피의자가 범죄를 저질렀다고 의심할 만한 상당한 이유가 있어야 할 뿐 아니라 일정한 구속(=구인+구금)사유[8]가 있어야 한다(형사소송법 제70조).

법원은 구속사유를 심사함에 있어서 범죄의 중대성, 재범의 위험성, 피해자 및 중요 참고인 등에 대한 위해 우려 등을 고려하여야 한다. 다

8) 피의자가 일정한 주거가 없는 때(주거부정)/피의자가 증거를 인멸할 염려가 있는 때(증거인멸)/피의자가 도망하거나 도망할 염려가 있는 때(도주우려).

만, 50만 원 이하의 벌금, 구류, 과료 사건은 주거부정 사유 외에는 구속할 수 없다.

○ 영장실질심사

검사가 법관에게 구속영장의 발부를 청구하는 경우, 법관이 피의자를 대면하여 심문하고 구속사유를 판단한 이후에 영장을 발부해 주는 제도이다. 이미 체포된 피의자에 대해 구속영장이 청구된 경우, 판사는 지체 없이 구속영장이 청구된 다음날까지 피의자를 심문하여야 한다. 체포 없이 바로 청구된 경우에는 판사는 피의자가 죄를 범하였다고 의심할 만한 사유가 있으면 피의자를 구인하여 심문하고, 피의자는 영장실질심사를 통해 자신의 사정을 판사에게 직접 전달할 수 있다.

구속영장청구를 받은 판사는 신속하게 구속영장 발부를 결정해야 한다. 영장을 발부하지 않는 경우(영장청구 기각)에는 체포 또는 구인된 피의자는 즉시 석방된다. 반면에 영장이 발부된 경우에는 사법경찰관과 검사는 피의자를 각 10일씩 구속할 수 있고, 검사는 판사의 허가를 받아 최대 10일을 넘지 않는 한도 내에서 1회 연장할 수 있다(형사소송법 제205조).

✚ 초일산입

> 사법경찰관의 구속기간(형사소송법 제202조) 및 검사의 구속기간은 피의자를 체포 또는 구인한 날부터 기산한다(제203조의2).

○ 구속적부심사청구(형사소송법 제214조의2)

피의자의 구속이 합당한지를 법원이 다시 심사해 구속이 부당하다고 판단되면 구속된 피의자를 석방하는 제도이다.

○ 보석(형사소송법 제94조~제100조의2)

일정한 보증금의 납부 등을 조건으로 하여 구속의 집행을 정지하여 구속된 피고인을 석방하는 제도이며, 제95조의 사유는 필요적 보석사유이다.

✚ 필요적 보석(형사소송법 제95조)

> 보석의 청구가 있는 때에는 다음 이외의 경우에는 보석을 허가하여야 한다.
>
> 1. 피고인이 사형, 무기 또는 장기 10년이 넘는 징역이나 금고에 해당하는 죄를 범한 때
> 2. 피고인이 누범에 해당하거나 상습범인 죄를 범한 때
> 3. 피고인이 죄증을 인멸하거나 인멸할 염려가 있다고 믿을 만한 충분한 이유가 있는 때
> 4. 피고인이 도망하거나 도망할 염려가 있다고 믿을 만한 충분한 이유가 있는 때
> 5. 피고인의 주거가 분명하지 아니한 때
> 6. 피고인이 피해자, 당해 사건의 재판에 필요한 사실을 알고 있다고 인정되는 자 또는 그 친족의 생명 · 신체나 재산에 해를 가하거나 가할 염려가 있다고 믿을만한 충분한 이유가 있는 때

수사의 종료

검사가 주재한 수사는 공소제기 또는 불기소의 형태로 종료한다. 범죄혐의가 인정되고 유죄판결을 받을 수 있는 증거를 확보한 경우, 검사는 법원에 재판을 청구할 수 있다(공소제기=기소).

○ 약식명령

약식명령은 벌금, 과료 또는 몰수에 처할 사건의 경우, 검사가 지방

법원에 대하여 공소 제기와 동시에 서면으로 청구하는 제도이다. 이때 법원은 원칙적으로 공판절차를 거치지 않고 서면심리만으로 확정할 수 있다.

피고인은 약식명령의 고지(告知)를 받은 날부터 7일 이내에 정식재판의 청구를 할 수 있고, 법원도 필요하다고 판단하면 마찬가지이다.

○ 협의의 불기소처분과 기소유예

협의의 불기소처분에는 〈혐의 없음(무혐의), 공소권 없음 및 죄 안됨〉이 있다. 기소유예는 범죄 혐의는 인정되지만 범인의 연령 · 성행(性行), 지능과 환경, 피해자에 대한 관계, 범행동기 · 수단과 결과, 범행 후의 정황 등을 참작하여 공소를 제기하지 않는 검사의 처분(형사소송법 제247조 제1항)이다.

불기소처분에 대한 이의제기는 ① 항고와 재항고(검찰청법 제10조) 및 ② 재정신청(형사소송법 제260조 이하)이 있다.

형사재판

○ 공판준비절차

검사의 공소장 접수를 받은 법원(재판장)은 효율적이고 집중적인 심리를 위하여 사건을 공판준비절차에 회부할 수 있다(형사소송법 제226조의5).

공판준비절차는 주장 및 입증계획 등을 서면으로 준비하게 하거나 공판준비기일을 열어 진행하며, 검사, 피고인 또는 변호인은 증거를 미리 수집 · 정리하는 등 공판준비절차가 원활하게 진행될 수 있도록 협력하여야 한다.

공판준비기일에 검사와 변호인의 출석은 필수이나 피고인의 출석은 임의사항이다. 그러므로 변호인이 없는 사건의 경우에는 법원은 직권으로 변호인을 선정하여야 한다.

○ 공판기일절차

공판기일에는 〈진술거부권의 고지와 인정신문 ⇒ 검사의 모두진술(공소사실, 죄명, 적용법조) ⇒ 쟁점정리 및 증거관계의 진술 ⇒ 증거조사 ⇒ 피고인 신문 ⇒ 최종변론 ⇒ 판결선고〉의 순서로 절차가 진행된다.

○ 국민참여재판으로 진행되는 사건

- 합의부 관할사건을 대상사건으로 한다. 다만, 단독판사 관할사건에 관하여도 재정합의결정을 통하여 국민참여재판을 실시할 수 있다.
- 법원은 대상사건에 대해 공소가 제기되면 피고인 또는 변호인에게 공소장 부본과 함께 국민참여재판에 관한 안내서, 국민참여재판 의사확인서를 송달한다.
- 국민참여재판을 원하는 피고인은 공소장 부본을 송달받은 날부터 7일 이내에 국민참여재판을 원하는지 여부에 관한 의사가 기재된 서면(국민참여재판 의사확인서)을 제출하여야 한다.

제 2 부

재산

01

계약에 관한 기본 개념의 이해

계약의 의미

넓은 의미의 계약이란 두 사람 이상이 서로 대립하는 의사표시를 하여 그 의사가 일치함으로써 성립하는 모든 법률행위를 말한다. 여기에는 물건을 사고파는 매매계약, 부동산을 이전하는 물권계약, 가족 간의 재산분할 합의나 양육에 관한 약속 등 다양한 형태의 계약이 포함된다. 즉, 당사자 사이에 서로 다른 의사가 합치되어 법적 효력이 발생하는 모든 경우를 포괄하는 개념이다. 한편, 좁은 의미의 계약은 넓은 의미의 계약 중에서 특히 채권계약만을 가리키는 것으로 당사자 한쪽이 어떤 행위를 할 것을 약속하고 상대방이 이에 대해 대가를 지급하는 등 권리와 의무가 발생하는 계약을 의미한다. 대표적으로 물건을 사고파는 매매계약, 돈을 빌려주는 금전소비대차계약, 일을 맡기고 보수를 지급하는 고용계약 등이 이에 해당한다. 정리하면, 넓은 의미의 계약은 모든 법률상 약속을 포함하고, 좁은 의미의 계약은 그중에서도 채권관계를 발생시키는 약속만을 의미한다.

우리 민법상의 채권계약이란, 당사자 간의 합의에 따라 한쪽이 일정한 행위를 하거나 하지 않을 의무(채무)를 부담하고, 상대방은 이에 대해 권리(채권)를 갖게 되는 계약을 의미한다. 민법 제3편 제2장에서는 채권계약의 대표적인 유형으로 증여, 매매, 교환, 소비대차, 사용대차, 임대차, 고용, 도급, 현상광고, 위임, 임치, 조합, 종신정기금, 화해 등 14종의 전형계약을 규정하고 있다.

✚ 채권과 채무

> 채권은 누군가에게 일정한 일을 해 주거나 물건을 주도록 요구할 수 있는 권리를 의미한다. 쉽게 말하면, "받을 권리"다. 예를 들면, 내가 A에게 돈을 빌려주었을 때 나는 A에게 돈을 받을 권리를 갖게 되는데, 이 권리가 바로 채권이다. 반대로 채무는 채권자가 요구하는 대로 특정한 일을 하거나 물건을 주어야 하는 의무를 의미한다. 즉, "갚아야 할 의무"다. 위의 예에서 A는 내가 빌려준 돈을 갚아야 할 의무가 있으므로 A는 내게 채무를 지게 된다.

계약의 자유와 그 한계

계약의 자유는 법률이 특별히 제한하지 않는 한 국가가 개입하지 않고 계약 당사자들이 스스로 계약을 체결하고 그 내용도 자유롭게 정할 수 있다는 원칙이다. 다시 말하면 계약을 통해 형성되는 법적 관계는 기본적으로 당사자들의 자유에 맡겨진다는 것이다. 계약의 자유에 대한 구체적인 내용은 크게 네 가지 자유로 나눌 수 있는데 다음과 같다. 첫째, 체결의 자유이다. 계약을 체결할지 말지는 전적으로 당사자의 선택에 달려 있다. 누구와 계약을 할지 또는 계약을 하지 않을지에 대한 결정은 자유롭게 할 수 있다. 둘째, 상대방 선택의 자유이다. 계약을 맺을 상대방을 선택하는 것도 당사자의 자유이다. 특정 사람과 계약을 해야 할 의무는 없고, 원하는 사람과 계약을 체결할 수 있다. 셋째, 내용 결정의 자유이다. 계약의 내용은 당사자들이 서로 합의한 대로 정할 수 있다. 어떤 조건으로 계약을 할지, 어떤 권리와 의무를 설정할지는 계약 당사자들 간의 합의에 맡겨진다. 넷째, 방식의 자유이다. 계약을 체결하는 방식도 자유이다. 서면으로 할 수도 있고, 구두로도 할 수 있다. 계약을 어떻게 할지는 당사자들이 선택할 수 있다.

민법에서 계약의 자유는 매우 중요한 원칙이지만, 아무런 제한 없이 인정되는 것은 아니다. 이 원칙에는 여러 가지 한계가 있는데, 크게 외적 한계와 내적 한계로 구분할 수 있다. 외적 한계에는 강행법규에 따른 제한과 민법 제103조가 규정하는 선량한 풍속 및 사회질서에 반하는 계약의 금지가 포함된다. 예를 들면, 광업권이나 어업권을 임대하거나 대여하는 것은 법으로 금지되어 있고, 토지 거래나 농지 취득 시에는 관청의 허가나 자격 증명이 필요하다. 또한 계약의 내용이 사회의 건전한 윤리나 질서에 어긋나면 무효가 되는데, 예를 들면, 불법적인 목적의 계약이나 사회적 기준에 반하는 약속 등이 이에 해당한다. 내적 한계로는 공익을 목적으로 하는 독점기업(전기, 수도, 가스 등)이 정당한 이유 없이 계약을 거부할 수 없도록 하는 체약강제(서비스 거절 불가), 그리고 노동법이나 이자제한법 등 사회적 약자를 보호하기 위한 법적 제한이 있다. 이처럼 계약의 자유에 대한 제한은 사회적 약자를 보호하고, 경제적 · 사회적 형평과 질서를 유지하기 위해 마련된 것이다.

청약과 승낙에 의한 계약의 성립

청약이란 계약을 성립시키기 위한 일방적이고 확정적인 의사표시이다. 이는 상대방의 승낙과 결합되어야만 비로소 계약이 성립하는 법률적 사실이기 때문에 청약만으로는 계약이 성립되지 않는다. 청약은 상대방에게 도달한 순간에 효력이 발생한다(민법 제111조 제1항). 즉, 청약의 의사표시가 상대방에게 전달되면 그때부터 효력이 발생하는 것이다.

그리고 청약자가 청약의 의사표시에 관한 통지를 발송한 후, 사망하거나 제한능력자가 되어도 의사표시의 효력에 영향을 미치지 않는다(민법 제111조 제2항). 이 조항의 의미는 어떤 사람이 계약하겠다는 의사표시(예를 들면, 편지나 이메일 등)를 상대방에게 보낸 뒤에 그 사람이 갑자기 사망하거나 미성년자 등 제한능력자가 되더라도 이미 발송된 의사표시는 그대로 효력을 가진다는 뜻이다. 즉, 의사표시를 보낸 사람이 중간에 사망하거나 능력을 잃었다고 해서 그 의사표시가 자동으로 무효가 되거나 없어지지 않는다는 것이다. 예를 들면, A가 B에게 "내 차를 500만원에 팔겠다"라는 편지를 보낸 후, 편지가 B에게 도착하기 전에 A가 사망하더라도 그 편지가 B에게 도달하면 여전히 유효하게 효력이 발생한다. 이러한 규정은 계약이나 법률행위의 안정성을 보장하기 위한 것이다.

또한 청약이 효력을 발생한 후, 청약자는 임의로 청약을 철회할 수 없다. 예를 들면, 청약자가 일방적으로 청약을 철회하면 상대방은 그에 맞춰 준비하거나 기대했던 결과에 차질을 빚게 된다. 따라서 청약자는 철회할 수 없는 법적 구속력을 가지게 되며, 상대방이 승낙을 하면 계약이 성립된다(민법 제527조).

✚ 제한능력자

> 민법상 제한능력자란 법률행위를 스스로 완전하게 할 수 없는 사람을 의미한다. 제한능력자는 크게 세 가지 유형으로 나눌 수 있다.
> - 미성년자: 19세 미만인 사람(민법 제4조)
> - 피성년후견인: 질병, 장애, 노령, 그 밖의 사유로 인한 정신적 제약으로 사무를 처리할 능력이 지속적으로 결여된 사람(민법 제9조)
> - 피한정후견인: 질병, 장애, 노령, 그 밖의 사유로 인한 정신적 제약으로 사무를 처리할 능력이 부족한 사람(민법 제12조)

승낙이란 청약자에게 도달한 시점에 효력이 발생한다. 특별한 규정이 없다면, 승낙은 도달주의 원칙에 따라 상대방에게 승낙이 도달한 때부터 법적인 효력을 가진다(민법 제111조 제1항). 즉, 승낙의 의사표시가 청약자에게 전달되었을 때, 계약이 성립하는 것이다. 격지자 간 계약 성립 시기는 조금 다르다. 격지자(즉, 멀리 떨어진 장소에 있는 사람) 간의 계약이 성립하는 시기는 승낙의 통지를 발송한 때로 규정된다(민법 제531조). 이는 승낙을 받은 시점이 아닌 승낙을 보낸 시점에 계약이 성립된다는 원칙이다.

청약과 승낙에 의해 계약이 성립하는 사례로는 다음과 같은 상황을 들 수 있다. 예를 들면, A가 B에게 "내 자전거를 10만 원에 팔고 싶다"라고 제안하면, B가 "그 가격에 사겠다"라고 답하는 순간 두 사람 사이에 자전거 매매계약이 성립한다. 이처럼 한쪽이 구체적인 조건을 제시하고, 상대방이 그 조건을 그대로 받아들이면 계약이 체결된다. 또 다른 예로, 상점에서 상품에 가격표가 붙어 있을 때, 손님이 "이 옷을 20만 원에 사고 싶다"라고 점원에게 말하면 이는 청약이 되고, 점원이 "네, 판매하겠다"라고 응답하면 그 즉시 계약이 이루어진다. 만약 손님이 "18만 원에 살 수 있나요?"라고 제안하고 점원이 이를 거절한다면, 계약은 성립하지 않는다. 즉, 청약과 승낙의 내용이 서로 일치해야만 계약이 성립한다.

또한 인터넷 쇼핑몰에서 상품을 주문할 때도 비슷한 과정을 볼 수 있다. 구매자가 온라인에서 상품을 선택해 주문을 넣으면(청약), 판매자가 주문을 확인하고 발송을 결정할 때(승낙) 비로소 계약이 성립한다. 이처럼 청약과 승낙이 서로 맞아떨어지는 순간 계약이 완성되며, 한쪽이라도 거절하거나 조건이 다르면 계약은 성립하지 않는다.

쌍무계약

쌍무계약이란 각 당사자가 서로에게 일정한 의무를 지고, 그에 상응하는 대가를 주고받는 계약을 말한다. 한쪽이 무엇인가를 제공하면 다른 쪽도 이에 상응하는 의무를 부담하는 형태이며, 각 당사자가 지는 채무가 서로 의존적이다. A가 채무를 부담하는 이유는 B가 채무를 부담하기 때문이고, B가 채무를 부담하는 이유는 A가 채무를 부담하기 때문이다. 이렇게 두 당사자의 채무가 서로 연결되어 있기 때문에 한쪽이 의무를 다하지 않으면 상대방도 자신의 의무를 이행할 필요가 없다. 대표적인 예로는 매매, 임대차, 고용, 도급 등과 같은 계약들이 있다. 이들 계약은 한쪽이 무언가를 주면 다른 쪽이 그에 대한 대가를 제공하는 방식으로 성립된다.

동시이행의 항변권

쌍무계약에서는 각 당사자가 상대방이 자신의 채무를 이행하거나 이행을 제공할 때까지 자기 채무의 이행을 거절할 수 있는 권리가 있다(민법 제536조). 이는 두 당사자의 채무가 서로 대가 관계에 있기 때문이다. 즉, 서로가 동시에 의무를 이행하는 것이 공평하고 신의성실의 원칙에 부합한다고 보는 것이다. 예를 들면, A가 B에게 시계를 3만 원에 팔면서 일주일 뒤에 대금을 받고 시계를 주겠다고 약속했을 때, 만약 B가 돈을 준비하지 않고 시계를 달라고 요청한다면, A는 돈을 받을 때까지 시계를 넘기지 않겠다고 거절할 수 있다. 이와 같이 동시이행의 항변권은 상대방이 자신이 맡은 의무를 다할 때까지 자신의 의무를 이행하지 않겠다는 권리이다. 민법은 쌍무계약에서 당사자들 간의 공평한 거래를 위하여 동시이행의 항변권을 인정하고 있다. 이는 한쪽이 의무를 다하지 않으면 상대방도 자신의 의무를 이행하지 않아도 된다는 원칙에 기반한 권리이다.

위험부담의 원칙

쌍무계약에서는 한 당사자가 자신의 채무를 이행할 수 없게 되는 상황이 발생할 수 있다. 만약 이러한 상황이 채무자의 책임이 아닌 사유로 발생한다면(이를 후발적 불능이라고 한다), 그때 상대방의 채무는 어떻게 되는지가 위험부담에 관한 문제이다.

○ 채무자위험부담주의

민법 제537조는 채무자위험부담주의를 규정하고 있다. 두 사람이 서로에게 의무를 지는 계약을 맺었다고 하자. 그런데 어느 한쪽이 자신의 의무를 이행하지 못하게 되었다. 이때 그 원인이 양쪽 모두의 잘못이 아닌 예측할 수 없는 사건 때문이라면, 의무를 이행하지 못하게 된 쪽은 상대방에게 의무 이행을 요구할 수 없다. 즉, 태풍이나 지진 같은 자연재해로 인해 계약의 이행이 불가능해진 경우가 이에 해당한다. 이 원칙은 예기치 못한 상황에서 계약 당사자 간의 공평성을 유지하고, 부당한 의무 이행 요구를 방지하는 역할을 한다. 예를 들면, 농부가 도매상에게 사과 1톤을 판매하기로 계약했는데 갑작스러운 폭우로 사과가 모두 썩어버린 경우, 양쪽 모두 잘못이 없으므로 농부는 사과를 넘길 의무가 사라지고 도매상도 대금을 지급하지 않아도 된다. 또 자동차 매매 계약에서 차량 인도 전에 예기치 못한 화재로 자동차가 전소된 경우에도 차량을 넘겨줄 수 없게 된 판매자는 대금을 받을 수 없고, 구매자 역시 대금을 지급할 필요가 없다. 이처럼 태풍, 지진, 화재 등 예측할 수 없는 천재지변이나 쌍방의 책임이 없는 사유로 계약 이행이 불가능해지면, 의무를 이행하지 못한 쪽은 상대방에게 이행을 요구할 수 없고, 상대방 역시 반대급부를 지급할 필요가 없다. 이 원칙은 예기치 못한 상황에서 계약 당사자 간의 공평성을 지키고, 부당한 의무 이행의 요구를 막기 위한 것이다.

✚ 채무자위험부담주의(민법 제537조)

> 쌍무계약의 당사자 일방의 채무가 당사자쌍방의 책임없는 사유로 이행할 수 없게 된 때에는 채무자는 상대방의 이행을 청구하지 못한다.

○ 채무자위험부담주의에 대한 예외(채권자의 위험부담)

민법 제538조는 채권자의 위험부담을 규정하고 있는데, 이는 계약에서 발생할 수 있는 위험을 채권자가 부담하는 상황을 말한다. 이는 일반적인 원칙의 예외적인 경우에 해당하는 것으로 채권자의 책임 있는 사유로 이행이 불가능해진 경우, 채권자가 이행을 받아들이는 것을 지체(수령지체)하는 동안 이행이 불가능해진 경우 등이다.

이러한 상황에서는 채무자는 자신의 의무를 면하지만, 반대급부를 청구할 권리는 유지된다. 채권자는 자신의 의무를 이행하여야 하며, 위험을 부담하게 된다. 예를 들면, 건설업자가 건물을 완공해 인도하려고 했으나 발주자가 현장 출입을 거부해 건물 인도가 불가능해진 경우, 건설업자는 더 이상 건물을 넘길 의무가 없지만, 발주자는 약속한 대금을 지급하여야 한다. 그리고 농산물 판매자가 신선한 딸기를 배송하였는데 구매자가 수령을 미루다가 딸기가 상해버린 경우에도 판매자는 딸기를 넘길 책임이 없어지고 구매자는 대금을 지급하여야 한다. 이처럼 채권자의 책임 있는 사유나 수령지체로 인하여 계약 이행이 불가능해지면, 채무자는 의무를 면하게 되지만 반대급부(대금 등)를 청구할 수 있고, 위험은 채권자가 부담하게 된다. 이는 채권자의 부당한 행위나 지연으로 인하여 채무자가 불이익을 받지 않도록 하고, 계약의 공정성을 유지하기 위한 예외적인 경우이다.

✚ **채권자귀책사유로 인한 이행불능(민법 제538조)**

> ① 쌍무계약의 당사자 일방의 채무가 채권자의 책임있는 사유로 이행할 수 없게 된 때에는 채무자는 상대방의 이행을 청구할 수 있다. 채권자의 수령지체 중에 당사자 쌍방의 책임없는 사유로 이행할 수 없게 된 때에도 같다.
>
> ② 전항의 경우에 채무자는 자기의 채무를 면함으로써 이익을 얻은 때에는 이를 채권자에게 상환하여야 한다.

계약의 해제

계약의 해제란 유효하게 성립한 계약을 소급적으로 무효화하는 것을 말한다. 이는 민법 제543조 제1항에 '계약 또는 법률의 규정에 의하여 당사자의 일방이나 쌍방이 해지 또는 해제의 권리가 있는 때에는 그 해지 또는 해제는 상대방에 대한 의사표시로 한다'라고 규정하고 있다.

계약해제는 크게 약정해제와 법정해제로 나눌 수 있다. 약정해제는 계약 당사자들이 계약을 체결할 때 해제에 관한 조건이나 사유를 미리 정해두고, 그 약정에 따라 계약을 해제하는 경우를 말한다. 예를 들면, "계약금의 배액을 상환하면 언제든지 계약을 해제할 수 있다"라는 조항을 두는 것이 대표적인 약정해제다. 반면, 법정해제는 법률에서 정한 일정한 사유가 발생하면 당사자가 별도의 약정이 없어도 해제권을 행사할 수 있는 경우를 의미한다. 대표적으로 한쪽 당사자가 계약을 제대로 이행하지 않거나(이행지체), 아예 이행이 불가능해진 경우(이행불능)에 다른 쪽이 해제권을 갖게 된다. 민법 제544조에 따르면, 계약 당사자 일방이 채무를 이행하지 않을 때 상대방은 상당한 기간을 정해 이행을 촉구하고, 그 기간 내에도 이행하지 않으면 계약을 해제할 수 있다. 또한 민법 제546조는 채무자의 책임 있는 사유로 이행이 불가능해진 경우에도 채권자가 계약을 해제할 수 있도록 규정하고 있다.

계약이 해제되면, 해제의 효과로서 당사자들은 원상회복 의무를 지게 된다(민법 제548조 제1항). 즉, 이미 받은 돈이나 물건이 있다면 이를 돌려주어야 하며, 돌려줄 수 없는 경우에는 그 가액을 반환해야 한다. 예를 들면, 매매계약이 해제된 경우에는 매수인은 받은 물건을, 매도인은 받은 대금을 각각 반환해야 한다. 그리고 계약 해제로 인해 손해가 발생한 경우, 원상회복만으로 손해가 모두 보상되지 않으면 추가로 손해배상을 청구할 수도 있다(민법 제551조). 이처럼 계약의 해제는 계약관계를 완전히 없었던 상태로 되돌리면서 당사자 간의 경제적 균형과 공평을 회복하기 위한 제도라고 할 수 있다. 이는 실생활에서 부동산 매매, 자동차 거래, 각종 서비스 계약 등 다양한 분야에서 적용되며, 계약 당사자 모두에게 중요한 법적 권리와 의무를 발생시킨다.

담보책임

담보책임이란 매매계약에서 매도인이 매수인에게 넘긴 권리나 물건에 하자가 있을 때, 매도인이 매수인에게 부담하는 책임을 말한다. 담보책임의 가장 큰 특징은 매도인에게 잘못이 없어도(무과실) 책임이 발생한다는 점과, 계약 체결 당시 이미 존재하던 하자(원시적 하자)에 대해 책임을 진다는 것이다. 예를 들면, 매수인이 토지를 샀는데 이미 저당권이 설정되어 있거나 구입한 물건에 숨은 결함이 있었다면, 매도인은 고의나 과실이 없어도 담보책임을 지게 된다.

담보책임에는 크게 두 가지 종류가 있다. 첫째, 권리의 하자에 대한 담보책임은 매도인이 매수인에게 넘긴 권리 자체에 문제가 있을 때 발생한다. 예를 들면, 매매 목적물이 사실은 제3자의 소유이거나(민법 제570조), 저당권이나 전세권 등 제한물권이 설정되어 있어 매수인이 소유권을 온전히 행사하지 못하는 경우(민법 제576조) 등이 이에 해당한다. 둘째, 물건의 하자에 대한 담보책임은 매도인이 넘긴 물건에 숨겨진 결함이 있을 때 발생한다. 예를 들면, 겉으로는 멀쩡해 보이지만 내부에 심각한 결함이 있는 경우가 이에 해당하며, 일반매매(민법 제580조)와 종류매매(민법 제581조)에서 각각 규정하고 있다.

담보책임이 인정되면 매수인은 여러 가지 구제수단을 행사할 수 있다. 대표적으로 계약을 해제할 수 있고(민법 제570조, 제576조, 제580조), 손해배상을 청구하거나(민법 제570조, 제576조, 제580조), 대금의 일부를 깎아달라고 요구할 수 있으며(민법 제580조), 종류매매의 경우에는 완전한 물건을 다시 달라고 청구할 수도 있다(민법 제581조).

담보책임과 채무불이행책임은 구별된다. 담보책임은 매도인의 잘못이 없어도 계약 당시 이미 존재하던 하자에 대해 책임을 지는 반면, 채무불이행책임은 매도인의 과실이 있는 경우나 계약 체결 후에 발생한 하자에 대해 적용된다. 두 책임은 상황에 따라 동시에 인정될 수 있는데, 대법원도 매도인의 담보책임과 채무불이행책임이 별개의 권원으로 경합적으로 인정된다고 판시한 바 있다.

【판례】 채무불이행책임과 담보책임의 경합

토지 매도인이 성토작업을 기화로 다량의 폐기물을 은밀히 매립하고 그 위에 토사를 덮은 다음 도시계획사업을 시행하는 공공사업시행자와 사이에서 정상적인 토지임을 전제로 협의취득절차를 진행하여 이를 매도함으로써 매수자로 하여금 그 토지의 폐기물 처리비용 상당의 손해를 입게 하였다면 매도인은 이른바 불완전이행으로서 채무불이행으로 인한 손해배상책임을 부담하고, 이는 하자 있는 토지의 매매로 인한 민법 제580조 소정의 하자담보책임과 경합적으로 인정된다고 하였다(대법원 2004.7.22. 선고 2002다51586 판결).

✚ 채무불이행책임

채무불이행책임이란 계약을 맺은 당사자 중 한쪽이 계약에서 정한 의무를 제대로 이행하지 않았을 때 발생하는 법적 책임을 말한다. 이는 계약법에서 매우 중요한 원칙으로, 계약 당사자 간의 신뢰와 공정한 거래 질서를 유지하는 데 핵심적인 역할을 한다. 채무불이행에는 크게 세 가지 유형이 있다. 첫째, 이행지체(민법 제387조)는 채무자가 약속한 기한 내에 의무를 이행하지 않은 경우로, 예를 들면, 정해진 날짜까지 물건을 배송하지 않은 상황이 이에 해당한다. 둘째, 이행불능(민법 제390조)은 채무 이행 자체가 불가능해진 경우로, 예를 들면, 매매계약 후 매도인이 물건을 잃어버려 더 이상 인도할 수 없게 된 경우를 들 수 있다. 셋째, 불완전이행은 채무자가 계약 내용대로 완전히 이행하지 않은 경우로, 약속한 품질이나 수량에 미치지 못하는 물건을 인도한 경우가 이에 해당한다.

채무불이행책임이 성립하려면 몇 가지 요건이 필요하다. 우선 계약상 채무가 실제로 존재해야 하고, 채무자의 고의나 과실 등 귀책사유가 있어야 하며, 이행하지 않은 행위가 위법해야 한다. 즉, 채무자가 불가항력적인 천재지변이나 제3자의 책임 등 자신의 잘못이 아닌 사유로 의무를 이행하지 못한 경우에는 책임을 지지 않는다. 이처럼 채무불이행책임은 채무자의 잘못이 있어야 성립하는 '과실책임'이 원칙이다. 또한 이 책임은 계약이 체결된 이후에 발생한 문제, 즉 후발적 하자에 적용된다는 특징이 있다.

채무불이행이 발생하면 채권자는 여러 가지 법적 구제수단을 통해 자신의 권리를 보호받을 수 있다. 대표적으로 법원을 통해 채무자의 의무 이행을 강제할 수 있는 강제이행청구권(민법 제389조)이 있고, 이행이 불가능하거나 손해가 발생한 경우에는 손해배상청구권(민법 제390조)을 행사할 수 있다. 또한 일정한 요건이 충족되면 계약을 해제(민법 제544조, 제546조)하여 계약관계를 소급적으로 무효화할 수도 있다. 이러한 구제수단은 민법에서 각각 규정하고 있으며, 실제로 일상생활이나 비즈니스 현장에서 다양한 형태로 활용된다.

결국 채무불이행책임은 계약 당사자 간의 권리와 의무를 실질적으로 보장하고, 신뢰를 바탕으로 한 공정한 거래가 이루어질 수 있도록 하는 중요한 제도다. 이 책임이 제대로 작동할 때, 계약의 이행을 기대하는 채권자는 법적으로 보호받을 수 있고, 채무자는 자신의 의무를 성실하게 이행해야 한다는 경각심을 갖게 된다. 이러한 점에서 채무불이행책임은 우리 생활 속에서 계약의 안전망 역할을 한다고 볼 수 있다.

02

매매계약

매매계약의 의미

매매계약은 우리가 일상에서 가장 자주 접하게 되는 계약 유형이며, 쉽게 말하면, 물건을 사고파는 거래이다. 즉, 매도인(파는 사람)과 매수인(사는 사람) 간의 계약인 것이다. 민법 제563조에서는 매매계약을 이렇게 정의하고 있다. 매매는 당사자 일방이 재산권을 상대방에게 이전할 것을 약정하고, 상대방이 그 대금을 지급할 것을 약정함으로써 성립하는 계약을 의미한다. 여기서 중요한 점은 재산권의 이전과 대금의 지급이다.

매매계약의 대상

물건을 사고 파는 거래는 크게 두 가지로 나눌 수 있다. 하나는 동산매매이고, 다른 하나는 부동산매매이다. 이 두 가지 거래는 그 대상이 되는 물건에 따라 다르게 다뤄진다. 동산매매는 우리가 일상에서 흔히 접하는 거래로 핸드폰, 노트북, 시계, 가방처럼 이동이 가능한 물건을 사고파는 거래를 의미한다. 동산은 이동이 가능하다는 점에서 일상생활에서 쉽게 사고팔 수 있다. 부동산매매는 토지나 건물 같은 이동할 수 없는 물건을 사고파는 거래를 의미한다. 부동산은 한 번 거래가 이루어지면 그 소유권 변동이 매우 중요하고, 복잡한 법적 절차가 필요하다. 따라서 동산매매는 상대적으로 간단하고, 부동산매매는 더 많은 서류와 절차를 요구한다.

매매계약의 주요 내용

매매계약이 성립하려면 우선 팔 물건과 그에 대한 대금에 대해 매도인과 매수인, 즉 양 당사자가 명확하게 합의해야 한다. 예를 들면, 어떤 물건을 얼마에 사고팔지에 대해 서로 의견이 일치해야만 매매계약이 성립할 수 있다. 이렇게 합의가 이루어진 후에는 매도인이 물건을 실제로 매수인에게 넘기고, 매수인은 그 물건을 인도받으면서 소유권이 이전된다. 즉, 물건을 구입하면 단순히 물건을 받는 것에서 끝나는 것이 아니라, 그 물건에 대한 소유권 자체가 매수인에게 공식적으로 넘어가게 된다. 마지막으로, 매수인은 매도인에게 약속한 대금을 지급해야 한다. 이 대금 지급은 계약이 체결되는 시점에 바로 이루어질 수도 있고, 때로는 물건을 받은 후에 지급하는 경우도 있다. 이렇게 물건의 인도와 대금 지급이 모두 이루어지면 매매계약은 완전히 완료된다.

일상생활에서의 매매계약 예시

우리가 가게에서 물건을 살 때 실제로 매매계약이 체결된다. 예를 들면, 카페에서 커피를 주문하고 돈을 지불하는 행위가 바로 매매계약이다. 이 경우 카페는 커피를 제공하고, 우리는 그 대가로 돈을 지불하게 된다. 또한 인터넷에서 중고 물건을 사고팔 때도 매매계약이 성립한다. 온라인 마켓에서 스마트폰을 구매하고 대금을 지불하면 물건의 소유권이 판매자에서 구매자로 이전된다. 부동산 거래에서도 매매계약이 이루어진다. 집을 살 때 매도인과 매수인이 부동산 매매계약서를 작성함으로써 계약을 체결하며, 그 후 매도인은 소유권을 이전하는 등기를 하고, 매수인은 대금을 지불한다.

매매계약에서 주의할 점

매매계약을 체결할 때에는 계약 내용의 정확성이 매우 중요하다. 물건의 상태나 가격, 인도 시기 등 거래의 모든 조건을 구체적으로 합의해야 하며, 예를 들면, "이 차를 500만 원에 사겠다"라는 계약을 체결할 경우에도 자동차의 상태나 추가 조건들을 명확히 정해야 분쟁을 예방할 수 있다. 특히 거래 금액이 크거나 중요한 계약일수록 계약서를 작성하는 것이 바람직하다. 계약서에는 당사자 간의 권리와 의무, 계약 불이행 시의 대응 방안, 계약 기간 등 중요한 내용이 담겨 있어 향후 문제가 발생했을 때 법적으로 증거가 될 수 있기 때문이다. 또한 물건의 인도 시기와 대금 지급 시기 및 방법을 명확히 정하는 것도 필수적이다. 예를 들면, 부동산 거래에서는 계약금, 중도금, 잔금 등 지급 시기를 계약서에 정확히 명시하고, 각 단계마다 필요한 절차와 서류 작업을 함께 진행해야 안전하게 거래를 마무리할 수 있다.

03

인터넷 쇼핑몰에서의 상품구매

구매 방식 변화와 소비자 보호

최근 물품을 구매하는 방식은 전통적인 매장 방문에서부터 인터넷 쇼핑, TV 홈쇼핑 등 다양한 방법으로 변화해 왔다. 오프라인 매장에서 상품을 구매하는 경우에는 원칙적으로 소비자가 단순 변심을 이유로 청약철회를 할 수 없다. 이는 오프라인 거래에서는 소비자가 직접 상품을 보고 확인한 후에 구매 결정을 내렸다고 보기 때문이다. 과거에는 이러한 오프라인 구매가 일반적이었으나 요즘은 온라인을 통해 편리하게 구매하는 경우가 많아졌다.

법적으로 오프라인 구매는 청약철회가 원칙적으로 불가능하다. 하지만 현실에서는 소비자의 마음이 바뀌었을 때 일정 조건하에 교환이나 환불을 허용하는 경우가 많다. 예를 들면, 소비자가 상품을 구입한 후, 일정 기간 내에 같은 가격대의 다른 상품으로 교환하거나 환불을 받을 수 있는 경우가 종종 있다. 그러나 이러한 제도는 법에서 의무화한 규정이 아니라 판매자가 고객만족을 위해 자발적으로 시행하는 판매정책에 해당한다.

다만, 전자상거래, 통신판매, 방문판매 등과 같이 소비자가 물품을 직접 보고 확인할 수 없는 상황에서는 소비자 보호를 위한 특별한 규정이 필요하다. 이러한 상황에서는 구매자가 피해를 입지 않도록 일정 조건하에 청약철회가 가능하도록 법에서 정해두고 있다. 특히, 인터넷 쇼핑몰에 관한 사항은 전자상거래 등에서의 소비자 보호에 관한 법률에 명확히 규정되어 있어, 구매자가 일정 조건을 충족하면 철회가 가능하다. 이와 같은 규정을 통해 소비자는 보다 안전하고 합리적인 소비를 할 수 있고, 판매자는 이를 통해 고객의 신뢰를 얻을 수 있다.

인터넷 쇼핑에서의 환불과 청약철회

인터넷 쇼핑몰에서 "단순변심은 환불이 어렵습니다", "아이보리 상품은 교환·반품이 불가합니다", "교환·반품은 수령 후 24시간 이내에만 가능합니다" 등과 같은 안내문을 자주 볼 수 있지만, 소비자는 반드시 이런 안내를 따라야 할 의무가 없다. 실제로 전자상거래 등에서의 소비자 보호에 관한 법률 제17조 제1항에 따르면, 소비자는 상품을 받은 날부터 7일 이내라면 특별한 사유가 없는 한 단순 변심만으로도 반품이나 교환, 환불을 요청할 수 있다. 쇼핑몰이 자체적으로 환불 불가, 특정 상품 환불 제한, 청약철회 기간 단축 등 소비자에게 불리한 약관을 내세워도 이는 법적으로 효력이 없으며, 소비자는 법에서 정한 권리를 행사할 수 있다.

다만, 몇 가지 예외가 있다. 예를 들면, 소비자의 잘못으로 상품이 멸실되거나(기능을 할 수 없을 정도로 파손된 경우), 사용으로 인해 가치가 현저히 떨어진 경우, 시간이 지나 재판매가 곤란할 정도로 가치가 감소한 경우, 복제가 가능한 상품의 포장을 훼손한 경우 등에는 청약철회가 제한될 수 있다(전자상거래 등에서의 소비자 보호에 관한 법률 제17조 제2항). 하지만 단순히 상품을 확인하기 위해 포장을 개봉한 경우에는 환불이 가능하며, 이런 경우까지 환불을 거부하는 것은 법에 어긋난다.

정리하면, 인터넷 쇼핑몰의 일방적인 환불 불가 안내는 소비자에게 법적으로 강제되지 않으며, 소비자는 7일 이내에는 단순 변심이라도 환불이나 교환을 요구할 수 있다. 다만, 상품의 사용이나 훼손 등 일부 예외 상황에서는 청약철회가 제한될 수 있으므로 구매 전 해당 내용을 꼼꼼히 확인하는 것이 좋다.

청약철회 방해행위

인터넷 쇼핑몰 사업자들이 전자상거래 등에서의 소비자 보호에 관한 법률에서 정한 청약철회 규정보다 소비자에게 불리한 조건을 고지하는 행위는 청약철회 방해행위에 해당한다. 소비자에게 불리한 규정(주문 취소나 반품 금지 등)이 포함된 구매계약은 법적으로 효력이 없다(전자상거래 등에서의 소비자 보호에 관한 법률 제35조).

만약 판매자가 사전 고지를 이유로 청약철회를 거부한다면, 이는 동법 제35조에 의해 효력이 없으므로 소비자는 당당히 청약철회를 요구할 수 있으며, 쇼핑몰은 이를 수용해야 한다. 만약 쇼핑몰이 청약철회를 거부하고 응하지 않는다면, 소비자는 한국소비자원에 피해구제를 요청할 수 있다. 피해구제를 신청하면, 원칙적으로 신청서가 접수된 후, 30일 이내에 소비자분쟁해결기준에 따라 합의를 시도하게 된다. 합의가 이루어지지 않으면, 사건은 소비자분쟁조정위원회로 회부되어 절차가 진행된다. 이 절차를 통해 해결되지 않을 경우에는 법원의 판단을 받아야 한다. 사실 소송을 바로 시작할 수도 있으나 소송은 당사자에게 큰 부담이 될 수 있으므로 먼저 분쟁조정 절차를 거쳐 보는 것이 좋다. 또한 소비자상담센터(1372)에 전화하여 상담을 요청하는 것도 좋은 방법이다. 이곳은 지자체, 소비자단체, 한국소비자원과 연계되어 있어 피해구제 신청과 관련된 상담을 받을 수 있다.

사례를 통해 알아보기

A는 인터넷 쇼핑몰에서 노트북을 주문했지만, 집에 없던 사이 동생이 택배를 받아 방에 보관해 두었고, A는 택배가 도착한 지 10일쯤 지나서야 이를 확인했다. 박스를 열어보니 주문한 것과는 다른 모델의 노트북이 잘못 배송된 사실을 알게 되었다. A는 즉시 반품이나 교환을 요청했으나 쇼핑몰 약관에는 "상품 수령 후 7일 이내에만 반품이 가능하다"라고 명시되어 있어, 쇼핑몰은 7일이 지났다는 이유로 반품을 거부했다.

하지만 이런 경우에도 A는 법적으로 반품을 요구할 수 있다. 전자상거래 등에서의 소비자 보호에 관한 법률 제17조 제3항에 따르면, 상품이 광고 내용이나 계약 내용과 다르게 이행된 경우에는 단순히 7일이 아니라 상품을 받은 날로부터 3개월 이내 또는 그 사실을 안 날(이 사례에서는 박스를 열어 잘못 배송된 사실을 확인한 날)로부터 30일 이내에 청약철회, 즉 반품이나 환불을 요구할 수 있다. 실제로 유사한 사례에서 소비자가 상품을 받은 뒤 7일이 지나 반품을 요청했더라도 제품이 광고와 다르거나 잘못 배송된 경우에는 반품이 인정된 바 있다.

따라서 A는 억울하게 잘못 받은 노트북을 계속 써야 하는 것이 아니라 법에서 정한 기간 내에 반품을 요청할 수 있다. 이때는 전화로만 요청하는 것보다 이메일, 문자, 내용증명 등 기록이 남는 방식으로 청약철회 의사를 명확히 전달하는 것이 바람직하다. 만약 판매자가 계속 거부한다면, 한국소비자원이나 소비자분쟁조정위원회에 피해구제를 신청하는 등 추가적인 절차를 밟을 수 있다.

B는 인터넷 쇼핑몰에서 “포장 개봉 시 환불 · 교환이 불가합니다”라는 스티커나 안내문을 보고 환불이나 교환이 어려워 물건이 마음에 들지 않아도 참았다. B는 이러한 상황을 참고 지나가야 하는 것인가? 사실 이런 문구를 보면, 소비자들은 포장을 뜯은 뒤에는 환불이나 교환이 불가능하다고 생각해 기회를 놓치는 경우가 많다. 하지만 실제로는 이런 안내문이나 스티커는 법적으로 효력이 없다. 전자상거래 등에서의 소비자 보호에 관한 법률 제17조 제2항 제1호 단서에 따르면, 단순히 상품의 내용을 확인하기 위해 포장을 개봉한 경우에는 환불이나 교환이 가능하다. 공정거래위원회 역시 “포장 개봉 시 환불 불가”와 같은 안내는 소비자의 정당한 청약철회권을 제한하는 행위로 보고 있다.

즉, 소비자는 상품을 받아 포장을 뜯어본 뒤, 마음이 바뀌었더라도 7일 이내라면 환불이나 교환을 요구할 수 있다. 다만, 화장품이나 식품처럼 포장을 뜯으면 품질이 변하거나 포장에 정품 인증 기능이 있는 경우에는 예외적으로 환불이 제한될 수 있으므로 이런 상품은 구매 전에 환불 가능 여부를 꼭 확인해야 한다. 정리하면, “포장 개봉 시 환불 불가”라는 안내는 소비자를 속이는 행위에 해당하며, 전자상거래 등에서의 소비자 보호에 관한 법률 제21조 제1항 제1호에서 거짓된 사실을 알림으로써 청약철회를 방해하는 행위에 해당한다. 소비자는 법에서 보장하고 있는 권리를 적극적으로 행사할 수 있다는 점을 기억하여야 한다.

04

헬스장 장기회원권 구매

헬스장 장기회원권 중도 해지와 환불

헬스장이나 피트니스센터를 이용할 때 많은 소비자들이 월 단위보다 6개월, 1년 등 장기회원권을 할인된 가격에 구매하는 경우가 많다. 하지만 운동을 중간에 그만두고 싶을 때 환불이 어렵거나 과도한 위약금을 요구받는 등 소비자 피해가 매년 늘고 있다. 실제로 한국소비자원에 접수되는 헬스장 관련 피해구제 신청의 90% 이상이 중도 해지와 환급, 위약금 분쟁에 관한 내용일 정도로 문제가 심각하다.

헬스장 이용계약은 방문판매 등에 관한 법률 제2조 제10호에서 정한 계속거래에 해당한다. 이 법 제31조에 따르면, 소비자는 계약 기간 중 언제든지 해지를 통보할 수 있고, 남은 기간에 해당하는 금액을 돌려받을 권리가 있다. 계약서에 '환불 불가' 조항이 있더라도 이런 약관은 소비자에게 일방적으로 불리하므로 법적으로 무효가 된다. 실제로 공정거래위원회는 중도 해지 금지, 과도한 위약금 부과 등 불공정 약관을 시정하도록 여러 헬스장 사업자에게 조치한 바 있다.

환불 기준은 다음과 같다. 만약 헬스장 측의 잘못으로 계약을 해지하는 경우, 소비자는 이용비 전액을 환불받을 수 있고, 경우에 따라 추가 배상도 받을 수 있다. 반면, 소비자 개인 사정으로 중도 해지를 요청하는 경우에는 총 이용금액의 10%를 위약금으로 공제하고, 실제 이용한 기간에 해당하는 금액을 제외한 나머지를 환불받을 수 있다.

계약서에 '환불 불가'나 '특정 시점 이후 환불 불가' 같은 조항이 있어도 헬스장과 같은 계속거래 계약에서는 이런 약관이 무효이므로 소비자는 언제든지 해지와 환불을 요구할 수 있다. 즉, 헬스장과 소비자 간의 계약은 주로 약관에 의해 체결되므로 약관의 규제에 관한 법률 제3조, 제8조, 제9조에 따라 불공정한 계약 내용은 법률에 맞지 않아 무효가 된다. 만약 헬스장 측이 환불을 거부하거나 과도한 위약금을 요구한다면, 한국소비자원이나 공정거래위원회에 피해구제를 신청할 수 있다.

장기 회원권을 구매할 때는 할인 혜택만 보고 충동적으로 결정하기보다는 실제로 이용할 수 있는 기간과 환불 기준, 위약금 조건 등을 꼼꼼히 확인하는 것이 중요하다. 계약서, 문자, 결제 내역 등 관련 자료를 잘 보관해 두면 분쟁 발생 시 자신의 권리를 지키는 데 도움이 된다.

✚ 약관

> 약관은 계약의 한쪽 당사자가 여러 명의 상대방과 계약을 체결하기 위해 미리 마련한 계약 내용을 의미한다. 이는 주로 대량 거래를 위해 일반적인 계약 조건을 표준화하여 사용하는 방식이다.

✚ 약관의 규제에 관한 법률이란?

> 약관의 규제에 관한 법률은 사업자가 거래상의 지위를 남용하여 불공정한 내용의 약관을 작성하고 사용하는 것을 방지하고, 불공정한 약관을 규제하여 건전한 거래질서를 확립하고 소비자를 보호하기 위해 제정된

법률이다.

환불 금액 산정 기준

헬스장이나 피트니스센터에서 장기회원권을 구매한 뒤에 환불을 요청할 경우, 환불 금액은 해지 시점과 계약서의 환불 규정에 따라 달라진다. 먼저, 서비스를 시작하기 전에 해지하면 전체 결제 금액에서 위약금으로 10%를 공제한 나머지 금액을 돌려받을 수 있다. 반면, 이미 이용을 시작한 경우에는 총 결제 금액에서 실제로 이용한 기간에 해당하는 금액과 10%의 위약금을 차감한 금액이 환불된다. 예를 들면, 6개월 이용권을 60만 원에 구매한 사람이 2개월만 이용하고 환불을 요청한다면, 2개월 이용료(20만 원)와 위약금(6만 원)을 제외한 34만 원을 환불받게 된다. 그러나 만약 계약서에 "환불 시 정상가 기준으로 환불한다"는 내용이 명시되어 있고, 1개월 정상가가 15만 원이라면, 2개월 정상가 이용료(30만 원)를 차감한 30만 원만 환불된다. 이 경우에는 위약금 10%가 별도로 공제되지 않는다. 따라서 환불 금액은 단순히 사용 기간만으로 결정되는 것이 아니라 계약서에 명시된 환불 기준이 무엇인지에 따라 달라질 수 있다. 특히 장기회원권을 구매할 때에는 환불 조건을 반드시 확인하는 것이 중요하다.

할부항변권

헬스장이 갑자기 폐업해 장기회원권의 환불을 받지 못하는 상황을 예방하려면, 결제 방법과 환불 절차에 대해 미리 알아두는 것이 중요하다. 가장 효과적인 예방법 중 하나는 신용카드 할부 결제를 이용하는 것이다. 신용카드 할부로 회원권을 결제하면, '할부항변권'이라는 소비자 보호 장치를 활용할 수 있다. 할부항변권이란 헬스장이 폐업하거나 서비스 제공이 중단되는 등 문제가 발생했을 때, 남은 할부금 지급을 거절할 수 있는 권리이다. 예를 들면, 헬스장이 갑자기 문을 닫아 더 이상 운동을 할 수 없게 되면, 신용카드사에 할부항변권을 행사하여 남은 할부금을 내지 않아도 된다.

할부항변권을 행사하려면 신용카드사에 내용증명 등 기록이 남는 방식으로 항변 요청서를 보내는 것이 좋다. 이때 구매일, 결제 금액, 헬스장 이름, 항변 사유 등을 구체적으로 기재해야 한다. 다만, 이 권리는 거래 금액이 20만 원 이상이고, 할부 기간이 3개월 이상인 경우에만 적용된다. 현금이나 일시불 결제로 회원권을 구매한 경우에는 할부항변권을 쓸 수 없으므로 장기회원권 결제 시에는 가급적 신용카드 할부를 선택하는 것이 안전하다.

만약 헬스장이 폐업했는데도 환불을 거부한다면, 한국소비자원(1372)이나 국민신문고 또는 관할 구청에 민원을 제기할 수 있다. 소비자분쟁해결기준에 따르면, 헬스장 폐업 등 사업자 귀책 사유로 계약이 해지된 경우, 이용한 기간에 해당하는 금액만 공제하고 나머지는 환불받을 수 있다. 위약금(총 이용 금액의 10%)도 추가로 배상받을 수 있다.

정리하면, 헬스장 장기회원권 결제 시에는 신용카드 할부를 이용하고, 계약서와 결제 내역을 잘 보관해 두는 것이 피해 예방에 도움이 된다. 문제가 생기면 신속히 카드사와 소비자원, 관할 행정기관에 신고해 권리를 지키는 것이 중요하다.

할부항변권의 제한

할부항변권은 소비자가 할부로 결제한 상품이나 서비스에 문제가 생겼을 때 남은 할부금 지급을 거부할 수 있는 강력한 권리이지만, 모든 거래에 적용되는 것은 아니다. 다음과 같은 제한이 있으니 주의해야 한다.

○ 거래 금액과 기간의 제한: 할부항변권은 결제 금액이 20만 원 이상이고, 할부 기간이 3개월 이상인 거래에만 행사할 수 있다. 예를 들어, 18만 원을 3개월 할부로 결제했다면 이 권리를 쓸 수 없다.

○ 상행위 목적 거래 제외: 사업자가 영리 목적으로 물건이나 서비스를 구매한 경우(광고대행, 사업용 장비 구입 등)에는 할부항변권을 행사할 수 없다. 즉, 개인 소비자가 아닌 사업자 거래는 제외된다.

○ 특정 상품 및 서비스 제외: 농수축산물 등 제조업에 의해 생산되지 않은 것, 의약품, 보험, 부동산 등 일부 상품·서비스 거래에는 할부항변권이 적용되지 않는다.

○ 이미 완납한 거래: 할부금을 모두 갚은 뒤에는 할부항변권을 행사할 수 없다. 할부금이 남아 있는 상태에서만 권리를 쓸 수 있다.

○ 일부 결제 금액 이월약정(리볼빙) 이용 금액: 신용카드 리볼빙(일부만 결제하고 나머지는 다음 달로 넘기는 방식)으로 결제한 금액에는 할부항변권이 적용되지 않는다.

이처럼 할부항변권은 소비자 보호를 위한 제도이지만, 행사 요건과 대상에 명확한 제한이 있으므로 장기 서비스나 고액 상품을 할부로 결제할 때는 반드시 위 조건을 확인해야 한다.

05

부동산매매

부동산이란?

민법상 부동산의 정의는 간단하면서도 우리 일상생활에 깊이 관련되어 있다. 민법 제99조 제1항에 따르면, 부동산은 '토지 및 그 정착물'로 정의된다. 이는 우리가 발 딛고 서 있는 땅과 그 위에 지어진 건물들을 포함하는 개념이다. 먼저 토지는 부동산의 가장 기본적인 형태이다. 이는 단순히 평면적인 지표면뿐만 아니라 그 아래 지하와 그 위 공중까지 포함하는 3차원적 공간을 의미한다. 법적으로는 이를 '필지'라는 단위로 구분하여 관리한다. 정착물은 토지에 고정되어 쉽게 이동할 수 없는 구조물을 말한다. 가장 대표적인 예로는 건물이 있으며, 이외에도 교량, 도로, 댐 등이 포함된다. 우리 민법은 건물을 토지와 별개의 독립된 부동산으로 취급하고 있으며, 이로 인해 토지 소유자와 건물 소유자가 다를 수 있는 독특한 법률관계가 형성된다.

부동산 매매계약서의 기본 정보

부동산 매매계약서에 포함해야 하는 기본적인 정보는 다음과 같다.

a. 매도인과 매수인의 인적사항(성명, 주민등록번호, 주소 등)

b. 거래 물건 정보(부동산의 주소, 면적, 건축 연도, 구조 등)

c. 매매대금 및 지급 조건(총 매매가격, 계약금, 중도금, 잔금의 금액과 지급 일정)

d. 소유권 이전 조건(소유권 이전 시기와 절차)

e. 제세공과금 부담에 관한 사항

f. 계약 해제 조건

g. 위약금 조항

h. 특약사항(당사자 간 추가로 합의한 특별 조건들)

i. 계약일자

j. 매도인, 매수인, 중개업자(있는 경우)의 서명 및 날인

부동산 매매계약서 작성 시 주의할 사항

① 실제 매물을 직접 확인하기

부동산 매매는 인생의 중요한 결정 중 하나이다. 요즘은 대부분 인터넷에서 매물을 찾지만, 실제로 보는 것과는 차이가 있을 수 있다. 그래서 꼭 현장 방문이 필요하다. 다음은 현장 방문 시 체크해야 할 중요한 포인트들이다.

* 매물 일치 여부 확인: 인터넷에서 본 정보와 실제 매물이 일치하는지 꼼꼼히 살펴봐야 한다. 사진으로 보았던 공간감이나 상태가 실제와 다를 수 있다.
* 하자 점검: 눈에 보이는 곳뿐만 아니라 숨겨진 곳까지 꼼꼼히 살펴봐야 한다. 벽면의 균열, 천장의 누수 흔적, 바닥의 상태 등을 확인

하는 것이 중요하다.

* 채광과 통풍: 자연광이 잘 들어오는지, 환기가 잘 되는지 확인해야 한다. 이는 일상생활의 쾌적함과 직결되는 중요한 요소이다.
* 설비 상태 점검: 보일러, 수도, 전기 등 기본 설비의 상태를 확인해야 한다. 특히 보일러는 겨울철 난방비와 직결되므로 꼭 점검해야 한다.
* 주변 환경 체크: 주변 소음, 편의시설, 대중교통 접근성 등도 살펴봐야 한다. 이는 장기적인 주거 만족도에 큰 영향을 미친다.

현장 방문은 단순히 보는 것을 넘어 모든 감각을 동원해 체험하는 과정이다. 냄새, 소리, 촉감 등 다양한 측면에서 공간을 경험해 봐야 한다. 이러한 꼼꼼한 확인 과정은 향후 발생할 수 있는 문제를 미리 방지하고, 만족스러운 주거 공간을 선택하는 데 큰 도움이 될 것이다.

② 부동산등기부등본, 토지대장, 건축물대장 확인하기

부동산 거래 시 현장 방문만큼 중요한 것이 관련 서류 확인이다. 특히 등기부등본, 토지대장, 건축물대장은 꼭 살펴봐야 할 핵심 문서들이다. 이들 서류를 통해 부동산의 법적 상태와 실제 정보를 정확히 파악할 수 있다.

○ 부동산등기부등본: 부동산의 '신분증'

* 표제부: 부동산의 기본적인 정보를 담고 있는 부분으로, 해당 부동산이 무엇인지를 식별할 수 있는 중요한 항목들이 기재된다. 부동산의 종류, 주소, 지번, 면적, 등기일자가 포함된다.
* 갑구: 부동산의 소유권 관계가 기재되어 있다. 여기에서 현재 소유자가 누구인지, 그 소유자의 정확한 정보는 무엇인지 확인할 수 있다.
* 을구: 부동산의 담보권에 관한 사항이 기록되어 있다. 여기에는 근저당권, 저당권 등 채무 담보를 위한 권리뿐만 아니라 전세권, 지역

권 등 소유권 이외의 다양한 권리 설정 내역이 포함된다.

중요한 점은 등기부등본을 거래 과정의 여러 단계에서 반복적으로 확인해야 한다는 것이다. 매매계약 시, 중도금 지급 전, 잔금 지급 전, 소유권이전등기 완료 후에 여러 번 확인함으로써 거래 과정에서 발생할 수 있는 예기치 못한 변동사항을 파악할 수 있다.

○ 토지대장: 땅의 '이력서'

토지대장은 해당 토지의 상세 정보를 담고 있는 '이력서'와 같다. 이 문서에서 확인할 수 있는 정보는 토지의 소재, 지번, 지목, 면적, 소유자의 주소 및 개인정보가 포함된다. 토지 매매 전 권리 분석을 할 때 이 문서를 꼭 열람하여야 한다.

○ 건축물대장: 건물의 '신상명세서'

건축물대장은 건물에 대한 종합적인 정보를 담고 있는 '신상명세서'라고 할 수 있다. 이 문서에서 확인하여야 할 주요 사항은 건물 소유자 정보, 건물의 상세 정보, 불법 건축물 여부, 실제 건물과 대장 정보의 일치 여부이다. 이러한 서류들을 꼼꼼히 확인하는 것은 부동산 거래에서 발생할 수 있는 많은 문제를 사전에 방지할 수 있는 중요한 과정이다. 비록 번거로울 수 있지만, 이는 안전한 거래를 위한 필수적인 단계임을 명심하여야 한다.

✚ 부동산등기부등본, 토지대장, 건축물대장 발급 방법

> 등기부등본은 대법원 인터넷등기소(인터넷등기소 홈페이지, 앱)에서 회원 가입 없이도 쉽게 발급받을 수 있다. 컴퓨터와 프린터만 있으면 집이나 사무실에서 바로 출력할 수 있으며, 열람은 700원, 발급은 1,000원의 수수료가 든다.
> 토지대장은 정부24 웹사이트에서 로그인 후에 '토지대장' 메뉴를 검색해

발급받을 수 있으며, 온라인으로 발급받을 경우에 무료이다. 그리고 주소 입력 등 간단한 절차만 거치면 실시간으로 출력이 가능하다.
건축물대장은 토지대장과 동일하게 정부24에서 '건축물대장' 메뉴를 검색해 발급받을 수 있다. 필요한 경우에 제출용(발급)과 확인용(열람) 중 선택이 가능하며, 온라인으로 간편하게 신청하고 즉시 출력할 수 있다.

③ 계약 당사자 명확히 확인하기

부동산 거래 시 공인중개사를 통해 계약을 진행하는 것이 일반적이다. 이 과정에서 주의해야 할 몇 가지 중요한 사항들이 있다.

* 중개인 신원 확인
  - 대화 상대 확인: 공인중개사 본인과 직접 대화하는지, 아니면 중개보조원과 대화하는지 명확히 해야 한다.
  - 성명 확인: 상대방의 정확한 성명을 알아두는 것이 중요하다.
  - 명함 수령: 가능하다면 명함을 받아 둠으로써 추후 연락이나 확인에 유용하게 쓰일 수 있다.

* 계약 당사자 확인

계약의 실제 당사자가 누구인지 정확히 파악하는 것은 다음과 같은 이유에서 매우 중요하다.

  - 사칭 방지: 때로는 실제 당사자가 아닌 사람이 당사자인 척 행동하는 경우가 있다. 이는 친구나 지인일 수도 있다.
  - 법적 문제 예방: 실제 소유자가 아닌 사람과 계약을 체결하면, 나중에 법적 문제가 발생할 수 있다.
  - 진실성 확보: 실제 소유자가 나중에 "계약한 적 없다"라고 주장할 수 있는 상황을 방지할 수 있다.

* 대리인 확인

계약일에 나온 사람이 실제 소유자가 아닌 경우, 그 사람의 신분을 명확히 해야 한다.

✚ 신분증 진위 확인 방법

> 주민등록증이 진짜인지 확인하고 싶을 때는 여러 가지 간편한 방법이 있다. 대표적으로 전화 자동응답(ARS), 정부24 웹사이트, 그리고 모바일 확인서비스를 이용할 수 있다.
>
> * 전화 자동응답(ARS) 이용
> 국번 없이 1382번으로 전화한 뒤, 안내에 따라 주민등록번호 13자리와 주민등록증 발급일자를 입력하면 된다. 정상적인 경우 "등록된 내용과 일치합니다"라는 안내를 들을 수 있다.
> * 정부24 웹사이트 또는 앱 이용
> 정부24에 로그인한 뒤 '서비스 → 사실/진위확인 → 주민등록증 진위확인' 메뉴로 들어가서 성명, 주민등록번호, 발급일자를 입력하면 사실 여부를 바로 확인할 수 있다. 이 방법은 컴퓨터나 스마트폰만 있으면 누구나 쉽게 이용할 수 있다.
> * 모바일 확인서비스
> 정부24 앱, '모바일 신분증 검증앱', PASS앱 등에서 주민등록증 화면의 QR코드를 스캔하면 진위 여부를 실시간으로 확인할 수 있다. 이 방법은 모바일 주민등록증을 사용할 때 특히 유용하다.

④ 대리인이 계약할 경우, 위임장 확인하기

대리인이 계약을 체결할 경우, 위임장이 적법하게 작성되었는지 꼼꼼히 점검하여야 한다. 위임장에는 당사자와 위임인, 수임인의 정보가 정확히 기재되어야 하며, 위임의 목적도 명확하게 명시되어 있어야 한다. 또한 위임인의 도장이나 인감도장이 날인되어 있는지, 인감증명서가 첨부되었는지 확인하는 것이 중요하다. 단순히 도장이 찍혀 있을 경우, 나중에 "이 도장은 내 것이 아니다"라는 주장으로 분쟁이 발생할 수 있으므로 주의가 필요하다. 또한 위임인과 수임인의 신분증도 함께 확인하여야 한다.

⑤ 계약서를 정확하게 읽어 보고 쓰기

가장 중요한 점은 계약서를 꼼꼼하게 읽고 작성하는 것이다. 특히, 문제가 될 수 있는 사항들은 반드시 특약사항으로 명확하게 기재하여야 한다. 예를 들면, 하자는 누구의 책임으로 할 것인지, 기존 임차인이 있을 경우 어떻게 처리할 것인지 등을 철저히 기록하여야 한다. 특히, 자신에게 유리한 조건들은 모두 빠짐없이 기재하는 것이 중요하다.

한편, 계약서가 여러 장인 경우에는 위조를 방지하기 위해 각 장마다 간인을 찍는 것이 좋다. 간인이란 계약서와 같은 여러 장의 문서가 이어졌음을 확인하기 위해 각 장의 앞뒤를 맞추어 도장을 찍는 방식이다.

⑥ 매매대금 지급방법을 표시

부동산 매매대금은 대부분 거액이기 때문에 그 지급기일과 방법을 정확히 명시하는 것이 중요하다. 매매대금은 일시불로 지급하거나 계약금, 중도금, 잔금으로 나누어 지급할 수 있으며, 대금의 지급 방법과 지급일자를 명확히 기재하여야 한다. 특히, 금액은 반드시 정확하게 기재하여야 한다. 종종 0을 하나 빼거나 더 써서 금액을 잘못 기입하는 실수가 발생할 수 있으며, 이로 인하여 계약이 파기되는 경우도 있으므로 신중하게 작성하여야 한다. 금액은 일반적으로 한글로 표기하는 것이 권장된다. 계약금은 매매계약 성립의 증거로 지급되는 금액으로, 계약금만 지급된 상태에서는 당사자 일방이 계약을 해제할 수 있다. 이 경우에 매도자는 계약금의 배액을 배상하여야 하며, 매수자는 계약금을 포기하여야 한다. 잔금 지급은 계약을 종결하는 중요한 절차로, 지급 전에 권리관계에 변동이 없는지 반드시 확인하여야 하며, 지급과 동시에 소유권이전등기를 완료하여야 한다. 잔금 지급 방식에 대해서는 사전에 충분한 협의가 필요하다. 현금, 계좌이체, 수표 등 어떤 방식으로 할지 미리 정하여야 하며, 특히 수표로 지급할 경우 타행수표는 당일 출금이 안 될 수 있으므로 이 점을 고려하여야 한다. 이러한 세부사항들을 사전에 명확히 정해 두면 거래 당일 발생할 수 있는 혼란과 문제를 예방할 수 있어, 안전하고 원활한 부동산 거래를 진행할 수 있다.

⑦ 계약당사자 계좌로 계약금, 중도금, 잔금 입금하기

부동산 거래 시 대금 지급은 매우 중요한 단계로, 안전한 거래를 위해 몇 가지 핵심 사항을 반드시 지켜야 한다. 가장 중요한 것은 대금 지급 방법을 계좌이체로 했을 경우, 계약 당사자의 명의로 된 계좌로 직접 입금하는 것이다. 이는 추후 분쟁 발생 시 거래 사실을 명확히 증명할 수 있고, 법적 보호를 받기 쉽기 때문이다.

계약 당사자가 아닌 지인의 계좌나 배우자 명의 계좌 또는 공인중개사의 계좌로 대금을 입금하는 것은 매우 위험하므로 피하여야 한다. 이러한 방식으로 거래할 경우, 계약 당사자가 입금 사실을 부인하거나 중개인이 대금을 가지고 도주하는 등의 사기 피해를 당할 수 있으며, 법적 분쟁 시 불리한 입장에 처할 수 있다. 안전한 거래를 위해서는 계약서에 명시된 계좌로만 입금하고, 계좌 소유주가 실제 계약 당사자인지 반드시 확인하여야 한다. 그리고 당사자가 아닌 제3자 계좌로의 입금 요구는 거절하여야 한다. 부동산 거래는 큰 금액이 오가는 만큼 신중하여야 하며, 조금이라도 의심스러운 점이 있다면 주저하지 말고 전문가의 조언을 구하여야 한다.

⑧ 계약 당시 상황을 녹음하기

부동산 거래에서 구두로 합의한 내용을 보다 명확하게 남기고 싶다면, 녹음을 활용하는 것이 좋다. 이는 법적 분쟁의 예방과 해결에 실질적인 도움이 될 수 있는 중요한 방법이다. 대화 당사자가 상대방의 동의 없이 대화를 녹음하는 경우, 통신비밀보호법 위반으로 처벌되지는 않지만 상대방의 동의 없는 녹음은 피녹음자의 음성권 및 사생활의 비밀과 자유를 침해할 수 있어 민법상 불법행위가 될 수 있다. 따라서 상대방에게 동의를 구하고 녹음하는 것이 법적 분쟁 예방 측면에서 보다 안전하다.

⑨ 중개대상물 확인설명서 확인

공인중개사를 통한 부동산 매매계약 시 받는 중개대상물 확인설명서는 매매 목적물의 상세 정보를 담은 중요한 문서이다. 이 서류는 법적으로 공인중개사가 의뢰인에게 꼭 제공하여야 하며, 부동산의 일반사항과 세부사항을 자세히 기록하고 있다. 구매자는 이 문서에 적힌 정보가 실제 부동산 현황과 맞는지 꼭 확인하여야 하며, 특히 면적, 위법건축물 여부, 주변 환경 등을 자세히 살펴봐야 한다.

⑩ 부동산 공제증서 확인

부동산 공제증서란 부동산매매나 임대차계약을 할 때 공인중개사를 통해 계약을 진행한 경우, 만약 중개사의 고의나 과실로 인해 계약 당사자에게 금전적 피해가 발생했을 때 그 손해를 보상해 주는 일종의 보험증서다. 이 제도는 한국공인중개사협회나 보증보험회사가 운영하며, 공인중개사는 의무적으로 일정 금액 이상의 공제(보험)에 가입하여야 한다. 개인 중개업자는 최소 1억~2억 원, 법인 중개업자는 최소 2억~4억 원 이상의 보장 한도로 가입한다.

부동산 공제증서에는 중개사무소 명칭, 공제번호, 소재지, 보장금액, 공제기간 등이 명시되어 있으며, 계약서와 함께 교부된다. 만약 거래 과정에서 공인중개사의 실수나 고의로 인해 손해가 발생하면, 피해자는 이 공제증서를 근거로 협회나 보험회사에 보상을 청구할 수 있다. 다만, 실제 보상은 중개사의 과실 비율에 따라 결정되며, 공제증서에 기재된 보장 한도 내에서만 지급된다. 여러 피해자가 동시에 발생한 경우에는 보장 한도 내에서 나누어 보상받게 된다. 즉, 부동산공제증서는 부동산 거래에서 발생할 수 있는 중개사고로 인한 금전적 피해에 대비한 안전장치로, 거래 당사자의 권익 보호를 위한 중요한 제도다. 가입 기간은 1년 단위이므로 계약 날짜가 해당 기간에 포함되는지 반드시 확인하여야 한다. 따라서 계약을 체결하기 전에 공제증서를 받아보고, 계약 기간 동안 공제보험이 유효한지 꼭 확인하여야 한다.

⑪ 계약서 당사자란 직접 기재

계약서를 작성할 때 계약 당사자 정보를 기재하는 란이 있다. 매도인과 매수인의 정보를 적는 부분이 바로 그것인데, 이 정보는 각 당사자가 직접 작성하는 것이 좋다. 공인중개사가 대신 작성하는 경우가 있는데, 나중에 문제가 발생했을 때 "이건 내가 쓴 것이 아니다", "내가 찍은 도장이 아니다", "내가 체결한 계약이 아니다"라는 주장이 나올 수 있다. 이를 방지하려면 당사자가 스스로 정보를 기재하는 것이 안전하다.

⑫ 중요한 사항은 계약서의 특약사항으로 기재

부동산 계약서의 특약사항은 계약 당사자 간의 합의 사항을 명확히 하고 추후 발생할 수 있는 분쟁을 예방하는 데 매우 중요한 역할을 한다. 특히, 위약금 특약은 계약을 체결할 때 매우 중요한 부분이다. 만약 상대방이 계약을 이행하지 않거나 잘못된 사유로 계약을 어기게 되면, 내가 손해를 입을 수 있다. 이때, 위약금 특약을 계약서에 명시해두면, 상대방의 잘못으로 계약이 파기되었을 때 내가 받을 수 있는 보상 금액을 미리 정해 놓을 수 있다. 계약서에 "상대방이 계약을 이행하지 않거나 귀책사유가 있을 경우, 계약을 해지할 수 있으며, 손해배상금액은 계약금으로 한다."는 내용이 위약금 특약의 예시가 될 수 있다.

✚ 주요 특약사항 예시

① 권리 관련 특약

- 권리 변동 제한: "계약 당시의 권리관계를 잔금일 익일까지 유지하고, 이를 위반 시 계약을 무효로 한다."
- 근저당 설정 제한: "임대인은 계약 시점부터 만료 시까지 근저당 및 기타 제한물권을 설정하지 못한다."

② 물리적 상태 관련 특약

- 하자담보책임: 하자 발생 시 책임 범위와 기간 등을 명시한다.

③ 금전 관련 특약

- 계약 해제 시 위약금: "일방의 계약 해제 또는 불이행 시 매수인은 계약금 포기, 매도인은 계약금의 배액을 배상한다."
- 대금 정산: 제세공과금 및 관리비 정산 기준일을 명확히 한다.

06

주택임대차란 무엇인가?

정의

주택임대차란 주택 소유자(임대인)와 주택을 빌리는 사람(임차인) 간의 계약으로, 임차인이 일정 기간 동안 주택을 사용하고 그 대가로 임대료를 지급하는 관계를 의미한다. 임대차계약은 일반적으로 계약서를 작성하여 체결하며, 계약서에는 구체적인 계약 조건과 내용이 명확히 기재된다.

대표적인 유형

① 전세

전세는 우리나라에서만 볼 수 있는 독특한 주택 임대차 제도로, 임차인이 집주인에게 일정 금액의 보증금을 맡기고 그 대가로 일정 기간 동안 주택을 사용하는 계약 방식이다. 전세 계약의 경우, 보증금이 수천만 원에서 수억 원에 이를 정도로 금액이 크기 때문에 임차인은 이 목돈을 계약 기간 동안 임대인에게 맡기게 된다. 계약이 종료되면 임대인은 보증금을 전액 반환하여야 하므로 임차인은 한 번에 큰 금액을 준비하여야 하는 부담이 있고, 임대인 역시 계약 만료 시 보증금을 돌려주기 위해 자금을 마련하여야 하는 부담이 있다.

전세의 가장 큰 특징은 월세와 달리 매달 임대료를 내지 않는다는 점이다. 임차인 입장에서는 매달 내야 하는 고정적인 임대료 부담이 없고, 대신 관리비나 공과금 등 실제 사용에 따른 비용만 부담하면 된다. 이로 인해 월세에 비해 매달 지출이 적어 생활비 계획을 세우기 용이하다. 또한 전세 계약은 장기 계약이 많아, 임차인이 안정적으로 거주할 수 있다는 장점이 있다.

임대인 입장에서는 큰 금액의 보증금을 받아 자산을 운용하거나 투자하는 데 활용할 수 있어 재정적으로 유리하다. 그러나 임대인이 보증금을 반환하지 못하는 경우, 임차인은 큰 손해를 볼 수 있으므로 계약 시 임대인의 신용도나 등기부등본 등을 꼼꼼히 확인하는 것이 중요하다.

② 반전세(월세)

반전세는 전세와 월세의 중간 형태이다. 사실 월세도 보증금을 내고 매달 임대료를 지불하는 형태여서 반전세와 월세를 구분하는 실익이 크게 존재하지 않는다. 두 형태 모두 보증금과 임대료를 조합한 임대차 방식이며, 그 비율만 다를 뿐이다.

법적으로 반전세와 월세는 모두 주택임대차보호법상 임대차계약의 한 형태로 명확하게 구분되어 있지 않다. 두 방식 모두 임차인이 임대인에게 일정 금액의 보증금을 맡기고, 그와 별도로 매달 월세(임대료)를 지불하는 구조라는 점에서 동일한 범주에 속한다. 실제로 부동산 시장에서는 보증금과 월세의 비율에 따라 편의상 반전세와 월세로 나누지만, 법적으로는 동일하게 취급된다. 따라서 임차인은 각 방식의 장단점을 잘 비교해 보고, 자신의 자금 사정과 생활 계획에 맞는 임대차 방식을 선택하는 것이 중요하다.

반전세는 전세에 비해 보증금이 낮고, 그 대신 매달 일정 금액의 월세를 추가로 내는 형태이다. 예를 들면, 전세가 2억 원인 집을 반전세로 계약하면 보증금 1억 원에 월세 50만 원을 내는 식이다. 이렇게 하면 임차인은 큰 목돈을 한 번에 마련하지 않아도 되어 초기 비용 부담이 줄어든다. 또한 보증금을 통해 기본적인 주거 안정성을 확보하면서도, 임대인은 매달 꾸준히 임대료 수입을 얻을 수 있다.

반전세의 장점은 보증금이 전세보다 적기 때문에 사회초년생이나 자금 여력이 부족한 임차인도 비교적 쉽게 입주할 수 있다는 점이다. 초기 진입 장벽이 낮아 목돈을 모으기 어려운 대학생이나 신입 직장인에게 적합하다. 반면, 월세와 비슷하게 매달 임대료를 내야 하므로 매월 재정적 부담이 생기고, 장기적으로 저축할 여유가 줄어들 수 있다는 단점도 있다. 또한 월세 부담이 누적되면 전세에 비해 전체 주거 비용이 더 높아질 수도 있어서 계약 전에 총 비용을 꼼꼼히 계산해 보는 것이 필요하다.

✚ 반전세와 월세의 구분 기준

> 반전세와 월세의 구분 기준은 보증금과 20년치 월세를 비교하여 구분한다(반전세: 보증금〉20년치 월세, 월세: 보증금〈20년치 월세).
> ex) 보증금 1억 5,000만 원, 월세 50만 원인 경우
> 20년치 월세 계산: 50만 원×240개월=1억 2,000만 원
> 보증금(1억 5,000만 원)이 20년치 월세(1억 2,000만 원)보다 크므로 이는 반전세로 분류된다. 사실 이러한 구분은 법률상 명확하게 규정된 기준이 아니라, 시장에서 실무적으로 구분할 때 사용하는 방법이다. 법적으로는 반전세와 월세 모두 주택임대차보호법상의 임대차계약의 일종으로 동일하게 취급되며, 이 같은 구분은 실무상 편의를 위한 것임을 여러 부동산 전문가와 공인중개사들도 설명하고 있다. 이 내용은 KB금융지주에서 운영하는 부동산 정보사이트 KB Think에서 안내하는 내용이다.

07

주택임대차계약 체결 전 기본 용어 알기

주택임대차보호법

주택임대차보호법은 임차인(주택을 빌리는 사람)의 권리를 보호하고 임대인(주택 소유자)과의 관계를 규정하는 법률이다. 이 법은 임차인의 임차권을 보호함으로써 국민들의 주거생활의 안정을 보호하고자 1981년에 제정되었다. 민법에서도 임대차계약에 관한 규정이 있지만, 주택에 대한 임대차계약에 있어서는 이 법률이 우선 적용된다. 주택임대차는 당사자 간의 합의에 의하여 성립되는 계약임에도 불구하고 원칙적으로 이 법률에 정한 내용에 반하는 계약의 내용은 효력이 없다(주택임대차보호법 제10조).

그러나 임차인에게 불리하지 않은 계약 내용은 효력이 있다. 예를 들면, 임대인과 임차인이 1년의 기간으로 주택임대차계약을 체결한 경우, 임대인은 1년이 지났다는 이유만으로 계약 해지를 주장할 수 없다. 이는 주택임대차보호법 제4조에 따라 임대차 기간을 정하지 않거나 2년 미만으로 정한 경우에는 그 기간이 2년으로 간주되기 때문이다. 다만, 임차인이 본인의 사정으로 1년만 거주하기를 원해 1년의 임대차계약을 체결한 경우에는 그 기간이 유효하다.

주택임대차계약서

주택임대차계약은 원칙적으로 임차인과 임대인이 자유롭게 계약기간, 해지조건 등의 내용을 정할 수 있다. 이러한 계약은 매매계약과 마찬가지로 많은 경우에 공인중개사를 통하여 체결하게 되는데, 다음과 같은 사항의 내용을 포함하여 계약서를 작성하게 된다(공인중개사법 시행령 제22조).

부동산임대차계약서 작성 시 기재 사항은 1. 거래당사자의 인적 사항(이름, 주소, 주민등록번호, 전화번호 등) 2. 물건의 표시(부동산에 관한 사항) 3. 계약일 4. 거래금액 · 계약금액 및 그 지급일자 등 지급에 관한 사항 5. 물건의 인도일시 6. 권리이전의 내용 7. 계약의 조건이나 기한이 있는 경우에는 그 조건 또는 기한 8. 중개대상물확인설명서 교부일자 9. 그 밖의 약정내용이다.

계약금, 중도금, 잔금

○ 계약금

계약금이란 계약의 의사를 확실히 하고, 계약의 이행을 보장받기 위하여 계약 당사자 가운데 한쪽이 상대에게 미리 지급하는 금액이다. 이는 임대인과 임차인 간의 계약 이행을 촉진하고, 계약을 체결하는 데 신뢰를 구축하기 위한 것이다. 보통 계약금은 전체 임대료의 10% 정도이다. 계약금이 지급되면 임대인은 해당 세입자에게 집을 임대할 의무가 생기고, 세입자 역시 계약을 이행할 책임이 있다.

계약금을 주고받은 뒤에 계약을 해제하는 경우에는 민법 제565조가 적용된다. 이 조항은 부동산매매나 임대차계약에서 계약금의 법적 성격과 해제에 관한 기본적인 원칙을 규정한다. 먼저 임차인(계약을 하려는 쪽)이 계약을 해제하고자 할 때에는 이미 낸 계약금을 포기한 것으로 본다. 즉, 임차인이 계약을 취소하더라도 계약금을 돌려받지 못하고, 임대인(집주인)이 그 계약금을 가지게 된다. 이는 임차인이 계약 체결 당시 계약금을 지급함으로써 계약을 이행하겠다는 의사를 명확하게 나타낸 것으로 해석되기 때문이다.

반면 임대인(집주인)이 계약을 해제하고자 할 때에는 상황이 다르다. 임대인이 일방적으로 계약을 파기하면, 임차인에게 받은 계약금의 두 배를 반환해야 한다. 예를 들면, 임차인이 계약금으로 100만 원을 냈다면, 임대인이 계약을 해제할 경우 200만 원을 임차인에게 돌려줘야 한다. 이는 임대인의 일방적 해제로 인해 임차인에게 발생할 수 있는 손해를 보상하기 위한 조치이다.

✚ 해약금(민법 제565조)

> ① 매매의 당사자 일방이 계약당시에 금전 기타 물건을 계약금, 보증금등의 명목으로 상대방에게 교부한 때에는 당사자간에 다른 약정이 없는 한 당사자의 일방이 이행에 착수할 때까지 교부자는 이를 포기하고 수령자는 그 배액을 상환하여 매매계약을 해제할 수 있다.
> ② 제551조의 규정은 전항의 경우에 이를 적용하지 아니한다.

다만, 이러한 규정은 기본적인 원칙일 뿐 계약서에 별도의 조건이나 특약이 명시되어 있다면 그 약정이 우선 적용된다. 예를 들면, "계약 해제 시 계약금은 반환하지 않는다"라거나 "계약금의 두 배가 아닌 일정 금액만 지급한다"라는 내용이 계약서에 있다면, 그에 따라 처리된다. 따라서 계약을 체결할 때는 계약금 반환 및 해제 조건이 어떻게 정해져 있는지 꼼꼼히 확인하는 것이 매우 중요하다.

이는 중도금이나 잔금 등 본격적인 계약 이행에 착수하기 전까지 당사자에게 일정한 자유로운 해제권을 인정해주는 해약금제도의 일환이다. 계약을 체결한 후라도 아직 본격적으로 이행에 들어가지 않았다면, 당사자 일방이 계약금을 포기하거나 두 배를 지급하는 방식으로 계약을 해제할 수 있도록 하여 불가피하게 계약을 취소함으로 인하여 발생할 수 있는 분쟁을 예방하고, 당사자 모두의 권리와 의무를 명확하게 하는 역할을 한다.

○ 중도금

중도금은 계약이 체결된 후에 잔금 지급 전에 중간에 지급하는 금액이다. 이는 계약 체결 후에 계약 이행을 촉진하는 역할을 하여 계약의 진행 상황을 확인하는 지표가 된다. 중도금을 지급하면, 임차인은 계속해서 계약을 유지할 수 있는 권리가 부여된다. 일반적인 원룸, 오피스텔 임대차계약을 할 때에는 중도금이 없는 경우가 많지만, 전세나 계약 시부터 입주까지의 기간이 길거나 보증금이 높을 경우에 임대인이 요구하기도 한다.

○ 잔금

잔금은 임대차계약의 마지막 단계에서 지급하는 금액으로, 계약 체결 시 합의한 총액에서 계약금과 중도금을 제외한 나머지 금액이다. 잔금은 임대차 계약의 최종적인 이행을 의미하는데, 잔금이 지급되어야 임대인이 임차인에게 주택을 인도하고, 임차인은 해당 주택에 대한 권리를 확보하게 된다.

이 세 가지 금액은 주택임대차계약의 중요한 부분이며, 각각의 단계에서 임대인과 임차인 간의 권리와 의무를 명확히 한다. 계약금을 통해 계약의 의사를 확인하고, 중도금을 통해 계약의 진행 상황을 점검하며, 잔금을 통해 최종적으로 임대차계약을 완료하게 된다.

주택인도 + 전입신고 = 대항력

주택인도는 말 그대로 임대차계약을 체결한 집을 인도받고, 그 집에서 거주하는 것을 뜻한다. 전입신고란 하나의 세대에 속하는 사람의 전원 또는 일부가 거주지를 이동할 때 새로운 거주지의 시장, 군수 또는 구청장에게 하는 신고이다. 임차하는 부동산 주소와 등기부등본상 주소는 반드시 동일하여야 하므로 등기부등본에 기재된 번지, 동, 호수를 확인하고 전입신고를 하여야 한다. 전입신고는 거주지 이동 시 전입한 날부터 14일 이내에 하여야 한다(주민등록법 제16조).

대항력이란 임차인이 임대인이 아닌 다른 사람에게 자신의 임대차 권리를 주장할 수 있는 법률상의 힘을 의미한다. 즉, 이미 유효하게 성립한 법률관계를 제3자에게 주장할 수 있는 효력을 말한다. 주택임대차보호법 제3조 제1항에서는 인도와 전입신고를 마쳐야 그 다음날(0시)부터 제3자에 대해 대항력이 생긴다고 정하고 있다.

예를 들면, 임차인이 임대인과 보증금 4억 원에 전세 계약을 체결하고, 보증금을 모두 지급한 뒤에 입주하여 전입신고까지 마친 상태에서 임대인이 개인 사정으로 집을 매매하여야 한다고 통보한 상황을 가정해 보자. 이때 임대차 기간이 아직 남아 있다면, 임차인이 계속 거주할 수 있는지, 그리고 임대차 기간이 만료된 후에는 임차인이 새로운 집주인에게 보증금을 청구할 수 있는지 궁금할 수 있다.

임차인이 주택을 인도받고 전입신고를 마쳤다면, 대항력 요건을 갖춘 것으로 본다. 따라서 임대차 기간이 남아 있는 동안 임대인이 바뀌더라도 임차인은 임대차 계약의 효력을 주장할 수 있으므로 집을 비워주지 않아도 되고 계속 거주할 수 있다. 또한 임대차 기간이 만료된 이후에는 새로운 임대인에게 보증금 반환을 청구할 수 있다. 이처럼 대항력을 갖춘 임차인은 임대차에 관한 권리를 최초 임대인이 아닌 새로운 임대인에게도 주장할 수 있다

대항력 + 확정일자 = 우선변제권 취득

확정일자란 임대차계약에 대해 증거력을 가지는 법률상의 날짜를 의미한다. 확정일자를 받으려면 주택 소재지의 읍·면사무소, 동 주민센터를 방문하거나 인터넷등기소 홈페이지를 통하여 확정일자를 받을 수 있다. 확정일자를 받을 수 있는 임대차계약서는 임대인과 임차인의 인적사항, 임대차 목적물, 임대차 기간, 차임, 보증금 등 주요 내용을 모두 확인할 수 있는 증서여야 한다. 또한 임대차계약서에는 임대인과 임차인의 서명 또는 기명날인이 반드시 포함되어야 한다.

임차인이 주택에 거주하면서 임대차계약서에 확정일자를 받으면, 해당 임차인은 보증금에 대한 우선변제권을 갖게 된다. 여기에서 우선변제권이란 임차한 주택이 경매로 넘어가게 될 경우, 임차인이 보증금을 다른 일반 채권자나 후순위 근저당권자보다 먼저 배당받을 수 있는 권리이다. 즉, 임차인은 임대차 기간이 끝났을 때 본인이 낸 보증금을 자신보다 뒤에 순위에 있는 채권자들보다 우선적으로 돌려받을 수 있다.

이러한 우선변제권을 취득하려면 두 가지 요건을 모두 갖추어야 한다. 첫째, 임차주택에 실제로 입주하고 전입신고를 마쳐 대항력을 갖추는 것이다. 둘째, 임대차계약서에 확정일자를 받아두는 것이다. 대항력은 주택에 입주하여 전입신고만 하면 발생하지만, 우선변제권은 반드시 확정일자를 받아야 생긴다.

여기에서 주의할 점은 우선변제권과 소액임차인의 최우선변제권(주택

임대차보호법 제8조)은 다르다는 것이다. 우선변제권은 임차인이 확정일자를 받으면, 자신보다 뒤에 순위인 채권자들보다 먼저 보증금을 받을 수 있지만, 자신보다 앞선 순위에 있는 권리자들보다 먼저 받을 수는 없다. 반면, 소액임차인의 최우선변제권은 일정 요건을 갖춘 소액임차인이 대항력만 갖추면, 선순위 권리자보다도 가장 먼저 일정 금액(지역별로 정해진 한도 내)을 변제받을 수 있는 권리이다. 즉, 우선변제권은 확정일자를 기준으로 순위가 정해지며, 자신보다 늦게 권리를 취득한 채권자보다 우선하여 보증금을 돌려받을 수 있는 권리이다. 반면, 소액임차인의 최우선변제권은 일정 금액에 한해 선후순위와 관계 없이 다른 모든 권리자보다 가장 먼저 보증금을 받을 수 있는 권리라는 점에서 차이가 있다.

08

주택임대차계약 체결 시 주의할 사항

계약 체결 전 반드시 집을 직접 확인하기

다양한 집을 구경하다가 마음에 드는 집이 있으면 현장에 직접 가서 확인하여야 한다. 현장에 가지 않고 계약을 하고 나서 나중에 하자가 있다든지 내가 생각했던 한 것과 구조가 다르다든지 등을 나중에 문제 삼기가 쉽지 않다.

부동산등기부등본 반드시 확인하기

부동산등기부등본의 정식 명칭은 부동산 등기사항 전부증명서이다. 여기에서 등본은 법률적 용어로, 원본의 내용을 전부 베껴 놓은 것이다. 등기부등본이란 등기와 관련된 원본을 등사하여 작성한 문서라고 볼 수 있고, 등기란 국가 기관이 법정 절차에 따라 등기부에 부동산에 관한 일정한 권리관계를 적은 것이다. 이에 따라 등기는 부동산에 관한 권리 변동 요건이 된다. 부동산의 경우, 외부에서는 소유 여부나 권리관계가 명확하게 드러나지 않기 때문에, 등기부를 통해 이를 관리한다.

즉, 부동산등기부등본은 부동산에 대한 권리관계 및 현황을 기재한 장부로서 부동산의 신분증이라고 생각하면 이해하기 쉽다. 부동산의 거래계약 전에는 해당 부동산이 거래하기에 안전한 매물인지 여부를 등기부등본을 통하여 확인하는 것이 좋다. 부동산등기부등본은 소유자가 아니더라도 계약할 주택의 주소만 안다면, 누구나 가까운 등기소 또는 대법원 인터넷등기소에서 열람 및 발급받을 수 있다. 언제든지 부동산의 권리관계에 변화가 생길 수 있기 때문에 부동산등기부등본은 되도록 계약 직전 가장 최신본으로 확인하여야 한다. 공인중개사무소에서 등기부등본을 받았다면 서류의 가장 하단에 표시된 발행일이 계약 당일과 일치하는지 확인하고, 날짜가 너무 오래되었다면 다시 발급을 받아야 한다.

✚ 부동산등기부등본의 구성

부동산등기부등본은 '표제부', '갑구', '을구' 세 가지로 구성되어 있으며, 각 부분은 중요한 정보를 담고 있다.

• 표제부

표제부는 등기부등본의 가장 상단에 위치하며, 부동산의 소재 및 현황을 확인할 수 있는 부분이다. 표제부에서는 소재 지번, 건물 명칭 및 번호, 면적, 층수, 구조, 용도, 건물 내역 등을 확인할 수 있다. 그리고 표제부에 기재된 주소와 실제 계약할 주택의 주소가 동일한지 반드시 확인하여야 한다.

• 갑구

갑구는 부동산의 소유권에 관한 정보를 담고 있다. 갑구에서는 최종 소유권자(갑구의 가장 하단에 기재), 소유권 변동 이력, 가등기, 가처분, 예고등기, 가압류, 압류, 경매 등의 등기 여부 등을 확인할 수 있다. 그리고 계약자의 신분증을 통해 최종 소유권자와 계약 당사자가 동일한지 확인하여야 한다. 압류, 경매 등의 등기가 있다면 소유자의 신용도와 부동산의 하자 가능성을 의심해 볼 필요가 있다. 가등기, 가처분, 가압류, 압류, 경매 등의 단어가 등장하면 보증금 반환에 문제가 생길 수 있으므로 주의가 필요하다.

• 을구

을구는 소유권 외의 권리관계를 나타내는 부분이다. 을구에서는 저당권, 근저당권, 전세권, 임차권 등의 존재여부를 면밀히 검토하여야 한다. 특히 주택을 담보로 한 과도한 대출 여부를 확인하는 것이 필수적인데, 저당권이나 근저당권이 다수 설정되어 있다면, 이는 해당 부동산에 상당한 채무가 존재함을 의미한다. 이러한 상황은 향후 보증금 반환에 잠재적 위험을 내포하고 있으므로, 계약 체결 전 신중한 검토가 요구된다. 더불어, 전세권이나 임차권의 존재 여부도 반드시 주의 깊게 확인하여야 한다. 이러한 권리들은 부동산의 사용과 수익에 직접적인 영향을 미치며, 경우에 따라 저당권보다 우선순위를 가질 수 있기 때문이다.

등기부등본은 반드시 본인이 직접 발급하고 열람하는 것이 중요하다. 위조의 가능성을 배제하고 가장 안전하게 정보를 확인할 수 있기 때문이다. 등기부등본 열람 및 발급은 인터넷 등기소 홈페이지(www.iros.go.kr)나 '인터넷등기소' 앱을 통해 온라인으로 가능하며, 주민센터의 무인발급기나 가까운 등기소를 방문하여도 가능하다.

반드시 소유자 계좌로 돈을 입금하기

집을 계약하고 나면 계약금, 중도금, 잔금을 지급하여야 하는데, 이 돈은 반드시 등기부등본에 나와 있는 소유자의 명의로 된 계좌로 입금하여야 한다. 하지만 때때로 사람들이 소유자가 아닌 다른 사람, 예를 들면, 친척, 배우자, 친구 등의 계좌로 돈을 보내기도 한다. 그리고 때때로 공인중개사의 계좌로 보내기도 하는데, 이러한 경우에 나중에 문제가 생기면 돈을 돌려받기 어려운 상황이 발생할 수 있다.

당사자 신분을 명확히 확인하기

계약서를 작성할 때는 반드시 상대방이 실제 계약 당사자인지를 확인하여야 한다. 때때로 임대인이나 임차인의 가족, 배우자, 친구가 계약을 대신 작성하려고 할 때가 있다. 또한 일부 사람들은 자신이 당사자인 것처럼 속여 계약을 체결하려 할 수도 있다. 이런 경우 신분증을 제대로 확인하지 않으면, 신분증에 적힌 사람과 실제 계약 당사자가 동일한지 확실히 알 수 없다. 그러다 보니 당사자가 맞을 거라는 생각에 계약을 체결하는 경우도 생기는데, 만약 계약 당사자가 실제 소유자가 아니라면, 나중에 보증금을 돌려받지 못할 위험이 있다.

만약 당사자가 바쁜 일로 인해 오지 못한다고 하며, 이미 계약서를 공인중개사에게 맡겨두었으니 자신이 작성할 부분만 작성하면 된다고 한다면, 그날 계약을 체결하는 것보다는 날짜를 미루는 것이 좋다. 실제 소유자가 나중에 나타나 "나는 그 계약을 체결한 적이 없다"라고 주장할 경우, 문제가 복잡해질 수 있기 때문이다. 따라서 계약을 체결할 때는 실제 임대인과 임차인이 누구인지 직접 확인하고, 그들이 가지고 온 신분증도 꼼꼼히 살펴봐야 한다. 만약 당사자가 현장에 나올 수 없고, 위임인이 대신 왔다면, 위임장의 형식과 내용도 철저히 확인하여야 한다. 위임장이 제대로 작성되었는지, 위임한 사람의 인감도장이 날인되어 있는지, 인감증명서가 첨부되어 있는지 등을 점검하여야 한다.

전입신고 및 확정일자 받기

앞에서 전입신고와 확정일자에 대하여 구체적으로 설명을 하였는데, 잔금을 지급할 때 전입신고와 확정일자를 반드시 받아야 한다. 전입신고를 하면 대항력이 생기고, 확정일자를 받으면 우선변제권이 부여된다. 이 두 가지를 적절히 확보하면, 나중에 문제가 발생하더라도 임차인은 우선순위를 갖고 권리를 주장할 수 있다. 예를 들면, 집주인이 바뀌더라도 내가 임차인으로서의 권리를 유지할 수 있고, 만약 부동산이 경매로 넘어가게 되더라도 전입신고와 확정일자를 받은 날짜를 기준으로 우선변제권이 인정되므로 내가 먼저 보증금을 돌려받을 수 있는 권리가 생긴다.

✚ 전입신고와 확정일자 받을 수 있는 방법

> 전입신고와 확정일자를 받는 방법은 주택임대차계약에서 임차인의 권리를 보호하는 데 매우 중요하다. 아래와 같이 간단하게 준비하고 진행할 수 있다.
>
> 전입신고를 받기 위해서는 주민센터를 직접 방문하거나, 정부24 웹사이트나 앱을 통해 신청할 수 있다. 준비물은 임대차계약서, 본인 신분증이 필요하다. 만약 세대원이 대신 신고할 경우에는 세대주 도장과 세대주 신분증도 추가로 챙겨야 한다.
>
> 확정일자를 받기 위해서는 법원, 등기소를 직접 방문하거나, 대법원 인터넷등기소에서 온라인으로 신청할 수 있다. 준비물은 임대차계약서와 신분증이 필요하다. 온라인으로 신청할 때는 임대차계약서 스캔본과 본인 명의의 공인인증서가 있어야 한다.

계약 당시의 상황을 녹음하기

임대차계약 체결 시 임차인은 구두 약속이나 조건에 대한 후일의 분쟁 가능성을 염두에 두고 신중을 기하여야 한다. 계약체결 후에 임대인의 돌연한 입장 변화나 약속을 이행하지 않는 것에 대비하여 계약 당시의 대화 내용을 녹음하는 것이 효과적인 방안이 될 수 있다. 예를 들면, "필요한 수리는 제가 책임지겠습니다" 또는 "특정 부분은 반드시 보수하겠습니다"와 같은 발언은 나중에 "그런 언급을 한 적 없다" 또는 "계약서에 명시되지 않은 사항이다"라는 주장으로 번복될 수 있다. 이러한 잠재적 갈등을 예방하기 위해 계약 전후의 주요한 구두 약속을 녹음하는 것이 좋다.

잔금 지급 전 등기부등본 다시 확인하기

임대차 계약에서 임차인의 권리를 보호하기 위해 가장 중요한 요소 중 하나는 잔금 지급 전 목적물의 법적 상태를 재확인하는 것이다. 계약 체결 시 등기부등본을 검토했더라도 잔금 지급 직전에 임대인이 추가적인 근저당권이나 전세권을 설정할 가능성이 있어 주의가 필요하다. 이러한 변동사항이 발생하면 임차인은 후순위 권리자로 전락하여 보증금 회수에 심각한 위험을 초래할 수 있다.

09

주택임대차계약서 작성법

주택임대차계약서를 작성할 때 계약서의 내용은 크게 네 가지 항목으로 나뉘는데, 그 내용은 다음과 같다.

부동산의 표시

부동산의 표시 항목에는 계약 대상이 되는 주택에 대한 기본적인 정보, 즉 주소, 면적, 호실, 층수, 건물 종류(아파트, 연립, 단독주택 등) 등이 포함된다. 중개사가 건축물대장에 근거해 작성하겠지만, 계약을 진행하기 전에 본인이 직접 확인해 보는 것이 중요하다. 계약서에 기재된 주소와 면적이 실제와 일치하는지 체크하고, 특히 호실 번호가 정확한지, 층수가 올바르게 기록되었는지 반드시 확인하여야 한다. 또한 건물의 특징이나 입주 가능한 상태에 대한 구체적인 설명도 기재되어 있어야 입주 후에 불필요한 분쟁을 방지할 수 있다.

주요 계약 내용

주요 계약 내용 항목에는 계약을 체결할 금액과 계약 기간이 포함된다. 계약금, 보증금, 월세 등 금액의 정확한 내역을 확인하여야 하며, 지불 방식(현금, 계좌이체 등)과 지불 시기에 대한 명확한 합의 내용이 기재되어야 한다. 또한 계약 기간도 명확하게 명시되어야 하며, 계약 기간 만료 후에 계약 연장 여부나 계약 해지 조건도 명시될 필요가 있다. 예를 들면, 계약 기간이 끝난 후에 계약을 연장하고 싶은 경우, 연장 조건과 연장 시 보증금이나 월세 인상률 등에 대해서도 미리 논의하고 계약서에 포함시켜야 한다. 추가로 임차인이 집을 떠날 때 발생할 수 있는 비용 즉, 청소비, 수리비 등이나 보증금 반환 시 조건도 명시하는 것이 좋다. 그리고 임차인이 퇴실할 때 집의 상태가 불량할 경우, 수리비용을 임차인의 보증금에서 차감할 수 있다는 조항이 포함될 수 있다.

특약사항

특약사항은 임대인과 임차인이 서로 추가로 합의한 조건을 적는 부분이다. 이 항목은 계약의 특수성에 따라 달라질 수 있기 때문에 각자 협의된 사항을 정확히 기록하여야 한다. 예를 들면, 보수나 수리 관련 합의가 있을 경우, 해당 내용에 대한 구체적인 시기와 책임을 명시하여야 한다. "임대인은 입주 1개월 내에 욕실의 수리를 완료한다"와 같은 구체적인 조건을 작성할 수 있다. 또한 주차공간이나 애완동물 허용 여부, 전입신고 및 확정일자 제공 시기 등과 같은 세부 사항도 특약 사항에 포함될 수 있다. 만약 임대인이 주차공간 제공을 약속했는데 제공되지 않는다면 임차인에게 불이익이 되므로 이를 명확히 기재하여야 한다.

✚ 특약사항에는 무엇을 넣어야 할까?

• 대출관련 문제

주택임대차계약을 체결할 때 특히 대출을 전제로 계약을 진행하는 경우가 많다. 하지만 대출이 예상대로 진행되지 않을 경우에 어떻게 할지에 대한 사항을 특약사항에 미리 기재해 두면, 나중에 발생할 수 있는 불필요한 분쟁을 예방할 수 있다. 예를 들면, 임차인이 대출을 받을 수 없을 경우에 계약을 파기하고, 이미 지급한 계약금을 반환한다는 내용을 특약에 넣을 수 있다. 이는 임차인에게 유리한 조건이 되며, 대출이 이루어지지 않으면 계약 자체가 무효화되기 때문에 계약금을 반환받을 수 있다.

반대로 임대인에게 유리한 조건으로는 "전세 대출이 이루어지지 않는 경우에도 계약을 파기할 수 없으며, 임차인이 대출 미이행을 이유로 계약을 파기할 경우에 계약금을 반환하지 않는다"라는 조건을 넣을 수 있다. 이렇게 양측의 책임과 의무를 명확히 규정해 놓으면, 대출 문제로 인한 불확실성을 줄일 수 있다.

• 선순위 근저당 문제 해결

전세 계약을 체결할 때 주택에 선순위 근저당이 설정되어 있는 경우에 그 근저당을 말소하는 조건을 계약에 포함시키는 경우가 많다. 이러한 경우 "잔금을 지급한 시점에서 근저당을 말소한다"라는 조건을 명시하여, 임차인이 자신의 보증금을 보호할 수 있도록 하여야 한다. 만약 선순위 근저당이 존재한 채로 계약을 체결하게 되면 임차인이 후순위로 밀려 보증금을 돌려받지 못하는 상황이 발생할 수 있기 때문에 근저당 말소 조건을 확실히 해 두는 것이 중요하다.

• 계약 위반 시의 책임 및 손해배상 규정

특약사항에는 계약을 위반했을 경우의 처벌 규정도 반드시 포함시켜야 한다. "이 조항을 위반할 경우 임차인은 계약을 파기할 수 있으며, 손해배상금을 지급한다"라는 등의 규정을 명시해 두면, 계약 이행에 대한 확실한 책임을 묻게 된다. 이러한 규정을 통해 양측은 계약 위반에 대한 처벌이나 책임을 명확히 이해하고, 불필요한 분쟁을 예방할 수 있다.

• 수리비용 분담

임대차계약에서 자주 발생하는 분쟁 중 하나는 수리비용에 관한 문제이다. 이때 수리의 범위를 명확히 정의해 두면, 나중에 발생할 수 있는 갈등을 예방할 수 있다. 예를 들면, "보일러나 전기 시설 같은 주요 설비의 하자는 임대인이 책임지며, 임차인이 사용하는 과정에서 발생한 소모성 부품 교체나 간단한 수리비용은 임차인이 부담한다"라는 조건을 넣을 수 있다. 이렇게 명확하게 구분하면, 누가 어떤 수리비용을 부담하여야 할지에 대해 분쟁을 피할 수 있다.

• 중도 파기 시의 조건

계약을 중도에 파기하여야 하는 경우, 특히 임차인이 중도에 계약을 해지할 때 발생할 수 있는 중개수수료 부담에 대한 조건도 특약에 포함시키는 것이 좋다. 예를 들면, "임차인의 사정으로 계약을 중도에 해지할 경우, 임차인이 중개수수료를 부담한다"라는 조건을 넣을 수 있다. 이는 중도 해지로 인한 분쟁을 미연에 방지하고, 계약 해지 시 발생할 수 있는 비용 문제를 미리 규명할 수 있다.

✚ 특약사항 작성 시 유의할 점

특약사항은 양측이 합의한 내용을 바탕으로 작성하는 것이기 때문에 임대인과 임차인이 협의하여 각자의 입장을 충분히 반영한 후에 작성하여야 한다. 그러나 이러한 내용은 반드시 강행규정을 위반하지 않는 범위 내에서 작성하여야 하며, 불합리한 조항이나 법적으로 무효가 될 수 있는 내용은 피하여야 한다.

계약 당사자 및 중개사 정보

마지막으로 계약 당사자 및 중개사 정보가 기재된다. 계약 당사자의 정보에는 임대인과 임차인의 정확한 성명, 주소, 연락처, 주민등록번호 등이 포함된다. 이 정보는 법적인 책임을 분명히 하고, 향후 문제가 발생했을 때 상대방을 쉽게 추적할 수 있게 도와준다. 또한 중개사의 정보에는 중개사의 이름, 소속 공인중개사 사무소 명칭, 등록번호, 연락처 등이 포함된다. 특히, 중개사는 계약서 작성 과정에서 중요한 역할을 하므로 중개사의 정보를 명확히 기재함으로써 나중에 계약서에 문제가 생겼을 때 책임 소재를 분명히 할 수 있다.

10

임대인의 권리와 의무

임대인의 권리

○ 차임지급청구권

차임지급청구권은 임대인이 임차인에게 계약에 따라 정해진 차임을 요구할 수 있는 권리이다. 민법 제618조에 따르면, 임대인은 임차인이 차임을 지불하지 않거나 지연할 경우에 이를 청구할 수 있으며, 법적으로 이를 회수할 수 있는 권리가 있다고 규정하고 있다. 임대인은 차임이 지불되지 않으면 계약을 해지하거나 임차인에게 퇴거를 요구할 수 있다. 즉, 임대인은 차임 지급을 강제하고, 미납된 차임을 법적 절차를 통해 회수할 수 있는 권리를 갖는다.

○ 차임증액청구권

차임증액청구권은 임대차계약이 지속되는 동안 임대인이 기존의 차임을 증액할 수 있는 권리이다. 주택임대차보호법 제7조 제1항 전단에 따르면, 임대인은 임대주택에 부과되는 세금, 공과금, 또는 경제적 상황 변화로 인해 기존 차임이 적정하지 않다고 판단되면, 향후 차임 증액을 요구할 수 있다고 규정하고 있다. 예를 들면, 공공요금 인상이나 주택 유지비가 급증하는 상황에서는 차임을 인상할 수 있는데 차임증액을 금지하는 특약이 있으면 임대인은 차임증액을 요구할 수 없다. 하지만 사정변경으로 기존 특약을 그대로 유지하는 것이 불공정하다고 판단되면, 임대인은 차임을 증액할 수 있는 권리가 생긴다.

○ 임대물반환청구권

임대물반환청구권은 임대차계약이 종료되면 임대인이 임차인에게 임대물의 반환을 요구할 수 있는 권리이다. 민법 제615조, 제617조, 제654조는 임대인이 계약 종료 후에 임차인에게 임대물의 반환을 청구할 수 있음을 규정하고 있다. 이때 임대인은 원상복구를 요구할 수 있으며, 주택의 상태가 원래대로 회복되지 않은 경우에는 임차인이 이를 복구하여야 한다. 임대물반환청구권은 임대인이 주택의 원상 상태를 유지하고, 향후 다른 임차인을 맞이할 준비를 하기 위한 중요한 권리라고 볼 수 있다. 만약 임차인이 이를 이행하지 않으면, 임대인은 수리비를 청구하거나 법적 절차를 통해 원상복구를 요구할 수 있다.

○ 임대물 보존에 필요한 행위

임대물의 보존에 필요한 행위는 임대인이 임대물을 보존하기 위해 필요한 조치를 취할 수 있는 권리이다. 민법 제624조에 따르면, 임대인이 임대물의 보존에 필요한 행위를 하는 때에는 임차인은 이를 거절하지 못한다고 규정하고 있다. 임대인은 주택의 손상이나 훼손을 방지하기 위해 필요한 수리를 할 수 있고, 임차인은 임대인이 주택을 보수하는 것을 거부할 수 없다. 이 규정은 임대인이 주택을 안전하게 유지하고, 임차인에게 불편이 없도록 보장하는 중요한 역할을 한다.

임대인의 의무

○ 주택을 사용·수익하게 할 의무

민법 제623조에 따르면, 임대인은 목적물을 임차인에게 인도하고 계약존속중 그 사용, 수익에 필요한 상태를 유지하게 할 의무를 부담한다고 규정하고 있다. 즉, 임대인은 임차인이 주택을 사용·수익할 수 있도록 주택을 제공하고, 임차인이 그 주택을 사용할 때 문제가 없도록 수리를 하여야 한다. 고장이 아주 작고 사소하여 임차인이 스스로 쉽게 수리할 수 있는 경우, 임대인은 굳이 수리할 필요가 없다. 예를 들면, 문 손잡이가 빠졌거나 작은 얼룩이 있는 정도라면, 임대인이 반드시 수리하지 않아도 되는 경우에 해당된다. 하지만 고장이 심하여 임차인이 집을 정상적으로 사용할 수 없는 수준이라면, 임대인은 이를 반드시 수리하여야 한다.

【판례】 임대인이 수선의무를 부담하게 되는 임대목적물의 파손·장해의 정도

임대차계약에 있어서 임대인은 목적물을 계약 존속 중 사용·수익에 필요한 상태를 유지하게 할 의무를 부담하는 것이므로, 목적물에 파손 또는 장해가 생긴 경우 그것이 임차인이 별 비용을 들이지 아니하고도 손쉽게 고칠 수 있을 정도의 사소한 것이어서 임차인의 사용·수익을 방해할 정도의 것이 아니라면 임대인은 수선의무를 부담하지 않지만, 그것을 수선하지 아니하면 임차인이 계약에 의하여 정해진 목적에 따라 사용·수익할 수 없는 상태로 될 정도의 것이라면 임대인은 그 수선의무를 부담하며, 이와 같은 임대인의 수선의무는 특약에 의하여 이를 면제하거나 임차인의 부담으로 돌릴 수 있다(대법원 1994.12.9. 선고 94다34692, 34708 판결).

임대인이 집을 제대로 수리해 주지 않을 때 임차인은 여러 가지 방법으로 대응할 수 있다. 첫째, 임대인의 수리 의무 불이행으로 인해 불편이나 손해가 발생했다면 손해배상을 청구할 수 있다(민법 제390조). 예를 들면, 누수나 난방 고장 등으로 생활에 문제가 생겼다면 그로 인한 손해를 임대인에게 배상해 달라고 요구할 수 있다. 둘째, 임대인이 수리 의무를 다하지 않을 경우, 임차인은 임대인이 수리를 해 줄 때까지 차임(월세) 지급을 거부할 수 있다(민법 제536조). 다만, 집 전체를 전혀 사용할 수 없는 경우에는 월세 전부를, 일부만 사용이 불가능한 경우에는 그 부분에 해당하는 월세만 지급을 거부할 수 있다. 월세 전액을 지급하지 않으면 계약 해지 사유가 될 수 있기 때문에 실제 사용 불가능한 부분에 한해서만 거부하여야 한다는 점에 유의하여야 한다. 셋째, 집의 일부만 사용이 어렵게 된 경우에는 그에 해당하는 월세를 감액해 달라고 청구할 수 있다(민법 제627조). 예를 들면, 방 한 칸에 심각한 하자가 생겨 사용할 수 없다면, 그 부분에 해당하는 월세를 감액해 달라고 요구할 수 있다. 넷째, 집의 주요 부분이 망가져서 더 이상 계약의 목적을 달성할 수 없는 경우에는 계약을 해지할 수 있다(민법 제625조). 예를 들면, 집 전체에 심각한 누수나 붕괴 위험 등으로 정상적인 거주가 불가능하다면 임차인은 계약을 해지하고 보증금 반환을 청구할 수 있다.

이처럼 임대인이 수리 의무를 이행하지 않을 때 임차인은 손해배상청구, 월세 지급 거부, 월세 감액 청구, 계약 해지 등 다양한 법적 대응 수단을 가질 수 있다. 다만, 실제 상황에 따라 대응 방법이 달라질 수 있으므로 구체적인 사안은 전문가와 상담하는 것이 좋다.

○ 방해제거 의무

임대인이 주택을 임차인에게 인도한 후에 그 집을 이전 임차인이나 제3자가 계속 사용하거나 점유해서 임차인이 사용하지 못하게 방해하는 경우, 임대인은 그 방해를 없애야 한다(민법 제214조, 제623조). 예를 들면, 이전 임차인이 집을 비우지 않고 계속 살고 있거나 다른 사람이 불법으로 집에 들어와 있다면, 임대인은 그 사람을 내보내고 임차인이 집을 사용할 수 있도록 하여야 한다. 즉, 임대인은 임차인이 불편함 없이 집을 사용할 수 있도록 방해를 제거할 책임이 있다.

○ 보증금 반환 의무

임대차계약이 종료되면, 임대인은 임차인에게 보증금을 반환하여야 한다. 계약이 종료된 이후에는 임대인이 집 상태를 점검하고, 미지급된 차임이 있는지 확인한 뒤 보증금을 반환하여야 한다. 보증금은 임차인이 계약을 마무리할 때 돌려받을 수 있는 금전으로, 집에 손상이 없고 계약이 정상적으로 이행되었다면 계약 종료 후에 반드시 반환하여야 한다.

11

임차인의 권리와 의무

임차인의 권리

○ 사용 · 수익권(임차권)

임차인은 임대차계약을 통해 주택을 사용하고 수익할 수 있는 권리를 가진다. 이 권리를 임차권이라고 하며 임차인은 이 권리를 통해 임대인에게 주택을 인도해 줄 것을 요구할 수 있다. 또한 임차인은 주택을 사용하는 동안 주택이 잘 유지될 수 있도록 임대인에게 수리를 요청할 수도 있다. 그러나 임차인이 임차주택에 대한 권리를 제3자에게 주장하려면, 주택에 대한 대항력을 취득하거나 임대차 등기를 완료하여야 한다(주택임대차보호법 제3조, 민법 제621조 제2항).

○ 임대차등기 협력 청구권

임대차등기를 하려면 임차인은 임대인과 합의가 필요하다. 임대인이 동의하지 않는 경우, 임차인은 임대인에게 등기절차 협조를 요청할 수 있는 권리가 있다. 만약 임대인이 협조하지 않더라도 임차인은 법원에 이행 판결을 받아 직접 등기를 진행하거나 임차권 등기 명령을 통해 임대차등기를 할 수 있다(민법 제621조 제1항, 주택임대차보호법 제3조의3, 부동산등기법 제23조 제4항).

○ 차임감액청구권

차임감액청구권은 임차인이 임대차계약 중에 주택에 대한 세금이나 공과금 등이 증가하거나 경제적 상황이 변해 원래 약속된 차임이 불합리하게 높아졌을 때 차임을 낮추어달라고 요구할 수 있는 권리이다. 이때 차임 감액을 금지하는 특약이 있더라도 임차인은 여전히 경제적 사정에 따라 감액을 요구할 수 있다. 또한 임차인이 주택의 일부가 사용 불가능한 상황이 발생하면, 그 부분에 대한 차임을 감액하거나, 만약 남은 부분만으로는 계약을 이행할 수 없는 경우 계약을 해지할 수도 있다(민법 제627조 제2항).

○ 부속물매수청구권 또는 철거권

임차인이 임차주택을 사용하면서 주택에 부속된 물건이 있을 경우, 임대인의 동의를 받아 설치했다면, 임차인은 임대차 계약이 종료될 때 임대인에게 해당 부속물의 매수를 청구할 수 있다(민법 제646조). 즉, 임차인이 부속물의 매수를 요청하면, 임대인은 이를 매수해야 한다. 반대로 임차인이 부속물을 원하지 않는 경우에는 계약 종료 시 부속물을 철거할 수 있다(민법 제615조, 제654조).

○ 필요비상환청구권

필요비란 임차인이 임차물의 보존을 위하여 지출한 비용을 의미한다(민법 제203조 제1항, 제626조 제1항). 예를 들면, 집이 정상적으로 사용될 수 있도록 수리하거나 안전을 위해 필요한 조치를 취한 경우에 그 비용을 임대인에게 청구할 수 있다. 만약 임차인이 임대인의 동의 없이 지출한 경우에도 임차인은 그 비용을 임대인에게 돌려받을 수 있다.

○ 유익비상환청구권

유익비란 임차인이 임차물의 가치를 높이기 위해 지출한 비용을 말한다(민법 제203조 제2항). 예를 들면, 임차인이 집을 수리하거나 개선하여 집의 가치를 증가시킨 경우, 그 비용이 바로 유익비에 해당한다. 임차인이 유익비를 지출한 경우에 임대인은 임대차 계약이 종료될 때 그 비용을 상환하여야 한다. 다만, 상환은 임차인이 지출한 금액 또는 그로 인해 증가한 가액이 현존하는 경우에 한한다. 즉, 임차인이 투입한 비용이 그 당시 집의 가치에 실제로 반영되어 있어야만 상환을 받을 수 있다(민법 제626조 제2항). 임차인이 집을 수리하여 집의 가치를 높였더라도 임대차 계약이 종료되는 시점에 그 가치가 이미 줄어들었거나 사라진 경우에는 임차인이 지출한 유익비를 상환받을 수 없다.

임차인의 의무

○ 차임지급의무

임차인은 임차주택을 사용하고 수익하는 대가로 차임을 임대인에게 지급하여야 한다(민법 제618조). 즉, 임차인은 주택을 빌려서 사용하고 이익을 얻는 대신 매달 정해진 차임을 임대인에게 납부하여야 하는 의무를 가진다.

○ 임차주택의 사용·수익 의무

임차인은 임대차계약에서 정해진 대로 주택을 사용하고 수익할 의무를 가진다(민법 제610조 제1항 및 제654조). 예를 들면, 계약서에서 주택을 거주용으로 사용한다고 했다면 임차인은 그 목적에 맞게 집을 사용하여야 한다. 또한 임차인은 선량한 관리자의 주의를 가지고 주택을 관리하여야 한다(민법 제374조). 즉, 임차인은 주택을 잘 돌보고 손상되지 않도록 관리하여야 하며, 무단으로 방치하거나 관리하지 않으면 책임을 질 수 있다.

○ 임차주택의 수선 및 통지 의무

임차인이 임차주택의 수리가 필요하거나 집에 대해 다른 사람이 권리를 주장할 때는 이를 임대인에게 통지하여야 한다(민법 제634조). 예를 들면, 집이 파손되거나 다른 사람이 집을 차지하려고 할 때 임차인은 임대인에게 알리고 적절한 조치를 요청하여야 한다. 다만, 임대인이 이미 그 사실을 알고 있는 경우에는 별도로 통지할 필요는 없다. 한편, 임차인은 임대인이 주택의 보존을 위한 행위를 할 때 이를 거부할 수 없다. 예를 들면, 집이 손상되어 수리가 필요할 때 임대인이 수리를 하려고 할 때, 임차인은 이를 막을 수 없다(민법 제624조). 그러나 임대인의 수리가 임차인의 거주 목적을 달성할 수 없게 만드는 경우에 임대인은 계약을 해지할 수 있다(민법 제625조).

○ 임차주택의 반환 및 원상회복 의무

임차인은 임대차계약이 종료된 후에 임대인에게 주택을 반환하여야 한다(민법 제615조, 제654조). 임차인은 임차주택을 계약이 종료될 때 원래 상태로 반환할 의무가 있다. 임차인이 집을 개조하거나 수리한 경우에도 임대차 계약이 끝나면 해당 부분을 원상태로 복구하여야 한다. 다만, 원상회복 의무의 범위와 구체적인 내용은 임대차계약서의 약정, 임대 당시의 집 상태, 그리고 임차인이 수리하거나 변경한 부분 등을 종합적으로 고려하여 결정된다.

【판례】 임차인이 임차목적물을 수리하거나 변경한 경우, 임차목적물을 반환하는 때 수리·변경 부분을 철거하여 임대 당시의 상태로 사용할 수 있도록 해야 하는지 여부 및 원상회복의무의 내용과 범위를 정하는 방법

임차인이 임대인에게 임차목적물을 반환하는 때에는 원상회복의무가 있다(민법 제654조, 제615조). 임차인이 임차목적물을 수리하거나 변경한 때에는 원칙적으로 수리·변경 부분을 철거하여 임대 당시의 상태로 사용할 수 있도록 해야 한다. 다만, 원상회복의무의 내용과 범위는 임대차계약의 체결 경위와 내용, 임대 당시 목적물의 상태, 임차인이 수리하거나 변경한 내용 등을 고려하여 구체적·개별적으로 정해야 한다(대법원 2019.8.30. 선고 2017다268142 판결).

12

계약갱신요구권이란?

계약갱신요구권의 의미

계약갱신요구권은 주택임대차계약에서 임차인이 2년간 거주한 뒤에 추가로 2년을 더 거주하겠다고 임대인에게 요청할 수 있는 권리이다. 이러한 경우, 임차인은 기존의 임대차 조건을 그대로 유지한 채 계약을 연장할 수 있는 권리를 가지며, 이를 통해 주거 안정을 확보할 수 있다(주택임대차보호법 제6조의3). 계약갱신요구권은 임대차계약이 종료되기 6개월 전부터 2개월 전까지, 단 한 번만 행사할 수 있다. 이 권리를 제대로 행사하려면 임차인은 의사를 명확하게 전달해야 한다. 가장 안전하고 확실한 방법은 내용증명을 통해 임대인에게 계약 연장을 공식적으로 요청하는 것이다.

✚ 내용증명

우체국에서 발송인의 요청에 따라 수신인에게 특정 내용을 공식적으로 전달한 사실을 증명하는 문서를 내용증명이라고 한다. 내용증명을 발송하면 임차인은 나중에 갱신 청구를 했다는 사실을 명확하게 입증할 수 있다. 내용증명을 보내려면, 발송인용, 수신인용, 우체국 보관용 세 통을 작성한 후에 우체국에서 직인을 받아 처리해야 한다. 만약 내용증명 이용이 어려운 경우, 카카오톡, 문자 메시지, 또는 전화로도 임대차계약 갱신 의사를 전달할 수 있다. 다만, 이러한 방법들은 내용증명에 비해 법적 증거력이 떨어질 수 있으므로 가급적 공식적인 방식(내용증명)을 사용하는 것이 바람직하다.

✚ 질문으로 보는 계약갱신요구권 바로 알기

Q) 이미 한 주택에서 4년 이상 살았는데, 계약갱신요구권을 행사할 수 있을까?

A) 행사할 수 있다.

주택임대차보호법에 따르면, 계약갱신요구권은 기존 계약을 2년 연장할 수 있는 권리를 부여하는 것이다. 이 권리는 최대 4년까지 거주할 수 있다는 의미가 아니다. 즉, 연장 계약이나 묵시적 갱신 등으로 이미 4년 이상 거주했더라도 현재의 임대차계약이 만료되기 6개월 전부터 2개월 전까지 갱신을 요구할 수 있다. 따라서 이미 4년 이상 거주한 경우라도 다시 계약을 2년 더 연장할 수 있는 기회가 제공된다.

Q) 계약갱신요구권을 행사하면 임차인은 반드시 2년을 거주하여야 하나?

A) 반드시 2년을 거주하여야 하는 것은 아니다.

계약갱신요구권을 행사하면 임대차계약이 2년 동안 연장되지만, 임차인은 언제든지 임대인에게 계약 해지를 통보할 수 있다. 다만, 계약 해지 통보가 임대인에게 전달된 날로부터 3개월 후에 효력이 발생한다는 점을 알아두어야 한다. 또한 계약을 해지한다고 해도 계약 만료 전(3개월 동안)까지는 차임을 납부하여야 한다는 점을 유의하여야 한다.

Q) 묵시적 갱신은 계약갱신요구권의 행사로 볼 수 있나?

A) 계약이 묵시적으로 갱신된 경우에도, 이는 계약갱신요구권을 행사한

것으로 보지 않는다. 계약갱신요구권은 임차인이 계약 기간 만료 전에 명확한 의사표시를 통해 갱신을 요청해야만 행사된 것으로 인정된다. 따라서 별도의 의사표시 없이 계약이 자동으로 연장된 경우는 계약갱신요구권을 행사한 것이 아니다.

✚ 묵시적 갱신이란?

묵시적 갱신이란 임대차 계약 기간이 끝나갈 때 임대인과 임차인 모두 계약을 끝내거나 조건을 바꾸겠다는 의사를 명확하게 밝히지 않은 경우, 기존 계약이 자동으로 연장되는 것을 말한다. 주택임대차보호법 제6조 제1항에 따르면, 임대인은 임대차 기간이 끝나기 6개월 전부터 2개월 전까지, 임차인은 2개월 전까지 각각 갱신 거절이나 조건 변경 의사를 통지하지 않으면, 계약이 끝난 시점에 기존과 동일한 조건(보증금, 월세 등)으로 계약이 다시 체결된 것으로 간주된다.

묵시적으로 계약이 갱신된 경우, 임대인은 임차인이 해지 의사를 밝히지 않는 한 임대차 계약을 임의로 거절할 수 없다. 주택임대차보호법 제6조의2에 따르면, 임차인은 언제든지 해지 통보를 할 수 있으며, 해지 통보가 임대인에게 도달하면 3개월이 지난 후에 그 효력이 발생한다. 따라서 임차인이 해지 의사를 통지하면, 임대인은 해지 통지를 받은 날로부터 3개월 후에 임차인에게 보증금을 반환하여야 하고, 임차인은 그때까지 집을 비워주어야 한다.

이처럼 묵시적 갱신은 바쁜 일상 속에서 계약 만료일을 놓쳤을 때도 임차인의 권리를 보호해주는 제도이므로 임대차계약이 끝나기 전에 서로의 의사를 미리 확인하고 필요하다면 해지나 조건 변경 의사를 명확히 전달하는 것이 중요하다.

임대인의 계약갱신거절 사유

주택임대차보호법 제6조의3 제1항에 따르면, 임대인은 아래와 같은 특정 사유가 있는 경우에만 임차인의 계약 갱신 요구를 거절할 수 있는

데, 그 사유는 다음과 같다.

○ 차임 연체

임차인이 2기 이상의 차임을 연체한 경우이다. 예를 들면, 1월과 2월의 월세를 연속적으로 연체하거나, 1월에 연체한 후 2월과 3월에 차임을 납부했으나 4월에 다시 연체하는 경우 등이 해당된다.

○ 부정한 방법으로 임차한 경우

임차인이 허위 정보나 부정한 방법으로 계약을 체결한 경우이다. 예를 들면, 허위의 이름이나 주민번호로 계약을 체결했거나 주택을 본래 목적이 아닌 불법 영업장으로 사용한 경우가 이에 해당한다.

○ 합의된 보상을 제공받은 경우

임대인이 임차인에게 상당한 보상을 제공하기로 합의한 경우이다. 예를 들면, 이사비 등을 실제로 제공한 경우가 이에 해당한다. 다만, 합의되지 않은 일방적인 보상이나 실제로 제공되지 않은 보상은 해당되지 않는다.

○ 무단 전대(轉貸)

임차인이 임대인의 동의 없이 주택의 전부 또는 일부를 전대한 경우이다. 예를 들면, 임대인의 허락 없이 다른 사람에게 주택을 임대하거나 사용하도록 한 경우가 이에 해당한다.

○ 주택 파손

임차인이 고의 또는 중대한 과실로 주택을 파손한 경우이다. 예를 들면, 임대인의 동의 없이 주택을 증축하거나 개조했거나, 화기 방치 등으로 인한 화재로 주택이 파손된 경우가 이에 해당한다.

○ 주택의 멸실

임차한 주택의 전부 또는 일부가 멸실되어 주거 기능을 상실한 경우이다. 즉, 임차 목적을 달성할 수 없게 된 경우가 이에 해당한다.

○ 철거 및 재건축 필요

임대인이 주택의 철거나 재건축을 위해 주택을 회복할 필요가 있는 경우이다. 예를 들면, 임대차 계약 당시 철거 또는 재건축 계획을 구체적으로 임차인에게 고지했거나 주택이 노후하여 안전사고의 우려가 있는 경우 등이 이에 해당한다.

○ 임대인 등의 직접 거주

임대인 또는 임대인의 직계존속, 직계비속이 해당 주택에 실제로 거주하려는 경우이다.

○ 기타 중대한 사유

위에서 언급한 사항 외에도 임차인이 임대차계약의 주요 의무를 현저히 위반하거나 임대차 관계를 지속하기 어려운 중대한 사유가 있는 경우이다. 예를 들면, 임대인의 동의 없이 대규모 인테리어를 하거나 원상복구가 불가능할 정도로 임차한 주택을 손상시킨 경우 등이 포함된다.

13

임차권등기명령제도

의미

주택임대차보호법은 임차인이 임대차계약을 맺고 주택을 인도받은 후에 전입신고를 마치면, 대항력과 우선변제권을 취득할 수 있도록 규정하고 있다. 하지만 임대차가 종료된 뒤에도 보증금을 돌려받지 못한 채 이사를 가게 되면, 기존에 취득한 대항력과 우선변제권이 상실되어 보증금을 돌려받기 어려운 상황이 발생할 수 있다. 이러한 문제를 해결하기 위해 마련된 제도가 임차권등기명령제도이다. 이 제도는 임차인이 법원의 명령을 받아 임차권을 등기하면, 보증금을 돌려받지 못한 상태에서도 대항력과 우선변제권을 계속 유지할 수 있게 해 준다. 즉, 임차권을 등기함으로써 안전하게 이사할 수 있을 뿐 아니라 보증금을 돌려받을 가능성도 높일 수 있다. 이 제도 덕분에 임차인은 주거지를 자유롭게 옮기면서도 권리를 효과적으로 보호받을 수 있다.

신청 요건

임대차계약이 종료된 후에도 보증금을 반환받지 못한 경우, 임차인은 임차주택 소재지를 관할하는 지방법원, 지방법원지원 또는 시·군법원에 임차권등기명령을 신청할 수 있다(주택임대차보호법 제3조의3 제1항). 임차권등기명령은 임대차계약이 끝난 후에 신청할 수 있는데, 이는 계약기간이 만료되어 자동으로 종료된 경우뿐만 아니라 임대인의 해지 통지로 계약이 종료된 경우, 또는 임대인과 임차인이 합의하여 계약을 해지한 경우에도 해당된다. 이러한 신청은 법원의 전자소송 홈페이지(https://ecfs.scourt.go.kr/ecf/index.jsp)를 통해 온라인으로 할 수 있으며, 법원에 직접 방문하여 서면으로 신청하는 것도 가능하다.

신청서 기재사항

- 사건의 표시
- 임차인과 임대인의 성명, 주소, 임차인의 주민등록번호(임차인이나 임대인이 법인 또는 법인 아닌 단체인 경우에는 법인명 또는 단체명, 대표자, 법인등록번호, 본점·사업장소재지)
- 대리인이 신청할 때는 그 성명과 주소
- 임대차의 목적인 주택 또는 건물의 표시(임대차의 목적이 주택 또는 건물의 일부인 경우에는 그 목적인 부분을 표시한 도면을 첨부)
- 반환받지 못한 임차보증금액(등기하지 않은 전세계약의 경우에는 전세금)
- 신청의 취지와 이유

  신청이유에는 임대차계약의 체결 사실과 계약 내용을 기재해야 하며, 계약이 종료된 원인도 함께 작성해야 한다. 임차인이 임차권등기명령을 신청할 당시에 대항력을 취득한 경우에는 임차주택을 점유하기 시작한 날, 주민등록을 마친 날, 그리고 확정일자를 받은 날을 각각 기재해야 한다. 또한 우선변제권을 취득한 경우에는 임차주택을 점유하기 시작한 날과 확정일자를 받은 날을 기재하여야 한다(임차권등기명령 절차에 관한 규칙 제2조 제2항).

- 첨부서류의 표시
- 연월일
- 법원의 표시

전입신고를 하고 계약서에 확정일자를 받는 것은 매우 중요한 절차이다. 이러한 절차의 효력은 임차인이 계속 해당 주택에 거주하며, 전입신고가 유지되고 있을 때만 인정된다. 원칙적으로 임차인이 이사를 나가면 우선변제권도 상실된다. 하지만 임대차 계약이 종료된 후에도 보증금을 돌려받지 못했다면 법원에 임차권등기명령을 신청할 수 있다. 이 명령을 통해 임차권 등기가 완료되면, 이사를 가더라도 우선변제권을 유지할 수 있다. 주의할 점은 임차권등기명령을 신청했다고 해서 곧바로 등기부에 등재되는 것은 아니라는 것이다. 등기부에 임차권이 실제로 기재되기까지 시간이 소요될 수 있으므로 반드시 등기부에 임차권이 제대로 기재된 것을 확인한 후에 이사를 하는 것이 안전하다.

14

나의 보증금 찾기

우선변제권(주택임대차보호법 제3조의2 제2항)

우선변제권은 주택임대차보호법에 따라 임차인이 보증금을 다른 후순위 권리자보다 우선적으로 변제받을 수 있는 권리를 말한다. 이 권리를 보장받기 위해서는 두 가지 조건이 필요한데, 대항력과 확정일자이다. 대항력은 임차인이 해당 주택에 전입신고하고 실제로 거주하고 있다는 것을 증명하는 것으로, 이를 통해 임차인은 후순위 권리자에 대하여 우선적으로 권리를 주장할 수 있다. 확정일자는 주택임대차계약서에 대한 법적 효력을 인정받을 수 있는 일자로, 계약서를 작성한 날을 공적으로 증명하는 기능을 하고 있다. 이 일자가 있으면 임차인은 그 날짜를 기준으로 보증금을 우선적으로 변제받을 권리를 가진다.

최우선변제권(주택임대차보호법 제8조 제1항)

최우선변제권은 법이 정한 최소한의 보증금을 최우선으로 변제해 주는 제도이다. 이는 소액임차보증금에 해당하는 경우에 적용되며, 임대차

계약서에 확정일자가 없어도 대항력만 갖추어도 이 권리를 보장 받을 수 있다. 소액임차보증금이란 임차인이 받는 보증금의 일정 금액을 말하는데, 이는 지역마다 다를 수 있으므로 정확한 범위를 확인하여야 한다.

소액임차보증금 보호 대상이 되려면 몇 가지 조건을 충족하여야 한다. 첫째, 해당 임대차계약은 주거용 건물에 관한 계약이어야 한다. 즉, 아파트, 다세대주택, 단독주택 등 주거 목적의 건물이어야 하며, 상가나 사무실과 같은 비주거용 건물은 포함되지 않는다. 둘째, 보증금이 지역별 기준 금액 이하여야 한다. 이는 지역에 따라 상이하므로 해당 기준을 확인할 필요가 있다. 셋째, 주택인도와 전입신고를 하여야 한다.

최우선변제권을 주장할 수 있는 임차인은 보증금이 아래 금액 이하인 경우에 해당한다(주택임대차보호법 제8조 제3항, 제8조의2 및 주택임대차보호법 시행령 제11조 제1항).

- 서울특별시: 1억 6,500만 원
- 과밀억제권역(서울 제외), 세종특별자치시, 용인시, 화성시, 김포시: 1억 4,500만 원
- 광역시(과밀억제권역에 포함되지 않는 지역 및 군지역 제외), 안산시, 광주시, 파주시, 이천시, 평택시: 8,500만 원
- 기타 지역: 7,500만 원

소액임차인이 우선변제를 받을 수 있는 금액은 그 보증금 중 다음의 구분에 따른 금액 이하이다. 이 경우에 우선변제 금액이 주택가액의 2분의 1을 초과하는 경우에는 주택가액의 2분의 1에 해당하는 금액에 한한다(주택임대차보호법 시행령 제10조 제1항 및 제2항).

- 서울특별시: 5,500만 원
- 과밀억제권역(서울을 제외한 수도권 정비계획에 따른 지역), 세종특별자치시, 용인시, 화성시, 김포시: 4,800만 원
- 광역시(과밀억제권역에 포함되지 않는 지역 및 군지역 제외), 안산시, 광

주시, 파주시, 이천시, 평택시: 2,800만 원

- 기타 지역: 2,500만 원

✚ 예시로 이해하기

> 나성실 씨는 서울에 보증금 1억 원으로 전셋집을 구해 살고 있었던 상황이다. 그런데 계약 기간이 끝난 뒤에 집주인이 보증금을 돌려주지 않아 결국 집이 경매에 넘어가게 된 것이다. 이 경우에 나성실 씨는 서울 지역의 소액임차인 기준(1억 6,500만 원 이하)에 해당하므로 법적으로 최우선변제권이 인정된다. 즉, 경매가 진행될 때 은행 등 다른 채권자보다 먼저, 법에서 정한 한도 내(서울 기준 5,500만 원)에서 보증금을 우선적으로 돌려받을 수 있다. 만약 경매로 집이 팔린 금액이 충분하다면 남은 보증금도 추가로 받을 수 있다. 하지만 낙찰 금액이 부족할 경우에는 최우선변제금만 보호받게 된다. 이처럼 자신이 소액임차인 기준에 해당하는지, 그리고 경매 등 상황이 발생했을 때 어떤 보장을 받을 수 있는지 미리 확인해두는 것이 중요하다.

15

주택임대차신고제

주택임대차신고제는 주택임대차계약을 체결한 후에 일정 기간 내에 계약 내용을 관할 구청에 신고하는 제도이다. 이 제도의 주요 목적은 임대차 시장을 더욱 투명하게 만들고, 임차인이 법적으로 보호받을 수 있도록 하며, 임대차계약에 대한 정보를 체계적으로 관리하여 시장의 안정성을 높이는 데 있다. 신고를 통해 임대차계약이 공식적으로 기록되고, 확정일자 등 법적 효력이 부여되어 임차인과 임대인 모두의 권리가 강화된다.

구체적인 내용을 살펴보면, 수도권, 광역시, 세종시, 그리고 각 도(道)의 시(市) 지역에서 보증금 6천만 원 또는 월세 30만 원을 초과하는 주택임대차계약을 체결한 경우, 임대인과 임차인은 계약 체결일로부터 30일 이내에 해당 계약을 시 · 군 · 구청에 신고하여야 한다(부동산 거래신고 등에 관한 법률 제6조의2). 여기에는 재계약이나 갱신계약도 포함된다. 계약서는 원칙적으로 임대인과 임차인이 함께 공동으로 신고해야 한다. 다만, 임대인이나 임차인 중에 한쪽만 단독으로 신고하는 것도 가능하다.

주택임대차계약서를 제출하고 임대차신고가 완료되면, 해당 신고서에 기재된 접수일을 기준으로 확정일자가 자동으로 부여된 것으로 간주된다. 즉, 임차인은 별도로 확정일자를 따로 받을 필요 없이 임대차신고만으로 확정일자가 부여되므로 추가적인 절차 없이 보호를 받을 수 있다.

16

전월세 상한제

전월세 상한제는 임차인이 주택임대차계약을 갱신할 때, 임대료 인상률을 일정 범위 내로 제한하는 제도이다. 이 제도는 임대료의 급격한 상승을 막고, 임차인의 경제적 부담을 줄이기 위해 도입되었는데 임대차계약 갱신 시 임대료를 인상할 수 있는 최대 비율이 5%로 제한된다. 일정한 지역(특별시 · 광역시 · 특별자치시 · 도 및 특별자치도)에서는 관할 구역 내의 지역별 임대차 시장 여건 등을 고려하여 본문의 범위에서 증액청구의 상한을 조례로 달리 정할 수 있다(주택임대차보호법 제7조 제2항).

예를 들면, 기존의 임대료가 500만 원이라면, 계약 갱신 시 임대인은 임대료를 최대 5%인 25만 원까지만 인상할 수 있다. 이를 통해 갑작스러운 임대료 급등으로 인한 임차인의 생활 부담을 완화하고, 주택 시장의 안정을 도모하는 효과를 기대할 수 있다. 또한 이를 통해 임대인과 임차인 간의 임대료 협상에서 발생할 수 있는 불균형을 방지하고, 안정적인 주거 환경을 제공하려는 목적도 포함되어 있다.

17

깡통전세 사기

깡통주택이란?

깡통주택은 임차인이 보증금을 돌려받지 못할 위험이 큰 집을 의미한다. 주로 집값의 대부분이 임차인의 보증금과 임대인의 대출로 채워져 있어 임대인이 실질적으로 소유한 자산이 거의 없는 상태이다. 이러한 집들은 흔히 임대인이 '갭투기' 방식을 통해 매입한 경우가 많은데, 갭투기는 집의 매매가에서 전세가를 뺀 금액('갭')을 대출로 메우고, 전세보증금을 이용해 집을 사고 임차인을 들이는 구조이다. 이런 구조에서는 임대인이 자기 돈은 거의 쓰지 않고 집을 소유하게 되며, 만약 집값이 하락하거나 새로운 세입자가 들어오지 않아 임대인이 보증금을 마련하지 못하면, 세입자는 만기 이후에도 보증금을 돌려받지 못할 수 있다. 특히 주택이 경매에 넘어가거나 집값이 전세보증금보다 낮아질 때 그 위험은 더욱 커진다.

깡통주택 예시

주택 A의 집값은 5억 원이다. 임대인은 이 집을 자신의 자금 1억 원, 은행 대출금 2억 원, 그리고 세입자 보증금 2억 원으로 마련했다. 즉, 집값의 80%에 해당하는 4억 원을 대출과 세입자 보증금으로 충당한 셈이다. 임대인이 실제로 투자한 금액은 집값의 20%인 1억 원에 불과하고, 나머지 80%는 모두 타인에게 갚아야 할 돈이므로 임대인이 실질적으로 소유한 자산은 거의 없다. 이런 구조에서 만약 주택 A가 경매에 넘어가면, 세입자는 보증금을 돌려받지 못할 위험에 노출된다. 왜냐하면 집이 팔려 받은 금액에서 대출금과 보증금을 우선적으로 갚아야 하는데, 집값 하락이나 추가 채무 등이 있는 경우에 세입자에게 돌려줄 보증금이 부족해질 수 있기 때문이다.

깡통주택 위험에서 나의 전세보증금을 지키는 방법

전세 계약을 앞두고 있는 임차인이라면, 내가 들어가려는 집이 깡통주택에 해당하는지 반드시 꼼꼼히 따져봐야 한다. 깡통주택은 집값 대부분이 세입자의 보증금과 임대인의 대출로 채워진 집을 말하며, 이러한 집은 임차인이 보증금을 돌려받지 못할 위험이 매우 크다.

계약 전에는 국토교통부 실거래가 공개시스템이나 KB부동산 같은 사이트에서 해당 주택의 실거래 시세를 먼저 확인해야 한다. 만약 내가 내는 보증금이 2억 원인데 집값이 2억 2천만 원에 불과하다면, 집값의 대부분이 내 보증금에 해당할 정도로 위험한 상태임을 의미한다. 보증금이 집값과 크게 차이 나지 않는 집은 피하는 것이 안전하다.

그리고 등기부등본을 확인하여 해당 주택에 근저당이나 대출·압류가 얼마나 얽혀 있는지도 꼭 따져봐야 한다. 집값에서 모든 빚과 보증금을 뺀 금액이 충분하지 않으면, 임대인의 자산 상황이 조금만 악화되어도 보증금을 제때 돌려받지 못할 수 있다.

이와 함께 임차인을 위한 또 하나의 중요한 장치는 바로 전세보증금반환보증 제도다. 이 보증에 가입하면 만약 임대인이 보증금 반환을 거부하거나 돌려줄 능력이 없을 때, 보증기관에서 보증금을 대신 지급해준다. 집값이 하락하거나 새 임차인을 구하지 못하는 등 예상치 못한 상황에서도 내 보증금 안전망을 쳐주는 것이다. 따라서 계약하려는 주택이 전세보증금반환보증 가입이 가능한지 먼저 확인하고, 가능하다면 반드시 미리 가입하는 것이 좋다. 이처럼 시세와 빚 현황을 꼼꼼히 따지고, 전세보증금반환보증까지 미리 마련하는 것이 깡통주택 피해로부터 내 전세보증금을 안전하게 지키는 첫 걸음이다.

18

주택임대차분쟁조정제도

의미

주택임대차분쟁조정제도는 임대인과 임차인 간에 발생하는 주택임대차계약과 관련된 분쟁을 법원의 개입 없이 빠르고 효율적으로 해결할 수 있도록 돕는 제도이다. 보증금, 임대료, 계약 기간 등 다양한 문제에서 갈등이 발생할 수 있는데, 분쟁조정제도를 활용하면 법적 절차를 거치지 않고도 쉽게 분쟁을 해결할 수 있다.

주택임대차분쟁조정의 절차

① 분쟁조정 신청

분쟁이 발생하면 임대인 또는 임차인이 주택임대차분쟁조정위원회에 분쟁조정을 신청한다.

② 분쟁조정위원회 구성

조정위원회는 법률 전문가, 부동산 전문가 등 다양한 분야의 전문가들로 구성되어 있으며, 이 위원회는 양측의 입장을 듣고 분쟁 해결을 위한 공정한 방안을 제시한다(주택임대차보호법 제14조).

③ 조정 절차 진행

조정위원회는 임대인과 임차인의 의견을 듣고, 관련 법령에 따라 분쟁 해결 방안을 마련한다. 조정 절차는 조정신청일로부터 60일 이내에 종결되며, 부득이한 경우에는 조정위원회의 의결을 거쳐 30일 이내로 연장할 수 있다(주택임대차보호법 제23조).

④ 조정 결과의 효력

조정위원회가 분쟁 당사자들을 대상으로 조정안을 마련하면, 이 조정안은 지체 없이 양 당사자에게 통지된다. 당사자는 조정안을 받은 날부터 14일 이내에 서면으로 수락 의사를 표시하여야 하며, 만약 이 기간 내에 수락하지 않으면 조정은 거부된 것으로 간주된다.

양 당사자가 모두 조정안을 수락하면, 조정위원회는 조정안의 내용을 바탕으로 조정서를 작성한다. 이때 양 당사자 간에는 조정안과 동일한 내용으로 합의가 성립된 것으로 본다. 조정서에는 금전 지급, 대체물 제공, 부동산 인도 등 분쟁 해결에 필요한 다양한 사항이 포함될 수 있으며, 특히 당사자들이 강제집행을 승낙하는 취지의 합의를 한 경우에는 그 내용이 조정서에 명확히 기재된다.

이렇게 강제집행 승낙에 관한 합의가 조정서에 포함되면, 조정서 정본은 법원의 판결 없이도 집행력이 부여되어 상대방이 조정 내용을 이행하지 않을 경우 곧바로 강제집행을 신청할 수 있다. 반면, 강제집행 승낙에 관한 합의가 없는 경우에는 조정서는 단순한 민사상 합의와 동일한 효력만을 가지므로, 상대방이 약속한 내용을 이행하지 않을 경우에는 별도의 소송을 제기해 법원의 집행권원을 얻어야 강제집행이 가능하다.

이처럼 조정위원회 조정결과의 효력은 당사자 간에 강제집행 승낙이 포함되었는지 여부에 따라 즉시 집행력 부여 여부가 달라진다는 점이 핵심이다.

신청방법

주택임대차조정제도의 신청은 누구나 할 수 있으며, 방문, 우편, 또는 온라인(누리집)으로 접수할 수 있다.

- 신청기관: 한국부동산원, LH(한국토지주택공사), 법률구조공단(주택임대차분쟁조정위원회, 상가건물임대차분쟁조정위원회) 등에서 신청할 수 있다.
- 신청방법: 주택 또는 상가가 소재한 지역을 관할하는 조정위원회에 신청하며, 홈페이지, 방문, 우편, 팩스 등 다양한 방법으로 접수할 수 있다. 신청서와 함께 임대차계약서, 신분증, 등기부등본 등 관련 서류를 준비하면 된다.
- 처리기간: 조정 신청이 접수되면 원칙적으로 60일 이내에 처리되며, 부득이한 경우 30일 연장이 가능하다.
- 수수료: 분쟁 금액에 따라 1만~10만 원의 수수료가 발생하지만, 소액임차인, 기초생활수급자 등은 면제될 수 있다.
- 문의
  - 임대차분쟁조정위원회(한국부동산원 · LH) 대표번호: 1644-5599 (서울동부, 고양, 성남, 인천, 춘천, 대전, 전주, 포항, 창원, 울산, 충북, 제주 등 지역별로 문의 가능)
  - 법률구조공단: 서울 · 강원(02-6941-3430), 경기 · 인천(031-8007-3430), 대전 · 세종 · 충남 · 충북(042-721-3430), 대구 · 경북(053-710-3430), 부산 · 울산 · 경남(051-711-3430), 광주 · 전남 · 전북 · 제주(062-710-3430)

19

근로계약

근로계약서란 무엇인가?

근로계약서는 근로자와 사업주가 일하기 전에 서로의 권리와 의무, 그리고 근로조건(임금, 근로시간, 휴가 등)을 명확히 정하는 공식 문서이다. 이는 단순한 서류가 아니라 나중에 분쟁이 생겼을 때 중요한 증거가 되며, 서로의 권리를 지키는 역할을 한다.

왜 근로계약서를 써야 하나요?

근로계약서의 작성은 근로자와 사업주가 임금, 근로시간, 휴가 등 핵심 근로조건에 대해 명확히 합의하고 이를 서면으로 남기는 법적 의무이자, 서로의 권리와 의무를 보호하는 가장 기본적인 장치이다. 근로계약서가 없더라도 근로자는 근로기준법의 보호를 받을 수 있지만 법적으로는 근로계약을 반드시 서면으로 작성하고 근로자에게 교부하여야 한다. 이를 위반할 경우에 사업주는 500만 원 이하의 벌금이나 과태료를 부과받을 수 있다. 근로계약서의 작성은 사업주에게만 불리하거나 근로자에게만 유리한 것이 아니라 분쟁을 사전에 예방하고 법적 위험을 줄이기 위해 양쪽 모두에게 반드시 필요한 절차이다.

근로계약서를 작성할 때 꼭 들어가야 할 내용

근로계약서를 작성할 때는 고용노동부의 표준근로계약서를 기준으로 반드시 포함시켜야 하는 핵심 항목들이 있다. 첫째, 근로장소와 업무 내용이다. 근로자가 어디에서 어떤 일을 하게 되는지를 구체적으로 명시하여야 하며, 이는 근로자가 자신의 업무 범위와 근무 환경을 명확히 이해할 수 있도록 돕는다. 둘째, 근로시간과 근무요일이다. 근로자가 하루에 몇 시간, 일주일에 며칠을 일하는지 정확히 기재하여야 하며, 이를 통해 근로자는 자신의 근무 일정과 생활 계획을 세울 수 있다. 셋째, 휴게시간이다. 이는 일하는 도중 쉴 수 있는 시간을 의미하며, 근로자의 건강과 휴식을 보장하기 위해 반드시 포함되어야 한다. 넷째, 휴일과 연차유급휴가이다. 근로자가 쉴 수 있는 날과 연차휴가 부여 기준을 명확히 정함으로써 근로자의 휴식권을 보장한다. 다섯째, 임금이다. 임금의 구성(기본급, 각종 수당 등), 임금 계산 방법, 임금 지급일과 지급 방법까지 구체적으로 작성하여야 하며, 이를 통해 임금 지급과 관련된 오해나 분쟁을 예방할 수 있다. 이 외에도 기간제나 단시간 근로자의 경우에는 계약 기간, 주휴일, 추가 수당 등 해당 근로형태에 맞는 세부 항목을 반드시 명확하게 기재하여야 한다. 근로계약서를 작성할 때 이러한 항목들을 포함시키는 것은 근로자와 사업주 모두의 권리와 의무를 분명히 하고, 불필요한 분쟁을 예방하는 데 매우 중요하다.

근로계약서 양식과 작성 팁

근로계약서를 작성할 때는 특별한 양식을 반드시 따라야 하는 것은 아니지만, 법에서 정한 필수 항목들이 모두 포함되어야 한다. 임금, 근로시간, 휴일, 연차유급휴가, 근로장소, 업무 내용 등 핵심 근로조건을 구체적으로 명시하여야 하며, 모호한 표현은 분쟁의 원인이 될 수 있으므로 피하는 것이 좋다. 그리고 근로계약서는 근로개시일(첫 출근) 전에 반드시 작성하여야 한다.

고용노동부 홈페이지에서는 누구나 쉽게 내려받아 사용할 수 있는 표준근로계약서 양식을 제공하고 있으므로 이를 참고하면 편리하다. 근로계약서를 작성한 후에는 반드시 근로자에게 한 부를 교부하여야 하며, 사업주도 한 부를 보관하여야 한다. 근로계약서는 서면으로 작성하여 전달하거나 전자문서로 작성하여 전자서명을 받아 파일로 교부해도 모두 유효하다.

또한 근로계약서는 근로자가 퇴직한 날로부터 3년간 보관하여야 하며, 이를 위반할 경우에 처벌을 받을 수 있다. 근로계약서를 작성하는 목적은 근로자와 사업주 모두의 권리를 보호하고, 나중에 발생할 수 있는 오해나 분쟁을 예방하기 위함임을 반드시 기억하여야 한다.

근로계약서를 작성할 때 주의사항

근로계약서를 작성할 때는 다음과 같은 사항을 구체적으로 꼼꼼히 확인하여야 한다. 첫째, 임금이나 각종 수당이 계약서에 정확하게 명시되어 있는지 살펴봐야 한다. 예를 들면, 월급이나 성과급, 각종 수당 등은 모두 계약서에 구체적으로 적혀 있어야 하며, 단순히 구두로만 약속하고 문서에는 누락된 내용이 있다면 나중에 임금 분쟁이 발생했을 때 근로자가 불리한 입장에 놓일 수 있다. 사업주가 "기본급만 적고 나머지는 나중에 챙겨줄게"라고 하여도 실제로 기본급 외의 각종 수당을 지급받지 못할 경우, 근로자는 이를 입증하기 어렵기 때문에 반드시 계약서에 모든 임금 내역을 명확히 기록하여야 한다.

둘째, 정규직 근로계약의 경우에 계약기간이 어떻게 기재되어 있는지 반드시 확인하여야 한다. 법적으로 정규직은 근로기간이 정해져 있지 않은 근로자를 의미한다. 만약 근로계약서에 근로기간이 정해져 있다면, 계약이 끝난 뒤에는 별도의 해고 사유 없이도 근로관계가 종료될 수 있으므로 주의하여야 한다.

셋째, 채용공고에 안내된 근로조건과 실제 근로계약서의 내용이 일치하는지 꼼꼼히 비교하여야 한다. 취업사이트나 회사 홈페이지에 올라온 채용공고의 임금, 근무시간, 복리후생 등이 근로계약서에 동일하게 반영되어 있는지 확인하는 것이 중요하다. 만약 계약서에 기재된 임금이나 조건이 채용공고와 다르다면, 입사 전에 회사 측에 문의하여 바로잡아야 하며, 시정되지 않는다면 입사를 재고하는 것이 바람직하다.

넷째, 자신이 작성하는 계약서의 종류가 근로계약서인지 아니면 프리랜서(용역) 계약서인지 반드시 확인하여야 한다. 근로계약서가 아니라 프리랜서 계약서에 서명할 경우, 근로기준법에서 정한 최저임금, 연차휴가, 퇴직금 등의 법적 보호를 받을 수 없게 된다. 근로계약서인지 여부는 출퇴근 시간, 업무 지시, 근무 장소 등에서 근로자가 사용자의 지휘·감독을 받는지 여부를 살펴보면 알 수 있다. 근로자가 사용자의 지휘·감독을 받는 사용종속관계가 인정될 때 근로기준법상 근로자로서 권리를 보장받을 수 있다.

이처럼 근로계약서를 작성할 때는 임금, 계약기간, 채용공고와의 일치 여부, 계약서의 종류 등 기본적인 사항을 꼼꼼히 확인하는 것이 근로자의 권리를 지키는 첫걸음이다.

✚ 근로계약서 작성 예시

사업주(이하 "사용자"라 함)와 근로자(이하 "근로자"라 함)는 다음과 같이 근로계약을 체결한다.

① 근로계약 기간

20___년 ___월 ___일부터 20___년 ___월 ___일까지

(※ 정규직 또는 무기계약직의 경우 "기간의 정함이 없음"으로 기재)

② 근무장소

③ 업무의 내용

④ 근무일 및 근무시간

- 근무일: 매주 월요일부터 금요일까지(토요일, 일요일 휴일)
- 근무시간: 09:00 ~ 18:00 (휴게시간: 12:00 ~ 13:00)

(※ 사업장 사정에 맞게 조정 가능)

⑤ 임금

- 월(일, 시간)급: _______원
- 상여금: 있음 ( ) 없음 ( ) 금액: _______원
- 기타수당(식대, 교통비 등): 있음 ( ) 없음 ( ) 금액: _______원
- 임금지급일: 매월 ___일 (휴일인 경우 전일 지급)
- 지급방법: 근로자에게 직접 지급( ), 근로자 명의 예금통장에 입금( )

⑥ 연차유급휴가

- 연차유급휴가는 근로기준법에서 정하는 바에 따라 부여함

⑦ 사회보험

- 4대 보험(국민연금, 건강보험, 고용보험, 산재보험) 가입 여부

⑧ 기타

- 취업규칙, 인사규정 등 적용 여부: 있음 ( ), 없음 ( )
- 기타 특약사항: ______________________________

근로자 인적사항

성명:

주민등록번호:

주소:

연락처:

사용자 인적사항

사업체명:

대표자:

사업장 주소:

연락처:

작성일: 20__년 __월 __일

근로자 나성실 (서명 또는 날인)

사용자 이사업 (서명 또는 날인)

20

최저임금

최저임금이란?

최저임금은 국가가 법으로 정한 임금의 최저 기준이다. 모든 사업장에서 근로자에게 반드시 이 기준 이상을 지급하도록 강제하는 제도이다. 쉽게 말하면, 최저임금은 근로자가 아무리 적게 일하더라도 반드시 보장받아야 하는 최소한의 임금선이다. 이 제도의 목적은 저임금 노동자의 생활 안정을 돕고 임금 격차를 줄이며, 사회 전체의 소득 분배를 보다 공정하게 만드는 데 있다. 또한 근로자의 인간다운 삶을 보장하고, 노동의 가치를 지키는 역할도 한다. 최저임금은 근로자의 생계비, 비슷한 업종의 임금 수준, 경제 상황 등 여러 요소를 종합적으로 고려하여 매년 새롭게 결정된다. 사업주가 이 기준보다 적은 임금을 지급하면 처벌을 받을 수 있으며, 근로자는 언제든지 권리를 주장할 수 있다.

최저임금 결정 기준

최저임금은 단순히 임금 인상률이나 물가상승률만을 반영해서 정해지는 것이 아니다. 우리나라는 최저임금을 결정할 때 근로자의 생계비, 유사 근로자의 임금 수준, 노동생산성, 소득분배율, 그리고 경제성장률과 물가상승률, 취업자 증가율 등 다양한 경제·사회적 요소를 종합적으로 고려한다. 우선 근로자의 생계비는 근로자와 그 가족이 최소한의 인간다운 생활을 하기 위해 필요한 비용을 뜻하며, 실제로는 식료품, 주거비, 교육비 등 생활에 필수적인 지출 항목의 가격 변동을 분석하여 산출한다. 유사 근로자의 임금은 비슷한 업종이나 직종의 임금 수준을 참고하여 최저임금이 지나치게 낮거나 높지 않도록 균형을 맞추는 역할을 한다. 노동생산성은 한 사람이 일정 시간 동안 생산해 내는 가치의 크기, 즉, 경제 전체의 효율성과 생산성 향상 정도를 반영한다. 소득분배율은 임금소득이 사회 전체적으로 적정하게 분배되고 있는지를 살피는 지표로, 국민소득에서 노동이 차지하는 비중이나 임금 불평등 정도를 파악하는 데 활용된다. 이 밖에도 경제성장률, 물가상승률, 취업자 증가율 등 주요 거시경제 지표를 참고하며, 실제로 경제성장률과 물가상승률을 더하고 취업자 증가율을 빼는 공식(경제성장률 + 물가상승률 - 취업자 증가율)도 인상률 산정에 활용된다. 이러한 다양한 기준과 지표를 바탕으로 최저임금위원회는 각종 통계자료와 현장조사, 노사 양측의 의견을 종합해 매년 최저임금 수준을 심의·의결하게 된다.

최저임금 결정 절차

최저임금은 정해진 절차에 따라 매년 새롭게 결정된다. 먼저 고용노동부 장관이 매년 3월 31일까지 최저임금위원회에 다음 해 최저임금에 대한 심의를 공식 요청한다. 이후 최저임금위원회는 근로자 대표, 사용자

대표, 공익위원(고용노동부 장관의 제청으로 대통령이 임명하는 노동경제, 노동행정, 노동법 등의 전문가)이 함께 참여하여 전체회의와 전문위원회 논의, 임금·생계비·경제지표 분석, 노사 양측의 의견 청취 등 다양한 과정을 거쳐 최저임금 수준을 심의한다. 위원회는 90일 이내에 최저임금안을 의결해 고용노동부 장관에게 제출한다. 고용노동부 장관은 8월 5일까지 최저임금을 최종 확정하고 고시하며, 이의제기 절차를 거친 뒤에 다음 해 1월 1일부터 새로 정해진 최저임금이 시행된다.

21

주휴수당

주휴수당이란?

주휴수당은 근로자가 일주일 동안 정해진 근무일을 모두 출근하고, 1주일에 평균 15시간 이상 일했을 때 지급되는 유급휴일 수당이다. 즉, 근로기준법에 따라 사용자는 주 15시간 이상 근무한 근로자가 한 주를 개근하면, 1주일에 1회 이상의 유급휴일을 주고 그 하루치 임금을 추가로 지급하여야 한다. 이 제도는 정규직뿐 아니라 시간제, 아르바이트 등 근로 형태와 관계 없이 적용되며, 5인 미만의 사업장도 예외가 아니다.

주휴수당의 계산방법

주휴수당은 근무 시간에 따라 비례하여 계산하는데, 계산 방법은 다음과 같다.

주휴수당 = (1주 근로시간 ÷ 40시간) × 8시간 × 시급

예를 들면, 1주일에 20시간을 일한 사람이 모두 출근했다면, 주휴수당 = (20 ÷ 40) × 8 × 시급의 계산에 따라 4시간분 시급을 주휴수당으로 받게 된다. 그리고 하루에 8시간씩 일하는 근로자라면, 1주일에 40시간을 일하게 되어 주휴수당으로 8시간분 임금을 받게 된다. 이렇게 주휴수당은 근로시간과 시급에 따라 달라지며, 주 15시간 이상 근무하고 결근 없이 일한 근로자라면 누구나 받을 수 있다.

한편, 월급제 근로자도 주휴수당을 받을 수 있다. 다만, 월급에 주휴수당이 이미 포함되어 있는 경우가 많으므로 근로계약서나 급여명세서에 "주휴수당 포함" 또는 "포괄임금제" 등 관련 문구가 명확히 기재되어 있는지 반드시 확인하여야 한다. 만약 월급에 주휴수당이 별도로 포함되어 있지 않다면, 사업주는 주휴수당을 추가로 지급하여야 한다.

주휴수당을 지급하지 않으면?

사업주가 주휴수당을 지급하지 않으면, 이는 임금체불에 해당되어 법적으로 처벌 대상이 된다. 근로기준법 제110조에 따라 사업주는 2년 이하의 징역 또는 2천만 원 이하의 벌금형을 받을 수 있다. 근로자가 주휴수당 지급 조건을 모두 충족했음에도 불구하고 주휴수당을 받지 못했다면, 고용노동부 홈페이지를 통해 신고할 수 있고, 조사 결과에 따라 임금체불이 확인되면 사업주에게 임금 지급 명령이 내려진다. 만약 사업주가 정해진 기한까지 이를 지급하지 않으면 형사 고발 등과 같은 사법처리로 이어질 수 있다.

22

퇴직급여

퇴직급여란?

퇴직급여는 근로자가 일정 기간 동안 한 사업장에서 계속 일하다가 퇴직할 때 받는 금전적 보상이다. 이는 근로자의 오랜 근속과 노력을 인정하고, 퇴직 이후의 생활에 도움이 되도록 마련된 제도이다. 퇴직급여는 근로자가 퇴직할 때 일시불로 지급되는 퇴직금과 재직 중 적립해 두었다가 퇴직 후 연금처럼 나누어 받는 퇴직연금으로 구분된다. 이는 근로자 퇴직급여보장법에 따라 1년 이상 계속 근무하고, 4주 평균 1주 소정근로시간이 15시간 이상인 근로자라면 누구나 받을 수 있다.

퇴직금은 어떤 조건을 갖춰야 받을 수 있나요?

퇴직금은 근로자의 고용 형태와 상관 없이 일정한 조건을 모두 충족하면 받을 수 있다. 여기서 말하는 고용 형태란 정규직, 계약직, 아르바이트 등 근로계약의 종류를 모두 포함한다. 그리고 퇴직급여를 받기 위해서는 다음과 같은 요건을 갖춰야 한다.

첫째, 근로기준법상 근로자여야 한다. 즉, 근로계약을 맺고 임금을 받으며 사용자에게 종속되어 일하는 사람이라면 모두 해당된다. 둘째, 퇴직 직전 4주 동안 평균해서 1주일에 소정근로시간이 15시간 이상이어야 한다. 소정근로시간이란 근로계약서에 명시된 정해진 근무시간을 의미한다. 예를 들면, 근로자가 하루 7시간씩 주 2일만 일하는 경우라면 주 14시간이 되어 퇴직급여 지급 대상이 아니지만, 하루 8시간씩 주 2일을 일하는 경우라면 주 16시간이 되어 1년 이상 근무 시 퇴직급여를 받을 수 있다. 셋째, 근로가 단절되지 않고 1년 이상 계속 근무하여야 한다. 여기서 '계속 근무'란 근로계약이 중간에 끊기지 않고 한 사업장에서 1년 이상 일한 경우를 말한다. 만약 중간에 퇴사했다가 다시 입사했다면, 근로계약이 단절된 것으로 보아 이전 근무기간은 합산되지 않는다.

퇴직금은 얼마나 받을 수 있나요?

퇴직금은 계속근로기간 1년에 대해 30일분 이상의 평균임금을 지급하는 것이 원칙이다. 여기서 평균임금이란 퇴직일 이전 3개월 동안 받은 총 임금(기본급, 각종 수당, 상여금 등 포함)을 그 기간의 총 일수로 나누어 산정한다. 공식은 다음과 같다.

평균임금 = 퇴직 전 3개월간 받은 임금 총액 ÷ 그 기간의 총 일수

퇴직급여 = 평균임금 × 30일 × (근속일수 ÷ 365)

예를 들면, 나성실 씨가 퇴직 전 3개월 동안 920만 원을 받고, 그 기간이 92일이었다면 평균임금은 10만 원(920만 원 ÷ 92일)이다. 1년(365일) 근무했다면 퇴직급여는 10만 원 × 30일 × (365 ÷ 365) = 300만 원이

된다. 만약 10년을 근무했다면 300만 원 × 10년 = 3,000만 원을 받게 된다.

여기에서 계속근로기간이란 근로계약을 맺은 날부터 퇴직일까지 실질적으로 고용관계가 유지된 전체 기간을 의미한다. 만약 중간정산을 한 적이 있다면, 마지막 정산일 다음 날부터 퇴직일까지를 다시 계산한다. 평균임금 산정 시에는 실제로 근로하지 않은 휴직, 병가, 육아휴직 등은 기간과 임금에서 제외된다.

23

임금체불

임금 지급의 4대 원칙

임금 지급에는 반드시 지켜야 할 네 가지 중요한 원칙이 있다. 첫째, 임금은 근로자 본인에게 직접 지급하여야 한다. 이는 근로자가 실제로 일한 대가를 본인이 받아야 한다는 의미이며, 특별한 사정이 없는 한 가족이나 제3자에게 대신 지급하는 것은 허용되지 않는다. 둘째, 임금은 전액을 지급하여야 한다. 사용자는 법률이나 단체협약 등에서 정한 경우를 제외하고 임금에서 임의로 금액을 공제하거나 일부만 지급해서는 안 된다. 셋째, 임금은 반드시 우리나라에서 통용되는 화폐로 지급하여야 한다. 즉, 현물이나 상품권, 어음 등으로 임금을 대신 주는 것은 원칙적으로 허용되지 않으며, 근로자는 통용 가능한 현금으로 임금을 받아야 한다. 넷째, 임금은 매월 1회 이상, 일정한 날짜를 정하여 정기적으로 지급하여야 한다. 급여일을 임의로 바꾸거나 불규칙하게 지급하는 것은 법에 어긋난다. 이 네 가지 원칙은 근로자의 임금이 안전하게 지급되도록 보장하기 위한 기본적인 기준이며, 이를 위반할 경우 임금체불로 간주되어 사업주는 법적 책임을 지게 된다.

임금체불의 의미와 유형

임금체불이란 사용자가 근로자에게 약속한 임금을 정해진 날짜에 지급하지 않는 모든 행위를 말한다. 여기에서 임금은 월급, 상여금, 각종 수당 등 근로의 대가로 지급되는 모든 금품이 포함된다. 임금체불은 크게 두 가지 유형으로 나눌 수 있다. 첫째, 재직 중 임금체불은 근로자가 회사에 계속 다니고 있는 상태에서 급여일에 임금을 받지 못하거나 일부만 지급받는 경우를 의미한다. 예를 들면, 월급 지급일이 지났음에도 불구하고 임금이 지급되지 않거나 약속한 금액보다 적게 지급되는 경우가 이에 해당한다. 둘째, 퇴직 후 임금체불은 근로자가 퇴직한 뒤에 14일 이내에 임금, 퇴직금, 각종 수당 등 정산이 이루어지지 않는 경우를 말한다. 근로기준법에서는 퇴직 후 14일 이내에 모든 금품을 청산하도록 규정하고 있으며, 특별한 사정이 있을 때에는 당사자 간 합의로 지급 기한을 연장할 수 있다.

임금체불이 발생할 때 대처 방법

임금체불이 발생했을 때 근로자가 취할 수 있는 구체적인 대처 방법을 단계별로 정리하면 다음과 같다.

① 사업주와 협의

임금이 지급되지 않았다면 우선 사업주에게 임금 지급을 요청하여야 한다. 이때 구체적인 지급 기한을 정해두고, 만약 그 기한 내에 입금이 이루어지지 않을 경우에 고용노동부에 신고할 계획임을 미리 알리는 것이 좋다. 이때 임금 지급의 요청은 구두로만 하지 말고 문자, 이메일 등 기록이 남는 방식으로 하는 것이 추후 증거자료로 활용될 수 있다.

② 고용노동부 진정 및 신고

사업주와의 협의에도 불구하고 임금체불이 해결되지 않는다면, 관할 고용노동청에 진정서를 제출하여 공식적으로 신고할 수 있다. 진정서는 직접 방문, 우편, 팩스, 또는 고용노동부 홈페이지(노동포털)를 통한 온라인 접수 등 다양한 방법으로 제출할 수 있다. 진정서에는 본인과 사업주 정보, 체불된 임금 내역 등을 구체적으로 기재하여야 한다.

③ 진정서 작성 및 필수 서류

임금체불 신고 시에는 다음과 같은 자료를 준비하면 도움이 된다.

- 근로계약서(없을 경우 채용공고, 입사 시 안내자료 등으로 대체)
- 급여명세서, 급여통장 입출금 내역(은행 발급 자료가 신뢰도 높음)
- 취업규칙, 인사규정(연차, 성과급, 퇴직금 등 확인용)
- 출퇴근 기록(전자출퇴근기록, 교통카드 내역 등)
- 카카오톡 · 문자 · 녹취자료(근로사실, 지휘감독 입증용)
- 각종 합의서(지불각서, 퇴직금 포기약정 등)
- 고용보험 · 건강보험 가입이력(입퇴사일, 근로자성 증명)
- 업무수행일지, 동료 근로자의 사실확인서 등

이러한 자료들은 임금체불 사실과 근로관계를 입증하는 데 중요한 역할을 한다.

④ 처리 절차

진정서가 접수되면 근로감독관이 임금체불 사실과 지급 시기, 근로관계 등을 조사한다. 조사 결과에 따라 임금체불이 확인되면 사업주에게 임금 지급 명령이 내려진다. 만약 사업주가 이러한 시정명령을 이행하지 않으면, 사건은 검찰에 송치되어 사업주는 근로기준법 위반으로 형사처벌(최대 3년 이하 징역 또는 3,000만 원 이하 벌금)을 받을 수 있다. 이처럼 임금체불이 발생하면 단계별로 신속하게 대응하고, 필요한 증거자료를 꼼꼼히 준비하는 것이 권리구제에 큰 도움이 된다.

✚ 임금체불 진정서 작성 예시

① 진정인(근로자) 정보

성명: 나성실

생년월일: 1995.01.01

연락처: 010-1234-5678

주소: 서울시 ○○구 ○○로 123

② 피진정인(사업주) 정보

회사명: ○○식당

대표자: 김사장

사업장 주소: 서울시 ○○구 ○○로 456

연락처: 02-123-4567

③ 진정 내용

저는 2025년 3월 1일부터 2025년 5월 31일까지 ○○식당에서 주방보조로 근무하였습니다. 근로계약서에 따라 월 200만 원의 급여를 받기로 하였으나, 2025년 4월분 급여 200만 원과 2025년 5월분 급여 200만 원, 총 400만 원을 지급받지 못한 상태입니다. 여러 차례 사업주에게 임금 지급을 요청하였으나 지급이 이루어지지 않아 임금체불 진정을 신청합니다.

④ 증빙자료

근로계약서 사본

급여통장 입출금 내역

출퇴근 기록(교통카드 사용 내역)

사업주와의 문자 메시지(임금 지급 요청 내용)

⑤ 진정인 서명 또는 날인

작성일: 20__년 __월 __일

진정인: 나성실 (서명 또는 날인)

24

해고와 권고사직

해고의 의미

해고란 근로자의 의사와 상관 없이 사용자가 일방적으로 근로계약을 종료시키는 행위를 말한다. 사용자가 해고를 하려면 반드시 정당한 사유가 있어야 하며, 사용자는 최소 30일 전에 해고 사실과 해고 사유를 서면으로 통지하여야 한다. 만약, 즉시 해고를 하려면 30일분 이상의 통상 임금에 해당하는 해고예고수당을 지급하여야 한다. 그런데 해고 예고나 수당 지급이 있었다고 하더라도, 해고 사유가 정당하지 않거나 해고 절차를 지키지 않았다면 부당해고로 인정될 수 있다. 부당해고를 당한 경우, 근로자는 노동위원회에 구제신청을 할 수 있다.

권고사직의 의미

권고사직은 사용자가 근로자에게 퇴직을 권유하고 근로자가 이를 받아들여 스스로 사직서를 제출하는 방식으로 근로관계가 종료되는 것이다. 권고사직은 법률상 명확히 규정된 용어는 아니지만, 실무상 널리 사용된다. 해고와 달리 권고사직은 근로자의 동의가 반드시 필요하며, 사직서 제출이 핵심적인 절차가 된다. 권고사직의 경우에는 해고에 적용되는 해고 예고, 해고 사유 서면 통지, 부당해고에 대한 구제신청 등 근로기준법상의 해고에 적용되는 보호 규정이 적용되지 않는다. 근로자가 권고사직을 거부하면 사용자는 일방적으로 근로관계를 종료할 수 없으며, 이때 사용자가 강제로 퇴사 처리를 한다면 해고로 간주된다.

사직서 제출할 때 주의사항

근로자가 사직서를 제출할 때는 매우 신중하여야 한다. 사직서는 근로자가 퇴직에 자발적으로 동의했다는 가장 중요한 증거가 된다. 만약 회사가 강요하거나 압박하여 근로자가 사직서를 쓰게 되었다면, 추후에 부당해고로 다툴 수 있는 여지가 있다. 사직서를 제출할 때는 반드시 자필 서명이나 도장을 찍기 전에 충분히 고민해야 하며, 사직서에 '권고사직' 임을 명확히 기재하는 것이 중요하다. 또한 실업급여를 받으려면 사직서에 '회사의 권유로 퇴직한다'는 비자발적 사유를 구체적으로 남겨야 하며, 사직서의 사본이나 사진을 꼭 보관하여야 한다. 회사가 퇴사 처리나 4대 보험 상실 신고 등을 이유로 사직서를 요구하더라도 사직서 제출 여부와 그 내용에 따라 향후 권리 행사에 큰 차이가 생길 수 있으니 반드시 주의하여야 한다.

권고사직 거부 및 법적 대응

근로자가 권고사직을 거부하면 법적으로 아무런 효력이 발생하지 않는다. 사용자가 근로자의 동의 없이 퇴사 처리를 강행할 경우, 이는 부당해고에 해당한다. 만약 회사의 강요나 압박으로 인해 사직서를 제출했다면, 근로자는 노동위원회에 부당해고 구제신청을 할 수 있다. 이때 근로자가 권고사직이 강요에 의한 것임을 입증할 경우, 사직서를 제출한 이후에도 부당해고로 인정받을 수 있다. 따라서 근로자는 권고사직을 받아들이지 않겠다는 의사를 분명히 밝히고, 회사가 일방적으로 퇴사 처리를 할 경우에는 해고로 간주되어 법적 구제를 받을 수 있다.

해고와 권고사직의 실질적 차이 및 정리

해고는 사용자가 일방적으로 근로계약을 종료하는 것이며, 권고사직은 회사의 권유와 근로자의 동의가 모두 필요한 합의에 의한 퇴직이다. 해고에는 법적 절차와 보호장치가 적용되지만, 권고사직에는 이러한 보호가 적용되지 않는다. 따라서 사직서를 제출할 때에는 신중하게 결정하여야 하며, 권고사직의 경우, 반드시 비자발적 사유를 명확히 기재하여 실업급여 등 향후 권리 보호에 문제가 없도록 하여야 한다.

부당해고 구제신청제도

근로자는 해고를 당한 날로부터 3개월 이내에 고용노동부 산하의 지방노동위원회에 구제신청을 할 수 있다. 다만, 본인이 자발적으로 사직서를 제출하여 퇴직한 경우에는 이 제도를 이용할 수 없다. 또한 상시근로자 수가 5인 미만인 사업장은 원칙적으로 부당해고 구제신청 대상에서 제외된다.

어떤 경우에 부당해고로 인정될까?

다음과 같은 상황에서 부당해고 구제신청이 가능하다.

- 해고 사유가 정당하지 않은 경우(근로기준법 제23조 제1항)
- 해고 사유가 있더라도 해고 절차(서면통지, 해고예고 등)를 지키지 않은 경우(근로기준법 제26조, 제27조)

- 법적으로 해고가 제한되는 시기에 해고한 경우 등(근로기준법 제23조 제2항)

구제신청 절차는 어떻게 진행되나?

구제신청은 다음과 같은 순서로 진행된다.

① 신청서 제출: 지방노동위원회에 구제신청서를 작성해 제출한다.

② 조사 및 심문: 노동위원회가 당사자 양측의 입장을 듣고 관련 자료를 조사한다.

③ 판정: 심문 결과를 바탕으로 부당해고 여부를 결정한다.

④ 재심 및 소송: 당사자 양측이 판정에 불복할 경우 중앙노동위원회에 재심을, 그 결과에도 이의가 있으면 행정법원에 소송을 제기할 수 있다.

구제신청서 작성할 때 준비할 것

구제신청서에는 본인과 회사의 정보, 해고 경위, 해고가 부당하다고 생각하는 이유, 원하는 구제 내용(복직, 임금 지급 등)을 구체적으로 기재해야 한다. 그리고 해고 통지서, 취업규칙, 임금명세서, 동료 진술서 등 해고의 부당함을 뒷받침할 수 있는 자료도 함께 제출하면 좋다.

구제신청의 결과와 효과

노동위원회가 부당해고로 판정하면, 회사는 근로자를 원직에 복직시키고 해고 기간 동안의 임금도 지급하여야 한다. 만약 회사가 이러한 명령을 이행하지 않으면, 이행강제금이 부과될 수 있다. 반대로, 부당해고가 아니라고 판정된 경우에는 목직이 인정되지 않는다.

꼭 기억해야 할 점

해고 통지는 반드시 서면으로 받아두는 것이 좋다. 해고 사실과 그 이유가 명확히 기록되어 있어야 추후 분쟁이 발생할 경우에 중요한 증거로 활용할 수 있기 때문이다. 구두로만 해고를 통보받으면 해고의 정당성을 입증하기 어려워 근로자의 권리 보호에 불리하게 작용할 수 있다. 또한 해고와 관련된 모든 대화와 문자, 이메일 등은 반드시 증거로 보관하여야 한다. 이러한 자료들은 해고가 부당하게 이루어졌거나 절차가 위반된 경우에 법적 대응을 하는 데 큰 도움이 된다.

한편, 해고일로부터 3개월 이내에 부당해고 구제신청을 하여야 권리를 보호받을 수 있으므로, 이 기간을 넘기지 않도록 신속하게 대응하는 것이 중요하다. 필요하다면 노무사나 변호사의 도움을 받아 구제신청 절차를 진행하는 것이 좋다. 전문가의 조언과 지원은 복잡한 절차를 원활하게 진행하고 근로자의 권리를 효과적으로 보호하는 데 큰 힘이 된다.

제 3 부

상속

01

누가 상속할 수 있는가_ 상속과 상속권

상속과 상속인

상속이란 사람이 사망했을 때 그 사망한 사람에게 속한 모든 재산상의 권리의무를 일정한 친족관계에 있는 사람이 포괄적으로 승계하는 것이다. 이때 그 재산상 지위를 승계하는 사람, 즉 재산을 받는 사람을 상속인이라 하고, 사망함으로써 재산상 지위를 승계당하는 사람을 피상속인이라 한다.

상속능력(상속자격)

상속은 일정한 범위에 있는 친족만이 할 수 있다. 친족에게만 주어지는 권리라는 의미로 친족상속권이라고도 하는데, 피상속인과 일정한 신분관계가 있는 사람만 상속인이 될 수 있는 것이다. 그런데 상속은 피를 타고 흐른다는 말이 있다. 따라서 친족이라 하더라도 인척에게는 상속권이 발생하지 않는다. 인척은 형부나 사위 같은 혈족의 배우자 또는 남편의 아들, 딸과 같은 배우자의 혈족을 의미하는데, 이와 같은 인척은 혈연관계가 없는 사람들이기 때문에 상속권이 인정되지 않는다.

상속은 재산상 권리와 의무를 포괄적으로 승계하는 일이므로 권리능력이 있는 자연인만 할 수 있는데, 우리 민법은 권리능력의 존속기간에 대하여, '사람은 생존한 동안 권리와 의무의 주체가 된다'라고 명시한다(민법 제3조). 생존해 있다는 것은 출생한 시점부터 사망하기 직전까지의 상태를 의미하는 것인바, 살아있는 사람이기만 하면 상속능력이 있다는 것이고, 즉 상속을 하기 위해서는 일단 살아있어야 한다는 의미가 된다. 태아는 적어도 민법상으로는 아직 사람이라고 볼 수 없다. 살아서 출생한 순간부터 민법상 사람이 되고 권리능력이 인정되는데 상속의 경우에는 예외적으로 태아에 대해서도 권리능력을 인정한다(민법 제1000조 제3항).

동시사망과 상속

상속은 피상속인이 사망하면 시작되는 것이므로 피상속인이 사망한 시점에 상속인은 살아있어야 상속권을 가지게 된다. 과학적으로 사람이 동시에 사망하는 것은 거의 불가능하므로 0.01초라도 사망시점은 다르게 마련이다. 가령 동일한 사고로 인해 두 명 이상이 사망했을 때에는 누가 먼저 사망했는지 입증하는 것이 어려우므로, 우리 민법은 '2인 이상이 동일한 위난으로 사망한 경우에는 동시에 사망한 것으로 추정한다'라는 규정을 두고 있다(민법 제30조). 그래서 최소한 법률적으로는 동시사망이라는 것이 가능한 일이 된다. 동시에 사망한 경우에는 사망한 사람들 사이에서는 상속이 일어나지 않는다. 피상속인이 사망한 시점에 상속인도 사망한 상태이므로 동시사망의 경우에는 상속인 역시 권리능력이 없기 때문에 상속이 이루어질 수 없는 것이다.

상속결격

상속능력이 인정되더라도 상속할 수 없는 경우가 있다. 상속은 기본적으로 피상속인의 재산을 아무런 대가없이 상속인에게 주는 것이므로 피상속인에게 비윤리적이고 반도덕적인 행위를 한 사람한테까지 상속권을 인정한다는 것은 부당한 것이다. 그래서 우리 민법은 상속결격사유라는 것을 정해두고, 이 사유가 발생하면 상속권이 당연히 상실되는 것으로 한다. 피상속인에 대한 범죄 등 패륜적 행위를 했을 때, 그리고 피상속인의 유언에 대한 부정행위를 했을 때에는 상속인이 되지 못한다. 이와 같은 사유가 발생하면 재판상의 선고를 기다리지 않고 법률상 당연히 상속자격을 상실하게 되는 것이다.

✚ 상속인의 결격사유(민법 제1004조)

1. 고의로 직계존속, 피상속인, 그 배우자 또는 상속의 선순위나 동순위에 있는 자를 살해하거나 살해하려한 자
2. 고의로 직계존속, 피상속인과 그 배우자에게 상해를 가하여 사망에 이르게 한 자
3. 사기 또는 강박으로 피상속인의 상속에 관한 유언 또는 유언의 철회를 방해한 자
4. 사기 또는 강박으로 피상속인의 상속에 관한 유언을 하게 한 자
5. 피상속인의 상속에 관한 유언서를 위조 · 변조 · 파기 또는 은닉한 자

✚ 낙태한 아내의 상속권

아내가 임신한 상태에서 남편이 사망하여 낙태를 한 경우라면, 아내는 상속권을 유지할 수 있을 것인가. 배우자와 직계비속은 1순위의 공동상속인이 된다. 그런데 상속순위에 관해서는 태아도 이미 출생한 것으로 보기 때문에(민법 제1003조 제3항) 아내가 낙태했다면 이는 동순위의 상속인을 살해한 것으로 보아 아내는 상속권을 상실하게 된다(대법원 1992.5.22.

선고 92다2127 판결).

상속권 상실 선고

피상속인이 어린 시절 집을 나가고 오랫동안 연락을 끊은 채 살아온 어머니가 법정 상속순위에 따라 상속인이 되는 것은 부당한 측면이 있을 것이다. 이에 피상속인의 직계존속으로서 상속인이 될 사람이 피상속인에 대한 부양의무를 중대하게 위반했거나 중대한 범죄행위 또는 그 밖에 심히 부당한 대우를 한 경우에는 피상속인의 유언 또는 공동상속인 등의 청구에 따라 가정법원이 상속권 상실 선고를 할 수 있다(민법 제1004조의 2).[9)]

9) 상속권 상실 선고에 관한 민법 제1004조의2는 2024. 9. 20. 신설되어 2026. 1. 1.부터 시행될 예정이다. 다만, 해당 규정은 2024년 4월 25일 이후 상속이 개시되는 경우로서 법 시행 전에 상속권 상실 선고 사유에 해당하는 행위가 있었던 경우에도 적용한다.

02

누가 상속인이 되는가

상속인이 되는 순서

누가 상속인이 되는가는 상속순위에 관한 문제로, 상속분이 얼마이냐 하는 것과는 다른 개념이다. 선순위 상속인이 있다면 후순위 상속인의 상속권이 인정되지 않는 것이다.

법정 상속순위_혈족상속인

민법이 정한 상속인은 피상속인의 배우자 및 4촌 이내의 혈족인데, 이들 중에는 피상속인의 직계비속(1순위), 직계존속(2순위), 형제자매(3순위), 그리고 4촌 이내의 방계혈족(4순위)의 순서로 상속인이 된다(민법 제1000조 제1항). 예를 들어, 피상속인이 사망했을 때 아들, 딸이 있으면 그 아들, 딸만 상속을 할 수 있다. 그리고 피상속인이 직계비속이 없어야 직계존속의 상속권이 인정된다. 아들, 딸이 없어야 피상속인의 부모가 상속을 하고, 피상속인이 부모도 없을 때 형제자매가, 형제자매도 없을 경우에 비로소 다른 4촌 이내 방계혈족들이 상속권을 가지게 된다는 의미이다.

이들 혈족상속인에는 당연히 법정혈족도 포함된다. 따라서 양자는 양부모의 1순위 상속인이 되는 것이다. 다만, 우리 민법상 입양에는 일반 입양과 친양자 입양의 두 종류가 있다. 일반 입양의 경우에는 입양이 되더라도 친생부모와의 친자관계가 유지되기 때문에 일반 양자의 경우에는 양부모와 친생부모 양쪽에 모두 1순위 상속인이 된다. 반면, 친양자 입양이 되면 입양되는 때부터 친생부모와의 관계가 단절되기 때문에 친양자의 경우에는 친생부모의 상속인은 될 수 없다. 한편, 민법상 형제자매에는 이복·이부 형제자매가 모두 포함된다. 따라서 부모 양쪽이 같은 친 형제자매나 이복·이부 형제자매는 상속에 있어 똑같이 취급된다.

【판례】 이성동복인 형제자매의 상속권

민법 제1000조 제1항 제3호 소정의 '피상속인의 형제자매'라 함은, 민법 개정시 친족의 범위에서 부계와 모계의 차별을 없애고, 상속의 순위나 상속분에 관하여도 남녀 간 또는 부계와 모계 간의 차별을 없앤 점 등에 비추어 볼 때, 부계 및 모계의 형제자매를 모두 포함하는 것으로 해석하는 것이 상당하다(대법원 1997.11.28. 선고 96다5421 판결).

혈족상속인 중에 동순위 상속인이 여럿이면 최근친이 선순위 상속인이 되고, 최근친인 동순위 상속인도 여럿이면 공동상속인이 된다(민법 제1000조 제2항). 가령 피상속인에게 자녀도 직계비속이지만 손자녀 역시 직계비속인 것이다. 그런데 자녀는 피상속인과 1촌 사이, 손자녀는 2촌 사이에 해당하므로 이런 경우에는 피상속인의 자녀만 상속권을 가질 수 있는 것이다. 또한 자녀가 여럿이라면 피상속인과 모두가 1촌 사이이므로 이들은 공동상속인이 된다.

배우자상속인

피상속인에게 배우자가 있을 경우 배우자는 직계비속이나 직계존속과 동순위로 공동상속인이 되고, 직계비속이나 직계존속이 없을 경우에는 단독상속인이 된다(민법 제1003조 제1항). 따라서 배우자상속인은 언제나 1순위 상속인이 되는 것이다. 다만, 여기에서 말하는 배우자는 당연히 법률혼 배우자, 즉 혼인신고를 한 배우자만을 뜻하는 것으로 사실혼 배우자는 포함되지 않는다. 사실혼과 법률혼의 가장 큰 차이가 사실혼 배우자에 대해서는 상속권이 인정되지 않는 것이다.

이상의 내용을 정리하면, 배우자가 있는 피상속인이 직계비속이 있으면 배우자와 직계비속이 공독상속인이 된다. 직계비속이 없는 피상속인이라면 배우자와 직계존속이 공동상속인이 되는 것이다. 만약 피상속인이 직계비속과 직계존속이 모두 없다면 배우자가 단독상속인이 된다. 피상속인의 형제자매나 4촌 이내의 방계혈족이 상속인이 되기 위해서는 피상속인의 직계비속, 직계존속이 모두 없고, 배우자도 없는 경우에만 가능하다. 직계존·비속이 없더라도 배우자가 있으면 피상속인의 형제자매나 4촌 이내의 방계혈족은 상속인이 될 수 없다.

✚ 혼인의 무효·취소와 배우자의 상속권

혼인기간 중에 배우자가 사망하면, 생존한 배우자에 대해서는 상속권이 발생한다. 그런데 이후 혼인이 무효가 되거나 취소되면 배우자는 상속권을 유지할 수 있을 것인가. 혼인 무효에 대해서는 소급효가 인정되기 때문에 처음부터 혼인하지 않은 것과 같은 상태가 된다. 상속권은 배우자라는 신분적 지위로 인해 인정되는 것이므로 배우자가 사망하고 난 뒤 혼인이 무효가 되면 일단 발생했던 상속권도 소멸하게 된다. 반면, 혼인 취소에 대해서는 소급효를 인정하지 않는다(민법 제824조). 혼인이 취소됐을 경우에는 혼인 당시로 돌아가는 것이 아니라, 취소한 날부터 혼인관계가 종료되는 것이다. 따라서 취소하기 전까지 혼인의 효과가 그대로 유지되는 것이므로 혼인을 취소하더라도 생존한 배우자는 상속권을 유지하게 된다.

03

상속인을 대신하다_대습상속

피대습상속인과 대습상속인

대습상속은 앞으로 상속인이 될 직계비속이나 형제자매가 사망하거나 결격자가 된 경우에 그 직계비속이 대신해서 자기 부모의 권리를 이어 받는 것이다(민법 제1001조). 여기에서 사망하거나 결격자가 된 사람, 즉 사망하거나 결격되지 않았다면 장차 상속인이 될 사람을 피대습상속인이라 하고, 이를 대신해서 상속인이 되는 사람을 대습상속인이라 한다. 피대습상속인이 배우자가 있는 경우에는 직계비속인 대습상속인과 공동상속인이 되고, 피대습상속인이 직계비속이 없을 때에는 피대습상속인의 배우자가 단독상속인이 된다(민법 제1003조 제2항). 즉 대습상속인은 본인은 법정 상속순위에서 밀리는데, 자기의 부모 또는 배우자의 권리를 이어 받아 그를 대신해서 상속자격을 가지는 사람이다.

대습상속의 의의

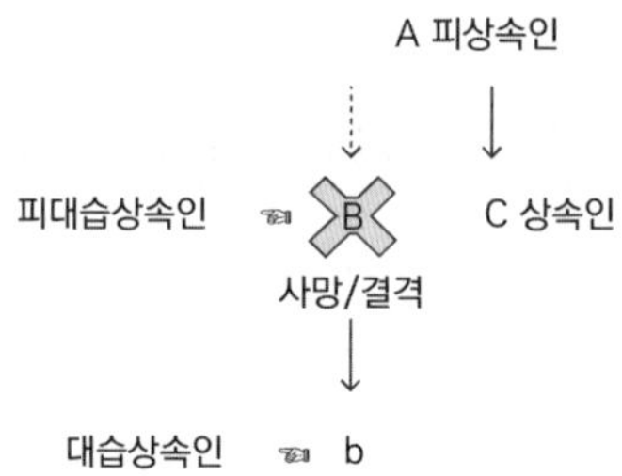

그림 3-1 대습상속

나이 순서대로 사망했다면, A가 사망했을 때 A의 자녀인 B와 C가 공동상속인이 된다. 그런데 A보다 B가 먼저 사망하는 경우가 있을 수 있는데, B의 자녀인 b는 B만 생존해 있었다면, B가 우선 상속한 피상속인 A의 상속재산을 받을 수 있었을 것이다. 그래서 이 b의 상속기대권을 보호하기 위해서 만들어진 제도가 대습상속제도이다. B가 배우자가 있는 경우도 다르지 않다. B의 배우자는 b가 없으면 단독상속인이 되고 b가 있으면 공동상속인이 된다. 그러므로 A와 B가 순차적으로 사망했다면 B의 배우자 역시 B가 일단 상속한 A의 재산을 받을 수 있었던 사람이다. 그래서 B가 A보다 먼저 사망했을 때 상속인이 되었을 B를 대신해서 그 배우자가 상속할 수 있도록 하고 있다.

대습상속의 요건

대습상속이 이루어지기 위해서는 상속개시 전에 상속인이 되어야 할 사람이 먼저 사망하거나 결격자가 되어야 한다. 만약에 상속이 개시되고 나서 상속인이 사망하면 대습상속인이 될 사람은 대습상속을 하는 것이 아니라, 사망한 상속인이 상속한 피상속인의 재산을 다시 상속하게 되는 것이다. 다만, 상속인이 될 직계비속이 상속개시와 동시에 사망한 것으로 추정되는 경우에는 대습상속이 인정된다(대법원 2001.3.9. 선고 99다13157 판결).

또한 피대습상속인은 피상속인의 직계비속인 상속인이나 형제자매인 상속인이어야 한다. 즉, 피상속인의 원래 상속인 중에서 직계비속인 사람과 형제자매인 사람만 피대습상속인이 될 수 있다. 상속인이 될 사람이지만 직계존속이나 다른 방계혈족의 경우에는 피대습상속인이 될 수 없다. 따라서 이들의 직계비속이나 배우자는 대습상속을 할 수 없는 것이다.

✚ 피대습상속인이 될 수 없는 자

- 직계존속: 피상속인의 부모(직계존속)가 상속개시 전에 사망-결격된 경우, 피상속인의 부모(상속인)의 배우자나 자녀는 대습상속 불가
- 방계혈족: 형제자매를 제외한 피상속인의 삼촌, 조카 등 상속인은 상속개시 전에 사망-결격된 경우라도 그 배우자나 자녀는 대습상속 불가
- 배우자: 피상속인의 배우자(상속인)가 상속개시 전에 사망-결격된 경우, 그 배우자의 자녀는 대습상속 불가

대습상속의 효과

대습상속의 요건이 갖추어지면 대습상속인은 피대습상속인의 상속분을 받게 된다(민법 제1010조 제1항). 만약 대습상속인이 여럿이면 피대습상속인 상속분의 한도에서 법정상속분에 따라 그들 사이 상속분이 정해진다(민법 제1010조 제2항).

재대습상속

재대습상속은 상속이 개시되기 전에 대습상속인에 대해서 또 다시 대습원인이 발생한 경우에 문제가 되는 것이다. 원래의 대습상속인이 다시 피대습상속인이 되어 대습상속을 하는 것이 재대습상속이다. 예를 들어, 할아버지가 사망했을 때 아버지가 이미 사망한 경우에는 그 자녀가 아버지를 대신해서 대습상속을 한다. 그런데 할아버지가 사망하기 전에 그 손자녀도 이미 사망한 상태이고, 이와 같은 때에 만약 이 손자녀에게 직계비속이나 배우자가 있다면 이들이 이 손자녀를 또 다시 대신해서 대습상속을 하게 되는데, 이를 재대습상속이라 한다.

재대습상속은 언제나 가능한 것은 아니며, 대습상속인이 될 사람이 피대습상속인의 요건을 동시에 갖추었을 때에만 인정될 수 있다. 피대습상속인은 원래 피상속인의 상속인이 될 사람으로 피상속인과 대습상속인을 연결하는 중간자 역할을 한다. 이러한 피대습상속인은 피상속인의 직계비속이나 형제자매여야 한다. 따라서 배우자는 대습상속인은 될 수 있지만 피대습상속인이 될 수는 없다. 그러므로 대습상속인이 피대습상속인의 배우자인 경우에는 재대습상속이 가능하지 않은 것이다.

04

누가 얼마나 상속하는가_상속분

법정상속분

상속분은 피상속인의 상속재산 중에서 실제 상속인이 가져가는 비율을 의미한다. 단독상속의 경우에는 상속인이 상속재산 전체를 승계하게 되므로 상속분을 고려할 필요가 없다. 상속분은 피상속인의 자녀가 여러 명이거나 자녀와 배우자가 있는 등 상속인이 여럿일 때, 즉 공동상속에서만 문제가 되는 것이다.

법정상속분은 표현 그대로 민법에 정해져 있는 상속분을 말한다. 우리나라에서는 유언을 하는 경우가 많지 않기 때문에 보통은 법정상속분에 따라 상속비율이 정해지게 된다. 동순위의 혈족상속인이 여러 명 있을 때 그 상속분은 완전 균분주의가 원칙이다(민법 제1009조 제1항). 예를 들어 피상속인에게 자녀만 3명이 있다면, 이들이 피상속인의 상속재산을 똑같이 1/3씩 상속하게 되는 것이다. 배우자상속인의 경우에는 다른 혈족상속인(직계비속 또는 직계존속)의 상속분에 5할을 가산한다(민법 제1009조 제2항). 가령 피상속인이 배우자와 두 명의 자녀가 있는 경우에는 두 명의 자녀와 배우자는 각각 1:1:1.5의 비율로 상속하게 되는 것이다. 배우자상속인이 있는 경우 형제자매나 다른 방계혈족의 상속분은 고려할 필요가 없다. 배우자상속인이 있는 한 형제자매나 4촌 이내의 방계혈족은 상속인이 될 수 없기 때문이다.

대습상속인의 상속분

사망 또는 결격된 자에 갈음하여 상속인이 된 자의 상속분(대습상속인의 상속분)은 피대습상속인(사망 또는 결격된 자)의 상속분에 의한다(민법 제1010조 제1항). 즉, 대습상속인의 상속분은 피대습상속인의 상속분과 동일한 것이다. 대습상속인이 여러 명인 경우 이들의 상속분은 피대습상속인의 상속분의 한도에서 법정상속분에 따라 상속하게 된다. 피대습상속인의 상속분이 대습상속인들의 상속재산 총액이 되는 것이고, 이 상속재산에서 혈족은 균분 상속을 하고, 배우자는 혈족상속인의 상속분에 5할을 가산하는 것이다(민법 제1010조 제2항).

✚ 대습상속 vs 본위상속

> 피상속인의 자녀들이 모두 사망한 경우, 손자녀의 상속권의 성질?
> 피상속인의 자녀가 상속개시 전에 전부 사망한 경우, 피상속인의 손자녀는 본위상속이 아니라 대습상속을 한다(대법원 2001.3.9. 선고 99다13157 판결).
>
> 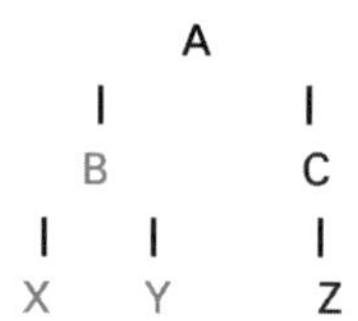
>
>
> ○ 본위상속일 경우
> ☞ X, Y, Z 가 각각 1/3씩 균분 상속
> ○ 대습상속인 경우(판례)
> ☞ ① B, C가 각각 1/2씩 균분 상속
> ② X, Y는 B의 상속분을 1/2씩 균분상속, Z는 C의 상속분을 상속

공동상속인 중에 특별수익자가 있는 경우

특별수익자는 피상속인으로부터 증여나 유증을 받은 자를 의미한다. 그리고 공동상속인 중에 특별수익자가 포함되어 있으면, 그 수증재산이 본인의 상속분에 달하지 못한 때에 그 부족한 부분의 한도에서 상속분이 있다(민법 제1008조). 그 수증재산은 '상속분의 선급'에 해당하는 것으로 특별수익자는 수증재산이 본인의 상속분보다 적을 때에만 실제 취할 수 있는 상속재산이 발생하게 된다.

공동상속인 중에 특별수익자가 있는 경우에는 피상속인의 상속재산에 특별수익자의 수증재산을 합산한 총액이 공동상속인의 전체 상속재산이 된다. 예를 들어, 자녀가 두 명인 피상속인의 사망시점에 존재하는 재산가액이 1억 원인데, 생전에 자녀 중 1명에 대해 1억 원을 증여했다면, 상속분을 산정하기 위한 전체 상속재산 총액은 1억 원이 아니라 이미 증여한 1억 원을 가산한 2억 원이 된다. 그리고 이들은 균분 상속을 하므로 각각에 1억 원이 분배되어야 하는데, 특별수익자는 본인의 상속분인 1억 원을 증여를 통해 이미 취득한 것이므로, 다른 자녀에게만 1억 원이 분배되는 것이다.

피상속인으로부터 받은 모든 증여가 특별수익에 해당하는 것은 아니다. 통상의 부양료를 넘는 특별한 증여가 특별수익에 해당하는 것이며, 어떠한 증여가 특별수익에 해당하는지는 피상속인의 생전의 자산, 수입, 생활수준, 가정상황 등을 참작하고 공동상속인들 사이의 형평을 고려하여 당해 생전 증여가 장차 상속인으로 될 자에게 돌아갈 상속재산 중의 그의 몫의 일부를 미리 주는 것이라고 볼 수 있는지에 의하여 결정되는 것이다(대법원 1998.12.8. 선고 97므513, 520, 97스12 판결). 반면, 유증은 목적을 불문하고 특별수익으로서 구체적 상속분을 산정할 때 고려된다.

공동상속인 중에 특별기여자가 있는 경우

공동상속인 중에 상당한 기간 동거 · 간호 그 밖의 방법으로 피상속인을 특별히 부양하거나 피상속인의 재산의 유지 또는 증가에 특별히 기여한 자(특별기여자)가 있을 때에는 상속재산에서 그 기여에 대한 일정한 보상을 받을 수 있다. 이와 같은 기여분을 인정받기 위해서는 첫째, 행위자가 공동상속인이어야 하고, 둘째, 기여의 정도가 통상의 기여를 초과하는 특별한 기여이어야 하며, 셋째, 무상으로 행하여야 하고, 넷째, 피상속인이 사망하기 이전에 기여행위를 하여야 한다. 유의할 것은 부양적 기여에 관한 것인데, 피상속인과 상속인 사이에는 민법상 부양의무가 존재할 수 있다. 이와 같은 경우에는 통상 예견되는 부양의무의 범위를 넘는 '특별한 부양'에 해당되어야 기여분이 인정된다는 것이다.

【판례】 배우자의 '특별한 부양'

배우자가 장기간 피상속인과 동거하면서 피상속인을 간호한 경우, 배우자의 동거 · 간호가 부부 사이의 제1차적 부양의무 이행을 넘어서 '특별한 부양'에 이르는지 여부와 더불어 동거 · 간호의 시기와 방법 및 정도뿐 아니라 동거 · 간호에 따른 부양비용의 부담주체, 상속재산의 규모와 배우자에 대한 특별수익액, 다른 공동상속인의 숫자와 배우자의 법정상속분 등 일체의 사정을 고려하여야 하고, 배우자의 장기간 동거 · 간호에 따른 무형의 기여행위를 기여분을 인정하는 요소 중 하나로 적극적으로 고려할 수 있다. 그러나 장기간의 동거 · 간호만을 이유로 배우자에게 기여분을 인정하는 것은 제1차적 부양의무인 부부간 상호부양의무를 정한 민법 규정의 취지에 반하므로, 장기간의 동거 · 간호만을 이유로 배우자에게 기여분을 인정할 수 없다(대법원 2019.11.21. 선고 2014스44 전원합의체 판결).

【판례】 성년자녀의 '특별한 부양'

성년인 자가 부양의무의 존부나 그 순위에 구애됨이 없이 스스로 장기간 그 부모와 동거하면서 생계유지의 수준을 넘는 부양자 자신과 같은 생활수준을 유지하는 부양을 한 경우에는 부양의 시기 · 방법 및 정도의 면에서 각기 특별한 부양이 된다고 보아 각 공동상속인 간의 공평을 도모한다는 측면에서 그 부모의 상속재산에 대하여 기여분을 인정함이 상당하다(대법원 1998.12.8. 선고 97므513, 520, 97스12 판결).

기여분은 상속인의 노력을 평가하는 것인바, 명확한 액수가 정해져 있는 것은 아니므로 이를 금액으로 환산하는 과정이 필요하다. 기여분은 우선 공동상속인들이 협의로 결정하는데, 만약 다른 공동상속인들이 특별기여자를 인정하지 않거나 기여분에 대해 협의가 되지 않을 때에는 특별기여자가 가정법원에 청구하여 기여분을 인정받을 수 있다(민법 제1008조의2 제2항). 다만, 기여분은 상속이 개시된 때의 피상속인의 재산가액에서 유증의 가액을 공제한 액을 넘지 못한다(민법 제1008조의2 제3항). 유증이 기여분보다는 우선한다는 것이다. 그러므로 기여분은 상속재산에서 유증액을 우선 확보하고, 그 남은 범위에서 산정하여야 한다.

특별기여자의 기여분이 인정된 경우에는 피상속인의 상속재산에서 기여분을 먼저 공제하고, 남은 부분이 공동상속인의 상속분 산정을 위한 상속재산 총액이 된다. 그리고 법정 상속분에 따라 공동상속인의 상속분을 산정한 후, 특별기여자는 본인의 상속분에 기여분을 가산한다. 예를 들어, 상속개시 시점에 피상속인의 상속재산이 1억 원이고, 자녀만 둘이라면 두 명의 자녀는 각각 5천만 원씩을 분배받게 될 것이다. 그런데 이 가운데 특별기여자가 있다면, 상속분이 달라지게 된다. 만약 특별기여자의 기여분이 5천만 원으로 결정되었다면, 피상속인의 상속재산 총액인 1억 원에서 우선 기여분에 해당하는 5천만 원을 공제하고 남은 재산이 실제 상속분을 계산하는 상속재산 총액이 된다. 공동상속인인 자녀는 이를 균분상속하므로 1:1의 비율로 나누어 2천 5백만 원씩으로 나누고, 여기에 특별기여자는 기여분 5천 만 원을 가산하여 결과적으로 7천 5백만 원을 상속하게 된다.

05

상속하지 않을 자유

상속의 승인과 포기

상속의 승인은 상속인이 상속을 받아들이는 것이고, 포기는 상속 자체를 거부한다는 의사표시이다. 상속의 승인·포기는 상속인의 입장에서 상속을 받아들일 것인지 아니면, 포기할 건지 선택할 기회를 주는 것이므로 사실상 상속인의 상속할 자유 또는 상속을 거절할 자유를 제도적으로 보장하는 방법이라 할 수 있다.

단순승인

상속을 승인할 때는 전면적으로 승인할 수도 있지만 일부만 할 수도 있는데, 전면적으로 승인하는 것을 단순승인이라 한다. 민법 제1025조는 '상속인이 단순승인을 한 때에는 제한없이 피상속인의 권리의무를 승계한다'라고 규정하는바, 단순승인을 하면 재산이든 빚이든 상속인이 전부 가져가게 된다. 따라서 피상속인이 채무가 더 많은 경우라면 상속인은 본인의 고유재산으로라도 피상속인의 채무를 변제하여야 한다.

한정승인

표현 그대로 한정해서 상속하는 것을 한정승인이라고 하는데, 여러 상속재산 중에서 어떤 부분만 선택해서 상속한다는 의미는 아니다. 한정승인의 효과에 대해 민법은 '상속인은 상속으로 인하여 취득할 재산의 한도에서 피상속인의 채무와 유증을 변제할 것을 조건으로 상속을 승인할 수 있다'라고 규정하는바(민법 제1028조), 상속은 하되 피상속인이 남긴 적극재산의 범위에서만 상속채무를 변제할 책임이 발생하는 것이다.

상속포기

상속포기는 피상속인의 적극재산과 채무 모두를 받지 않는 것으로 단독상속인이 상속포기를 하면, 후순위 상속인이 상속인이 된다. 공동상속의 경우 어느 상속인이 상속포기를 하면, 그 상속분은 다른 상속인의 상속분의 비율로 그 상속인에게 귀속된다(민법 제1043조).

승인 · 포기의 방법과 기간

승인 · 포기는 요식행위이다. 정해진 기간 동안 법원에 신고하는 방식으로 하여야 되는데, 한정승인을 하거나 상속포기를 할 때만 신고가 필요하다. 상속인이 한정승인을 할 때에는 제1019조 제1항 · 제3항 또는 제4항의 기간 내에 상속재산의 목록을 첨부하여 법원에 한정승인의 신고를 하여야 한다(민법 제1030조 제1항). 상속인이 상속을 포기할 때에는 제1019조 제1항의 기간 내에 가정법원에 포기의 신고를 하여야 한다(민법 제1041조). 그리고 상속인은 상속개시 있음을 안 날로부터 3개월 내에 승인 또는 포기를 하여야 한다(민법 제1019조 제1항). 여기에서 상속개시 있음을 안 날이란 피상속인이 사망했다는 사실을 알고 그로 인해 본인이 피상속인의 상속인이 되었다는 사실까지 전부 알게 된 날을 말한다(대법원 2005.7.22. 선고 2003다43681 판결).

단순승인에 대해서는 사실 특별히 정해진 방법이 없다. 다만, 민법은 상속인이 어떠한 명시적인 의사표시를 하지 않더라도 다음과 같은 행위를 하면 단순승인을 한 것으로 간주한다.

✚ 법정 단순승인(민법 제1026조)

> 1. 상속인이 상속재산에 대한 처분행위를 한 때
> 2. 상속인이 제1019조 제1항의 기간 내에 한정승인 또는 포기를 하지 아니한 때
> 3. 상속인이 한정승인 또는 포기를 한 후에 상속재산을 은닉하거나 부정소비하거나 고의로 재산목록에 기입하지 아니한 때

특별한정승인

상속인이 상속채무가 상속재산을 초과하는 사실을 중대한 과실 없이 민법 제1019조가 규정하는 승인·포기의 기간(상속개시 있음을 안 날로부터 3개월) 내에 알지 못하고 단순승인한 경우에는 다시 그 사실을 안 날부터 3개월 내에 한정승인을 할 수 있고 이를 '특별한정승인'이라 한다. 이는 민법 제1026조에 따라 상속인이 상속재산에 대한 처분행위를 한 때, 상속인이 승인·포기의 기간 내에 한정승인 또는 포기를 하지 아니함으로써 단순승인으로 의제된 경우에도 같다(민법 제1019조 제3항). 특별한정승인제도는 상속인에게 피상속인의 상속채무로부터 벗어날 수 있는 기회를 한 번 더 주는 것이다.

상속채무가 상속재산을 초과하는 사실을 중대한 과실로 알지 못한다 함은 '상속인이 조금만 주의를 기울였다면 상속채무가 상속재산을 초과한다는 사실을 알 수 있었음에도 이를 게을리함으로써 그러한 사실을 알지 못한 것'을 의미한다(대법원 2010.6.10. 선고 2010다7904 판결). 그리고

이를 중대한 과실 없이 승인·포기의 기간 내에 알지 못하였다는 사실에 대한 증명책임은 상속인에게 있다(대법원 2003.9.26. 선고 2003다30517 판결).

한편, 미성년자인 상속인이 상속채무가 상속재산을 초과하는 상속을 성년이 되기 전에 단순승인한 경우에는 성년이 된 후 상속채무 초과사실을 안 날부터 3개월 내에 한정승인을 할 수 있고, 미성년자인 상속인이 민법 제1019조 제3항에 따른 특별한정승인을 하지 않았거나 할 수 없었던 경우에도 같다(민법 제1019조 제4항).

06

내 재산은 내 마음대로_유언의 자유

유언의 자유와 유언 법정주의

유언은 사람이 살아있을 때 남기는 마지막 의사표시로, 유언자의 최종적인 의사에 법적인 효과를 부여해서 사후에도 그 의사가 실현될 수 있게 하는 것이다. 다만, 유언을 한다고 하더라도 유언자의 의사가 언제나 관철되는 것은 아니다. 법에 정해져 있는 방식을 따르지 않으면 유언은 소용없는 일이 된다. 민법은 '유언은 본법의 정한 방식에 의하지 아니하면 효력이 발생하지 아니한다'라고 규정하는데(민법 제1060조), 이를 유언 법정주의라 한다. 유언제도의 본래 취지는 유언자의 최종적인 의사를 존중한다는 것인데, 그럼에도 불구하고 법정된 요건과 방식에 어긋나는 유언은 그것이 유언자의 진정한 의사에 합치되더라도 무효가 된다(대법원 2009.5.14. 선고 2009다9768 판결). 유언은 유언자의 사후에 효력을 발생하는 것이므로 사실상 유언자의 진의를 확인하기 어려운 탓이다. 엄격한 요건들이 있어야 유언자의 의사가 보호될 수 있는 것이다. 우리 민법은 '유언의 방식은 자필증서, 녹음, 공정증서, 비밀증서와 구수증서의 5

종으로 한다'라고 규정하고 있으며(민법 제1065조), 이 밖에도 유언적령, 증인능력, 유언할 수 있는 사항 등을 법으로 정해 두고 있다.

✚ 법정 유언사항

- 재단법인의 설립(민법 제47조 제2항)
- 친생부인(민법 제850조)
- 인지(민법 제859조)
- 미성년후견인의 지정(민법 제931조 제1항)
- 미성년후견감독인의 지정(민법 제940조의2)
- 상속재산 분할방법의 지정 또는 위탁, 분할금지(민법 제1012조)
- 유증(민법 제1074조)
- 유언집행자의 지정 또는 위탁(민법 제1093조)
- 신탁의 설정(신탁법 제3조)

자필증서에 의한 유언

자필증서에 의한 유언은 유언자가 전문과 연월일, 주소, 성명을 자서하고 날인하여야 한다(민법 제1066조 제1항). 자필증서에 의한 유언을 수정하고자 하는 경우, 즉 유언서에 문자의 삽입, 삭제 또는 변경을 함에는 유언자가 이를 자서하고 날인하여야 한다(민법 제1066조 제2항). 자필증서에 의한 유언은 증인이 필요 없는 유일한 형식이다.

자필증서에 의한 유언이므로 반드시 자서하여야 하고, 전문을 자서하는 것이 원칙이다. 컴퓨터를 이용해서 타이핑을 하거나 다른 사람이 대필하고 유언자가 확인하는 도장만 찍었다면 유효한 유언으로 인정되지 않는다. 연월일도 표시하여야 하는데, 연월일은 유언 당시 유언자의 유언능력을 판단하는 기준이 되고, 유언이 여러 개 있을 때에는 그 선후관계를 파악해서 유언의 효력을 결정하는 기준시점이 되기 때문에 연월일도 반드시 포함하여야 한다. 날짜를 분명하게 기재하지 않더라도 '환갑을 맞이하여' 또는 '30주년 결혼기념일을 맞이하여'와 같은 표현을 통해서 날짜가 특정될 수 있으면 유효한 것으로 본다.

【판례】 '일'의 기재가 없는 유언의 효력

민법 제1066조 제1항은 "자필증서에 의한 유언은 유언자가 그 전문과 연월일, 주소, 성명을 자서하고 날인하여야 한다"고 규정하고 있으므로, 연월일의 기재가 없는 자필유언증서는 효력이 없다. 그리고 자필유언증서의 연월일은 이를 작성한 날로서 유언능력의 유무를 판단하거나 다른 유언증서와 사이에 유언 성립의 선후를 결정하는 기준일이 되므로 그 작성일을 특정할 수 있게 기재하여야 한다. 따라서 연 · 월만 기재하고 일의 기재가 없는 자필유언증서는 그 작성일을 특정할 수 없으므로 효력이 없다(대법원 2009.5.14. 선고 2009다9768 판결).

주소 및 성명도 필수적인 기재사항이다. 주소는 반드시 주민등록법에 의하여 등록된 주소일 필요는 없으나 민법 제18조가 정한 생활의 근거되는 곳으로 다른 장소와 구별되는 정도의 표시를 갖추어야 한다(대법원 2014.9.26. 선고 2012다71688 판결). 성명의 경우 반드시 신분증에 있는 성과 이름을 적지 않더라도 유언자를 식별할 수 있는 명칭이면 충분한 것으로 본다. 이와 같은 방식으로 주소 및 성명을 적고 날인까지 하여야 적법한 유언이 되는데, 인장을 찍어도 되나 무인(지장)을 하더라도 무방하다.

녹음에 의한 유언

녹음에 의한 유언은 녹음기를 사용하여 유언자가 유언의 취지, 그 성명과 연월일을 구술하고 이에 참여한 증인이 유언의 정확함과 그 성명을 구술하면 성립한다(민법 제1067조). 따라서 유언자 본인뿐만 아니라 증인도 유언에 참여하여야 한다.

공정증서에 의한 유언

공정증서에 의한 유언은 유언자가 증인 2인이 참여한 공증인의 면전에서 유언의 취지를 말로 설명하고 공증인이 이를 필기낭독하여 유언자와 증인이 그 정확함을 승인한 후 각자 서명 또는 기명날인하는 방식이다(민법 제1068조). 공정증서에 의한 유언은 유언자 본인이 유언서를 작성할 필요가 없고, 유언에 공증인이 참여하기 때문에 분쟁의 소지가 제일 적다. 유언이 존재한다는 사실도 명확히 할 수 있다는 장점이 있다.

비밀증서에 의한 유언

비밀증서에 의한 유언은 유언자가 유언의 취지와 필자의 성명을 기입한 증서를 엄봉하여 날인하고, 이를 2인 이상 증인의 면전에 제출하여 본인의 유언서임을 표시한 뒤 그 봉서 표면에 제출 연월일을 기재하고 유언자 및 증인이 각자 서명하거나 기명날인하는 방식이다(민법 제1069조 제1항). 비밀증서로 유언을 하게 되면 유언봉서는 그 표면에 기재된 날로부터 5일 내에 공증인 또는 법원서기에게 제출하여 그 봉인상에 확정일자인을 받아야 한다(민법 제1069조 제2항). 비밀증서에 의한 유언은 유언이 존재한다는 사실은 명확히 하되 그 내용은 비밀로 하고 싶을 경우에 유용한데, 증인 역시 유언의 내용을 확인하는 것이 아니라 봉서 안에 든 유언이 유언자의 유언이라는 사실만 확인하기 때문이다.

유언서 전문을 작성하는 방식에 대해서는 제한이 없으므로 자서해도 되지만 타이핑을 하거나 대필을 해도 무방하다. 다만, 비밀증서에 의한 유언이 그 방식에 흠결이 있는 경우에 그 증서가 자필증서의 방식에 적합한 때에는 자필증서에 의한 유언으로 간주하는데(민법 제1071조), 이는 유언서를 자서한 경우만 가능하다. 유언서를 자서했다는 전제에서 증인과 확정일자를 받는다는 것만 빼면 자필증서에 의한 유언과 거의 비슷하기 때문이다. 증인이 1인밖에 없었다거나 확정일자를 받지 않아 비밀증서에 의한 유언은 성립하지 않으나 자필증서에 의한 유언의 요건은 충족한다면 유언의 효력이 인정될 수 있다.

구수증서에 의한 유언

구수증서에 의한 유언은 유언자가 두 사람 이상의 증인이 참여한 가운데 그중 한 사람에게 유언의 취지를 구수하면, 그 구수를 받은 자가 이를 필기낭독하여 유언자의 증인이 그 정확함을 승인하고 각자 서명 또는 기명날인함으로써 성립한다(민법 제1070조 제1항). 구수증서에 의한 유언은 공정증서에 의한 유언과 비슷한데, 공증인의 역할을 증인 중 한명이 대신하는 것이고 유언서를 작성하는 과정 자체는 큰 차이가 없다. 다만, 구수증서에 의한 유언은 질병 기타 급박한 사유로 인해 자필증서 · 녹음 · 공정증서 · 비밀증서의 방식에 의한 유언을 할 수 없는 경우에만 허용되는 방식이다.

구수증서에 의한 유언은 그 증인 또는 이해관계인이 급박한 사유가 종료한 날로부터 7일 내에 법원에 그 검인을 신청하여야 한다(민법 제1070조 제2항). 검인은 유언이 유언자의 진의에서 나온 것임을 확정하는 절차이다.

【판례】 구수증서에 의한 유언의 허용

민법 제1065조 내지 제1070조가 유언의 방식을 엄격하게 규정한 것은 유언자의 진의를 명확히 하고 그로 인한 법적 분쟁과 혼란을 예방하기 위한 것이므로, 법정된 요건과 방식에 어긋난 유언은 그것이 유언자의 진정한 의사에 합치하더라도 무효라고 하지 않을 수 없는바, 민법 제1070조 제1항이 구수증서에 의한 유언은 질병 기타 급박한 사유로 인하여 민법 제1066조 내지 제1069조 소정의 자필증서, 녹음, 공정증서 및 비밀증서의 방식에 의하여 할 수 없는 경우에 허용되는 것으로 규정하고 있는 이상, 유언자가 질병 기타 급박한 사유에 있는지 여부를 판단함에 있어서는 유언자의 진의를 존중하기 위하여 유언자의 주관적 입장을 고려할 필요가 있을지 모르지만, 자필증서, 녹음, 공정증서 및 비밀증서의 방식에 의한 유언이 객관적으로 가능한 경우까지 구수증서에 의한 유언을 허용하여야 하는 것은 아니다(대법원 1999.9.3. 선고 98다17800 판결).

07

유족에게 보장된 몫_유류분

유류분제도의 의의

재산의 소유자는 유언을 통해서 원하는 대로 재산을 처분할 수 있지만 유언의 자유에는 일정한 한계가 있다. 상속인에게 보장되는 유류분 때문인데, 유류분은 피상속인의 유언으로도 침해할 수 없는 일정한 범위의 상속인에게 보장된 최소한의 상속분을 말하는 것이다. 또한 유류분제도는 피상속인의 재산처분행위로부터 유족의 생존권을 보호하고, 법정상속분의 일정 비율에 상당하는 부분을 유류분으로 산정하여 상속재산형성에 대한 기여, 상속재산에 대한 기대를 보장하려는 데에 그 취지가 있는바, 피상속인을 위한 제도가 아니라 상속인을 위한 제도이다. 피상속인의 재산처분의 자유를 제한한다는 점에서 위헌의 소지도 있는데, 이에 상속재산형성에 대한 기여나 상속재산에 대한 기대 등이 거의 인정되지 않는 피상속인의 형제자매에게까지 유류분을 인정하는 민법 제1112조 제4호는 헌법재판소의 위헌 결정으로 효력을 상실하였고(헌재 2024.4.24. 2020헌가4 등) 2024.9.20. 민법 개정으로 삭제되었다.

유류분권리자와 유류분

현행법상 유류분 권리자는 피상속인의 직계비속, 배우자 및 직계존속이다. 유류분권은 상속인의 권능인바, 상속결격자나 상속포기자는 이미 상속인이 아니므로 유류분권도 당연히 상실하게 된다. 후순위 상속인 역시 상속인이 아니므로 유류분이 인정될 여지가 없다. 가령 직계존속도 유류분권은 있지만 이는 피상속인의 직계비속이라는 선순위 상속인이 없을 경우에만 주장할 수 있는 것이다. 또한 유류분권자마다 법적으로 보장되는 최소한의 권리가 다른데, 그 내용은 다음과 같다.

✚ 유류분권리자별 유류분(민법 제1112조)

1. 피상속인의 직계비속은 그 법정상속분의 2분의 1
2. 피상속인의 배우자는 그 법정상속분의 2분의 1
3. 피상속인의 직계존속은 그 법정상속분의 3분의 1

패륜적인 상속인의 유류분을 인정하는 것은 일반 국민의 법감정과 상식에 반한다고 할 것인바, 유류분 상실사유를 별도로 규정함 없이 유류분권리자 및 유류분을 획일적으로 규정한 것은 불합리하다는 이유로 피상속인의 직계존·비속 및 배우자에 대한 유류분을 정한 민법 제1112조 제1호 내지 제3호에 대해서는 입법자의 개선입법이 있을 때까지 계속 적용을 명하는 헌법불합치 결정이 있었다(헌재 2024.4.24. 2020헌가4 등). 따라서 입법자는 가능한 빠른 시일 내에 개선입법을 하여야 할 의무가 있고, 2025.12.31.까지 개선입법이 이루어지지 않으면 그 다음날부터 위 조항들은 효력을 상실하게 된다.

유류분의 산정

유류분 산정의 기초가 되는 재산은 피상속인이 상속개시 시에 가진

재산에 증여재산의 가액을 가산하고 채무를 공제하는 방법으로 산정한다(민법 제1113조 제1항). 이때 가산되는 증여는 상속개시 전의 1년 동안 행한 것에 한하지만 당사자 쌍방이 유류분권리자에 손해를 가할 것을 알고 증여를 한 때에는 1년 전에 한 것도 가산한다(민법 제1114조). 그리고 이와 같은 방식으로 산정한 유류분 산정의 기초가 되는 재산에 유류분권자의 유류분율을 곱하여 유류분액을 계산한다. 예를 들어 단독상속인인 경우에는 상속재산 전체가 상속분이 되는 것이므로, 자녀나 배우자라면 상속재산의 절반을 유류분으로 보장받는다. 직계존속이 단독상속인인 경우에는 상속재산의 1/3만큼을 유류분으로 확보할 수 있다. 공동상속인들은 공동상속인의 수나 배우자 유무에 따라 상속분이 달라지게 되므로 실제 유류분 비율도 공동상속인의 상황에 따라서 달라질 수밖에 없다. 가령 피상속인이 자녀만 3명 있는 사람이면, 공동상속인인 자녀들은 상속재산에 대해서 각각 1/3씩 상속분이 인정되고, 그 상속분에 절반만큼이 본인의 유류분이 되는 것이므로 법정 상속비율인 1/3에 유류분율 1/2을 곱하여 계산한다. 이에 따라 실제 상속재산의 1/6이 본인의 유류분 비율이 되는바, 상속재산이 6억 원이라면, 법정상속분은 2억 원이고 유류분액은 1억 원이 되는 것이다.

유류분반환청구권

유류분권리자가 피상속인의 증여 및 유증으로 인하여 그 유류분에 부족이 생긴 때에는 부족한 한도에서 수증자에 대해 그 재산의 반환을 청구할 수 있다(민법 제1115조 제1항). 증여에 대해서는 유증을 반환받은 후가 아니면 반환을 청구하지 못한다(민법 제1116조). 즉, 증여와 유증이 병존할 때에는 먼저 유증에 대해 반환을 청구하고, 부족한 부분이 있으면 증여에 대해 반환을 청구하여야 하는 것이다. 유류분반환청구권은 유류분권리자가 상속의 개시와 반환하여야 할 증여 또는 유증을 한 사실을 안 때로부터 1년 내에 하지 아니하면 시효에 의하여 소멸하고, 상속이 개시한 때로부터 10년을 경과한 때도 같다(민법 제1117조).

제 4 부

친족

01

가족임을 증명하다_가족관계등록제도

사회적 가족과 법적 가족

가족이라고 하면 보통 같은 공간에서 생활하면서 밥도 같이 먹고, 아플 때 서로 돌봐주기도 하고, 억울한 일이 생기면 대신 싸워주는, 즉 일상생활을 함께 하는 사람들이다. 그러나 이처럼 공동생활을 한다는 것만으로는 우리나라 법에서 가족으로 인정될 수 없다. 가족으로서 권리를 주장하고 실질적인 법의 보호를 받기 위해서는 법률상 가족관계를 성립시켜야 한다. 자녀가 태어나면 출생신고를 하여야 부모로서 무언가를 할 수 있게 되고, 또 남녀는 혼인을 하여야 배우자로서 법의 보호를 받는다. 이것이 법률상 가족관계의 중요성이다.

가족관계등록제도의 의의

가족관계등록제도는 친족법상의 지위가 타인에게 미치는 영향을 고려하여 이를 공적으로 기록하고 공시하기 위해 도입된 제도이다. 가령 민법상 미성년자는 단독으로 법률행위를 할 수 없다. 물론 미성년자라도 계약을 체결할 수는 있지만 법정대리인의 동의를 얻어야 하는 것이다(민법 제5조). 그리고 친권자인 부모는 미성년자의 법정대리인이 된다(민법 제911조). 온전한 법률행위를 하기 위해서 미성년자와 계약하는 상대방은 누가 이 미성년자의 부모인지 확인하여야 한다. 따라서 가족관계가 존재한다는 사실을 타인에게도 확인시켜 줄 방법이 있어야 하는데, 법적인 가족이 되면 가족관계증명서라는 공적인 문서를 통해 손쉽게 가족관계를 증명할 수 있다.

✚ 공시

> 공시는 어떤 권리의 변동사항을 다른 사람이 알 수 있도록 공개하는 제도이다. 부동산에는 등기제도라는 것이 있고, 누구라도 등기부를 확인하면 해당 부동산에 대한 권리관계를 확인할 수가 있다. 따라서 공시는 소유자보다는 제3자를 위한 제도이다.

증명서의 종류

가족관계등록부의 증명서는 가족관계증명서, 기본증명서, 혼인관계증명서, 입양관계증명서, 친양자입양관계증명서 등 총 5가지로 구분된다. 그리고 각각의 증명서는 다시 일반증명서 및 상세증명서의 형태로 존재하는데, 일반증명서가 기본적인 형태로 현재의 신분관계에 관한 필수 정보들이 기재되어 있는 것이다. 상세증명서는 과거의 신분관계를 포함한 전체 정보가 나타나 있다. 5가지 증명서 가운데, 가족관계증명서, 기본증명서, 혼인관계증명서는 특정증명서로도 발급할 수 있는데(가족관계등록규칙 제21조의2 제1항), 필요한 정보만 선택하여 발급하는 것이다.

표 4-1 증명서의 종류 및 그 기재사항

<table>
<tr><th rowspan="2">증명서 종류</th><th colspan="3">기재사항</th></tr>
<tr><th>공통사항</th><th colspan="2">개별사항</th></tr>
<tr><td rowspan="3">가족관계 증명서</td><td rowspan="21">본인의 등록기준지, 성명, 성별, 본, 출생연월일 및 주민등록번호</td><td>일반</td><td>부모, 배우자, 생존한 현재의 혼인 중 자녀에 관한 사항</td></tr>
<tr><td>상세</td><td>부모, 배우자, 모든 자녀에 관한 사항</td></tr>
<tr><td>특정</td><td>본인과 신청인이 선택한 부, 모, 배우자 및 자녀에 관한 사항</td></tr>
<tr><td rowspan="8">기본증명서</td><td>일반</td><td>본인의 출생, 사망, 국적상실에 관한 사항</td></tr>
<tr><td>상세</td><td>본인의 출생, 사망, 인지, 친권, 국적, 개명, 성별 등에 관한 사항</td></tr>
<tr><td rowspan="6">특정</td><td>출생·사망·실종</td></tr>
<tr><td>인지·친생자관계 정정</td></tr>
<tr><td>친권·미성년후견</td></tr>
<tr><td>개명·성본변경</td></tr>
<tr><td>국적취득·상실</td></tr>
<tr><td>성별정정</td></tr>
<tr><td rowspan="3">혼인관계 증명서</td><td>일반</td><td>배우자, 현재의 혼인에 관한 사항</td></tr>
<tr><td>상세</td><td>배우자, 혼인 및 이혼에 관한 사항</td></tr>
<tr><td>특정</td><td>본인에 관한 사항과 신청인이 선택한 과거의 혼인에 관한 사항</td></tr>
<tr><td rowspan="2">입양관계 증명서</td><td>일반</td><td>본인 및 친생부모·양부모 또는 양자에 관한 사항과 현재의 입양에 관한 사항</td></tr>
<tr><td>상세</td><td>본인 및 친생부모·양부모 또는 양자에 관한 사항과 입양 및 파양에 관한 사항</td></tr>
<tr><td rowspan="2">친양자 입양관계 증명서</td><td>일반</td><td>본인 및 친생부모·양부모 또는 친양자에 관한 사항과 현재의 친양자입양에 관한 사항</td></tr>
<tr><td>상세</td><td>본인 및 친생부모·양부모 또는 친양자에 관한 사항과 친양자입양 및 파양에 관한 사항</td></tr>
</table>

가족관계등록부의 기록과 신고

가족관계등록부에 무엇인가 기록되어 있으려면 우선 신분사항에 대한 정보를 국가가 파악하여야 한다. 따라서 가족법상의 법률행위들은 대부분 '신고'라는 요식행위를 통해 이루어지도록 하고 있다. 출생, 입양, 혼인 등의 신고는 신고사건 본인의 등록기준지 또는 신고인의 주소지나 현재지에서 할 수 있다(가족관계등록법 제20조). 신고는 서면이나 말로 할 수 있다. 다만, 등록사건에 관하여 사건 본인이 시·읍·면에 출석하지 아니하는 경우에는 본인의 주민등록증(모바일 주민등록증을 포함)·운전면허증·여권 등 신분증명서를 제시하거나 신고서에 사건 본인의 인감증명서를 첨부하여야 한다(가족관계등록법 제23조). ① 등록기준지 변경신고, ② 출생신고(부가 혼인 외 출생자에 대한 출생신고를 할 경우는 제외), ③ 국적취득자의 성과 본의 창설 신고, ④ 개명신고, ⑤ 가족관계등록 창설 신고, ⑥ 등록부 정정 신청 등은 전자문서로 신고할 수도 있다(가족관계등록법 제23조의2 제1항 및 가족관계등록규칙 제36조의2 제1항).

✚ 가족관계등록법상 신고의 유형

가족관계등록법상 신고는 그 성격에 따라서 두 가지로 구분된다. 창설적 신고와 보고적 신고가 있다.

창설적 신고는 신분관계를 형성한다는 의미를 가지는 것으로 신고가 수리되어야 친족법상의 지위가 창설되고 또 변동되는 것이다. 혼인신고, 협의이혼신고, 인지신고, 입양신고 등이 창설적 신고에 해당하는 것이며, 이런 유형의 신고들은 당사자가 신고하지 않으면 신분관계가 변동하지 않는 것이므로 신고하지 않더라도 제3자가 피해보는 일이 없다. 따라서 과태료를 부과하는 방식으로 제재하지도 않는다.

반면에 보고적 신고는 신고를 하여야 어떠한 법적인 효과가 발생하는 것이 아니라, 이미 법적 효과가 발생하고 있는 가운데 해당 사실이 있다고 보고하는 것이다. 가령 사람의 출생이나 사망은 자연적인 사실이다. 신고

유무에 관계 없이 사람이 태어났다거나 죽었다는 사실이 변하지 않는 것이다. 그런데 이런 경우에 신고를 하지 않으면 신분관계의 변동사항을 국가가 파악할 수 없고, 이로 인하여 피해를 보는 제3자가 발생할 수도 있다. 따라서 보고적 신고에 대해서는 신고기한이나 신고의무자를 따로 설정해두고 신고하지 않았을 때 과태료를 부과하여 다소나마 신고를 강제하고 있다. 출생신고, 사망신고, 재판에 의한 인지·재판이혼 신고 등이 보고적 신고에 해당한다.

증명서의 교부

본인 또는 배우자, 직계혈족은 등록부 등의 기록사항에 관하여 발급할 수 있는 증명서의 교부를 청구할 수 있고, 본인 등의 대리인이 청구하는 경우에는 본인 등의 위임을 받아야 한다(가족관계등록법 제14조). 증명서 발급사무는 인터넷을 이용하여 처리할 수도 있는데, 이때는 본인 또는 배우자, 부모, 자녀만 신청할 수 있다(가족관계등록법 제14조의2). 그리고 무인증명서발급기를 이용할 경우에는 본인만 증명서 발급이 가능하다(가족관계등록법 제14조의3).

한편, 가정폭력피해자 또는 그 대리인은 가정폭력피해자의 배우자 또는 직계혈족을 지정하여 시·읍·면의 장에게 가정폭력피해자 본인의 등록사항별 증명서의 교부를 제한하거나 그 제한을 해지하도록 신청할 수 있다(가족관계등록법 제14조 제8항).

02

누가 나의 가족일까_가족과 친족

법률상 가족

법률상 가족 개념이 무엇인지는 단정적으로 정의하기 어렵다. 가족이 관련된 규정을 두고 있는 법률은 셀 수 없이 많고, 대부분의 법률에서 그 개별법의 목적과 취지에 맞게 가족의 개념이나 범위를 별도로 정의해서 사용하기 때문이다. 이하에서는 일반법에 해당하는 민법상 가족의 범위를 중심으로 살펴본다.

민법은 제779조에서 가족의 범위를 명확하게 규정하고 있다. 배우자, 직계혈족 및 형제자매는 그 신분관계만으로 민법상 가족에 해당한다. 그리고 직계혈족의 배우자, 배우자의 직계혈족 및 배우자의 형제자매도 민법상 가족의 범위에 포함되지만, 생계를 같이하는 경우에 한한다. 생계를 같이한다는 단서로 인해 민법상 가족이 누구인가는 개인마다 달라질 수 있다.

친족

민법에는 가족과 유사한 친족이라는 개념이 존재한다. 민법상 가족이면 모두 친족에 포함되지만, 반대로 친족인 사람들이 모두 가족에 해당하는 것은 아니다. 친족의 범위가 훨씬 넓은 것이다. 민법상 가족이 누구인가보다는 사실 친족을 이해하는 것이 중요한데, 가족법상 중요한 법률행위들이 친족을 바탕으로 규율되기 때문이다. 민법은 배우자, 혈족 및 인척을 친족으로 하며(민법 제767조), 민법 또는 다른 법률에 특별한 규정이 없는 한 친족관계로 인한 효력은 8촌 이내의 혈족, 4촌 이내의 인척, 배우자에 미친다(민법 제777조).

배우자는 당연히 혼인한 상대방이다. 배우자 관계는 혼인이 성립하면 발생하고 이혼을 하거나 한쪽이 사망하면 혼인관계도 해소되기 때문에 배우자 관계도 소멸하게 된다.

혈족은 표현대로 혈연관계가 있는 사람들이다. 혈족은 다시 자연혈족과 법정혈족으로 구분되는데, 자연혈족은 실제 피를 나눈 사람들이고, 법정혈족은 피가 섞인 관계는 아니지만 법률에 의해서 혈연관계가 있는 것으로 의제된 혈족을 말한다. 사실상 혈연관계가 없는 사람들이지만 법률상으로는 그들 사이에 혈연관계가 존재하는 것으로 취급하는 것이다. 그리고 혈연관계가 존재하는 것처럼 만들어 주는 것이 입양인바, 법정혈족은 입양으로 인해 형성된 혈족관계를 의미한다. 따라서 법정혈족은 입양으로 발생하고, 입양이 취소되거나 파양하면 친족관계도 소멸하게 된다(민법 제776조).

혈족은 다시 직계혈족과 방계혈족으로 구분할 수가 있다. 자기의 직계존속과 직계비속을 직계혈족이라 하고 자기의 형제자매와 형제자매의 직계비속, 직계존속의 형제자매 및 그 형제자매의 직계비속을 방계혈족이라 한다(민법 제768조). 직계혈족은 본인을 기준으로 부모, 조부모, 자녀 등과 같이 혈연관계가 수직으로만 연결되는 사람들이다. 직계혈족은 다시 직계존속과 직계비속으로 구분할 수가 있는데, 직계존속은 부모나 조부모처럼 본인보다 세대가 앞선 사람들이고 직계비속은 자녀나 손자녀와 같이 본인보다 뒷세대의 사람들을 의미한다. 방계혈족은 공동의 시조(始祖)에서 갈라져 나간 혈족으로 형제자매나 고모, 이모, 사촌 등이다. 이부 또는 이복형제자매도 혈족일까 생각해 보면, 민법은 혈족의 요건에 특별한 제한을 두고 있지 않은바, 이부·이복 형제자매도 양계 부모가 일치하는 혈족과 동일하게 취급된다.

민법은 혈족의 배우자, 배우자의 혈족, 배우자의 혈족의 배우자를 인척으로 한다(민법 제769조). 인척은 혼인을 매개로 발생하는 친족관계로 인척관계는 혼인으로 발생하고 혼인이 취소되거나 이혼을 하는 등 혼인이 해소되면 소멸하게 된다(민법 제775조 제1항). 유의할 것은 배우자가 사망한 경우이다. 배우자가 사망하면 혼인이 해소되기 때문에 배우자관계는 소멸하지만 배우자로 인해 형성된 인척관계는 생존배우자가 재혼한 때에 종료되는 것이다(민법 제775조 제2항).

촌수의 계산

촌수는 친족관계의 멀고 가까운 정도를 나타내는 것으로 촌수가 작을수록 가까운 사이가 된다. 배우자와는 무촌이라고 하여 촌수가 없다.

혈족의 촌수부터 어떻게 계산하는지 본다. 직계혈족은 자기로부터 직계존속에 이르고 자기로부터 직계비속에 이르러 그 세수를 정한다(민법 제770조 제1항). 따라서 직계혈족은 세대 차이만 계산하면 되는데, 가령 어머니와 자녀는 1세대 차이가 나므로 1촌 사이이고, 할머니와 손자녀는 2세대 차이가 나므로 2촌 사이가 되는 것이다. 방계혈족의 촌수는 어떻게 계산하는지 본다. 방계혈족은 자기로부터 동원의 직계존속에 이르는 세수와 그 동원의 직계존속으로부터 그 직계비속에 이르는 세수를 통산하여 그 촌수를 정한다(민법 제770조 제2항). 본인과 촌수를 계산하고자 하는 상대방과 처음으로 겹치는 직계존속에 이르는 세수를 각각 계산해서 더하는 것이다. 예를 들어, 형제자매와 처음으로 겹치는 직계존속은 어머니·아버지일 것이다. 어머니·아버지와 본인 사이 촌수인 1촌에, 그들과 형제자매 사이 촌수인 1촌을 합산하면 되는 것이고, 따라서 형제자매와는 2촌 사이가 된다. 양자의 촌수를 계산하는 방법은 친생자와 동일하다(민법 제772조 제1항).

인척의 촌수는 배우자의 혈족에 대하여는 배우자의 그 혈족에 대한 촌수에 따르고, 혈족의 배우자에 대하여는 그 혈족에 대한 촌수에 따른다(민법 제771조). 복잡해 보이지만 결국 혈족의 촌수를 따른다는 의미이다. 배우자와의 관계에는 촌수가 없기 때문에 배우자와의 촌수를 별도로 더할 필요가 없는 것이다. 따라서 배우자와 그 혈족 사이 촌수가 곧 인척 사이 촌수가 된다.

03

가족이면 나눠 먹어야 한다_부양의무

사적부양과 공적부양

민법에는 부양제도가 있다. 민법상 부양이 친족 간에 서로 부양하는 것이고 이를 사적부양이라고 한다. 대비되는 개념으로 공적부양이 있는데, 표현대로 공공이 어려운 사람들을 부양하는 것이며, 가장 대표적으로 국민기초생활보장제도에 따라 기초수급자에게 주어지는 보조금이 공공이 지급하는 부양료이다.

사적부양과 공적부양 중에는 사적부양이 우선한다. 국민기초생활보장법은 '부양의무자에 의한 부양은 이 법에 따른 급여에 우선하는 것으로 한다'라고 규정하고 있다(국민기초생활보장법 제3조 제2항). 생활능력이 없는 사람에게 부양의무자인 가족이 있으면 국가가 도와주지 않는 것이며, 이를 공적부양 보충성의 원칙이라 한다. 다만, 국민기초생활보장법상 부양의무자와 민법상 부양의무자가 완전히 동일한 것은 아니므로 유의할 필요가 있다.

민법상 부양의무자

민법상 부양의무는 직계혈족 및 그 배우자 간, 그리고 기타 친족 간에 인정되며 기타 친족 사이의 부양의무는 생계를 같이하는 경우에 한하여 발생한다(민법 제974조).

직계혈족은 부모와 자녀 사이, 또 조부모와 손자녀 사이 등으로 이와 같은 신분적 지위를 가진 사람들은 서로 부양할 의무가 있다. 또 직계혈족과 배우자 관계에 있는 사람들까지 서로 부양하여야 하는데, 며느리와 시부모, 사위와 장인장모, 계부모와 자녀는 서로가 직계혈족의 배우자 또는 배우자의 직계혈족에 해당이 되어 부양의 당사자가 되는 것이다. 기타 친족 사이는 가장 가깝게는 형제자매가 포함되고, 이 밖에 민법 제777조에 따라 8촌 이내의 혈족과 4촌 이내의 인척까지 친족에 해당하므로 이들 사이에도 부양의무가 인정된다. 다만, 기타 친족은 전술한 바와 같이 '생계를 같이하는 경우'에만 그들 사이에 부양의무가 발생하는 것이다.

✚ 국민기초생활보장법상 부양의무자

> 국민기초생활 보장법에 따라 생계급여를 수급하기 위해서는 우선 부양의무자가 없거나, 부양의무자가 있어도 부양능력이 없거나 부양을 받을 수 없는 사람이어야 한다. 이 법에서 말하는 부양의무자는 수급권자의 1촌의 직계혈족 및 그 배우자를 말하는데 다만, 사망한 1촌의 직계혈족의 배우자는 제외한다(국민기초생활보장법 제2조 제5호).

부양의무와 관련해서 가장 문제가 되는 것은 부부 한쪽이 사망했을 때, 사망한 배우자의 직계혈족에 대해서도 부양의무가 존재하는가, 즉 직계인척 사이 부양의무에 관한 것이다. 이와 같은 경우에는 해당 직계인척이 생계를 같이하는 경우에만 부양의무가 발생한다. 민법은 '직계혈족 및 그 배우자 간'의 부양의무를 인정하는데, 배우자 일방이 사망함으로써 배우자관계가 종료하기 때문이다.

【판례】 직계인척 사이 부양의무

민법 제775조 제2항에 의하면 부부의 일방이 사망한 경우에 혼인으로 인하여 발생한 그 직계혈족과 생존한 상대방 사이의 인척관계는 일단 그대로 유지되다가 상대방이 재혼한 때에 비로소 종료하게 되어 있으므로 부부의 일방이 사망하여도 그 부모 등 직계혈족과 생존한 상대방 사이의 친족관계는 그대로 유지되나, 그들 사이의 관계는 민법 제974조 제1호의 '직계혈족 및 그 배우자 간'에 해당한다고 볼 수 없다. 배우자관계는 혼인의 성립에 의하여 발생하여 당사자 일방의 사망, 혼인의 무효·취소, 이혼으로 인하여 소멸하는 것이므로, 그 부모의 직계혈족인 부부 일방이 사망함으로써 그와 생존한 상대방 사이의 배우자관계가 소멸하였기 때문이다. 따라서 부부 일방의 부모 등 그 직계혈족과 상대방 사이에서는, 직계혈족이 생존해 있다면 민법 제974조 제1호에 의하여 생계를 같이 하는지와 관계없이 부양의무가 인정되지만, 직계혈족이 사망하면 생존한 상대방이 재혼하지 않았더라도 민법 제974조 제3호에 의하여 생계를 같이 하는 경우에 한하여 부양의무가 인정된다(대법원 2013.8.30.자 2013스96 결정).

부양의무의 내용

민법상 부양의무는 크게 두 가지로 구분된다. 1차적 부양의무와 2차적 부양의무로 나눌 수가 있는데, 부부 사이 부양 또는 미성년자녀에 대한 부모의 부양의무가 1차적 부양의무에 해당한다. 1차적 부양의무는 부양의무자 본인에게 여유가 있는지 여부에 관계없이 발생하는데, 쉽게 얘기해서 본인 먹을 빵 한 쪽밖에 없더라도 그것을 나눠 먹으라는 의무이다. 2차적 부양의무는 부모에 대한 성년자녀의 부양 또는 성년자녀에 대한 부모의 부양, 그 밖에 친족 사이 부양의무로, 부양의무자 본인에게 필요한 빵을 먼저 확보하고 남는 것이 있을 때 주라는 의무이다. 부부 사이 부양 또는 미성년자녀에 대한 부양의무는 민법 제974조 이하의 부양규정이 아니라, 부부 사이 의무(민법 제826조) 및 친권자의 보호의무(민법 제913조)에 따라서도 인정되는 것이므로 민법상 부양의무는 결국 2차적 부양의무에 관한 내용이 된다. 그리고 이와 같은 부양의무가 발생하기 위해서는 두가지 요건이 충족되어야 한다. 부양권리자가 부양이 필요한 상태에 있어야 하고, 부양의무자는 부양의 가능성이 있어야 한다(민법 제975조 및 제977조).

부양권리자에 대해 어느 정도의 부양비를 지급하여야 하는지 또 어떤 방식으로 지급하여야 하는지에 대해서 우리 민법은 '부양의 정도 또는 방법에 관하여 당사자 간에 협정이 없는 때에는 법원은 당사자의 청구에 의하여 부양을 받을 자의 생활정도와 부양의무자의 자력 기타 제반사정을 참작하여 이를 정한다'라고 규정하고 있다. 따라서 부양의 당사자들이 우선 협의로 정하면 되는데, 협의로 정할 때에는 부양의 정도와 방법에 관하여 별다른 제한이 없다. 협의가 되지 않을 때에는 가정법원이 이를 정한다. 부양의 정도에 관하여는 부양의무자의 경제상황이 영향을 미치므로 부양의무자의 형편이 좋지 않으면 부양료는 감면되거나 면제될 수도 있다. 그리고 부양료는 정기금의 형식으로 지급하는 것이 보통인데, 부양료를 일시금으로 지급하면, 이를 탕진하여 부양권리자가 다시 곤궁에 빠질 염려가 있기 때문이다.

04

아이가 태어나면 해야 하는 일_출생신고

출생신고의 의의

아이가 태어났을 때 부모가 제일 먼저 하여야 하는 일은 무엇일까. 바로 출생신고를 하는 것이다. 친생친자관계는 아이가 태어나는 즉시 만들어지는 관계지만 가만히 있으면 사회에서는 그 관계를 인정해 주지 않는다. 아이의 부모라고 주장하기 위해서는 법적인 신분관계를 우선 만들어야 하고, 출생신고를 하면 다른 특별한 절차 없이 법적인 부모-자식 관계를 만들 수 있다. 그래서 아이가 태어났을 때 제일 처음 하여야 하는 일은 출생신고를 하는 것이다.

출생신고를 하지 않으면 사회에서는 그 아이를 인지할 수가 없기 때문에 사회적으로는 존재하지 않는 것과 같은 상태가 된다. 새로 태어난 아이임에도 출생신고가 없으면 이름을 가질 수가 없기 때문에 신분을 확인할 방법이 없다. 국가에서도 어떤 아이가 존재하는지 자체를 알 수가 없기 때문에 의료보험이나 의무교육 같은 복지혜택을 받을 수도 없다. 따라서 출생신고는 자녀에게 사회적인 신분을 만들어 준다는 점에서 중요한 의미가 있는 것이며 이와 같은 측면에서 우리 헌법재판소는 태어난 즉시 '출생등록될 권리'를 기본권으로 인정하고 있다(헌재 2023.3.23. 2021헌마975 결정).

출생신고하기

가족관계등록법은 출생신고에 대하여 신고기한 및 신고의무자를 정해 두고 있다. 출생의 신고는 출생 후 1개월 이내에 하여야 하며(가족관계등록법 제44조 제1항), 혼인 중 출생한 자녀의 출생신고는 아버지 또는 어머니가, 혼인 외 출생자의 신고는 어머니가 하여야 한다(가족관계등록법 제46조 제1항 및 제2항). 신고의무 있는 사람이 정당한 사유 없이 기간 내에 하여야 할 신고를 하지 않은 때에는 5만 원 이하의 과태료를 부과한다(가족관계등록법 제122조).

출생신고를 위하여 부모가 결정할 것

가족관계등록법 제44조 제2항에서는 출생신고에 기재할 사항들을 나열하고 있는데, 그 내용은 다음과 같다.

✚ 출생신고의 기재사항(가족관계등록법 제44조 제2항)

1. 자녀의 성명 · 본 · 성별 및 등록기준지
2. 자녀의 혼인 중 또는 혼인 외의 출생자의 구별
3. 출생의 연월일시 및 장소
4. 부모의 성명 · 본 · 등록기준지 및 주민등록번호(부 또는 모가 외국인인 때에는 그 성명 · 출생연월일 · 국적 및 외국인등록번호)
5. 「민법」 제781조 제1항 단서에 따른 협의가 있는 경우 그 사실
6. 자녀가 복수국적자(複數國籍者)인 경우 그 사실 및 취득한 외국 국적

위의 기재사항을 보면, 1호 자녀의 성명과 등록기준지, 5호 「민법」 제781조 제1항 단서에 따른 협의가 있는 경우 그 사실 등을 제외하고는 이미 정해져 있는 것들이다. 자녀의 성별, 출생시기나 장소, 혼인 중 출생자인지 혼인 외 출생자인지의 여부, 부모의 신상정보 등은 부모가 결정할 것들이 아니라 이미 정해져 있는 사항인 것이다. 반면에, 자녀의 성명, 본, 등록기준지는 부모가 결정하여야 한다. 또한 「민법」 제781조 제1항 단서에 따른 협의는 자녀의 성과 본에 관한 내용이며, 성·본에 대해서는 민법상 원칙규정이 있지만 부모가 협의할 여지가 있다. 이하에서는 출생신고를 하기 전에 부모가 결정하여야 하는 사항을 중심으로 살펴본다.

○ 자녀의 성과 본

출생신고를 하려면 우선 자녀의 성과 본을 결정하여야 한다. 민법은 '자는 부의 성과 본을 따른다'라고 규정하여(민법 제781조 제1항) 이른바 부성주의를 원칙으로 하기 때문에 자녀가 출생하면, 그 아이는 자연스럽게 아버지의 성과 본을 따르게 된다. 다만, 부성주의에는 예외가 있다. 부모가 혼인신고 시 모의 성과 본을 따르기로 협의한 경우에는 어머니의 성과 본을 따르게 되는 것이다(민법 제781조 제1항 단서). 따라서 자녀의 성·본은 원칙적으로는 아버지의 성과 본을 따라가지만 부모가 혼인신고를 할 때 미리 협의한다면 예외적으로 어머니의 성과 본을 따를 수가 있게 된다.

유의할 것은 이와 같은 성·본 협의는 자녀가 태어난 때, 즉 출생신고 시가 아니라 혼인신고를 할 당시에 이루어져야 한다는 점이다. 따라서 자녀에게 어머니의 성·본을 물려주고 싶다면, 혼인하기 전에 이 문제를 미리 협의하여야 하고, 혼인신고를 할 때 협의서를 같이 제출하여야 한다.

혼외자의 성과 본은 어떻게 결정되는지 본다. 민법은 '부를 알 수 없는 자는 모의 성과 본을 따른다'라고 규정하고 있다(민법 제781조 제3항). 따라서 아버지가 누구인지 알 수 없다면 어머니의 성·본을 따르게 되는데, 혼외자라도 아버지를 알 수 있는 경우, 즉 아버지가 누구인지 특정할 수 있을 때에는 아버지의 성·본을 따를 수 있다. 그렇지만 그 자녀가 생부에 의해서 또는 재판으로 인지되기 전까지는 자녀의 가족관계등록부에 아버지의 성명을 기재할 수 없다. 반면에, 아버지가 누구인지 알 수 없는 경우라면 어머니의 성·본을 따르게 된다. 그리고 이미 어머니의 성과 본을 따르던 상태에서 생부가 자녀를 인지하게 되면, 부성주의가 원칙이므로 이에 따라 자녀의 성·본은 아버지의 성·본으로 바뀌게 된다.

그런데 이미 사용하던 성·본의 변경을 원치 않는 경우도 있을 것이다. 자녀가 학교생활을 하다가 갑자기 성이 바뀐다면, 그 자체로 외부에 알리기 싫은 정보들이 노출될 수 있고 여러 가지 불편한 상황을 감내하여야 하기 때문이다. 그래서 이런 경우를 위해 혼외자가 종전의 성을 계속 사용할 수 있게 우리 민법은 혼인 외의 출생자가 인지된 경우 부모가 협의하면 종전의 성과 본을 계속 사용할 수 있도록 하고 있으며 협의가 어려운 상황이라도 자녀가 원래의 성·본을 유지하기를 원할 때에는 법원의 허가를 받아 종전의 성과 본을 유지할 수 있도록 하고 있다(민법 제781조 제5항).

○ 자녀의 이름

출생신고를 하기 위해서는 자녀의 이름도 결정하여야 한다. 이름은 비교적 자유롭게 정할 수 있지만 가족관계등록법 제44조 제3항은 '자녀의 이름에는 한글 또는 통상 사용되는 한자를 사용하여야 한다'라고 규정하는바 사소한 제한은 있다.

이에 따라 이름을 지을 때는 한글로 짓거나 통상 사용되는 한자를 사용하여야 하며, '통상 사용되는 한자'는 가족관계등록규칙 제37조에서 인명용 한자의 범위를 별도로 규정하고 있는데, 허용되는 인명용 한자는 교육부가 정한 한문교육용 기초한자와 이 밖에 가족관계등록규칙 [별표 1]에 인명용 추가한자표가 안내되어 있으므로 이를 참조하여 정하면 된다. 여기에서 벗어난 한자를 사용하면 신고인에게 인명용 한자를 사용하라고 권고하게 되는데, 권고할 수 없거나 또 신고인이 권고에 따르지 않으면 그대로 접수는 되지만, 가족관계등록부에는 한글로 기록된다(가족관계등록법 제37조 제3항).

법률에 정해진 것은 아니나 실무적으로는 이름 때문에 출생신고를 수리하지 않는 경우가 있다. 먼저, 자녀의 이름이 부모나 조부모의 이름과 같아서는 안 되는 것이다. 가족관계증명서에 동일한 이름을 가진 사람이 둘 이상 있으면 사람을 특정하기가 곤란하다는 이유로 출생신고를 수리하지 않는다. 같은 이유로, 형제자매의 이름이 같아서도 안 된다. 자녀의 가족관계증명서에는 형제자매 관계는 표시되지 않지만 부모의 가족관계증명서에는 자녀 모두가 표시되므로 혼동될 수 있다는 것이다.

다음으로 이름의 글자수에 대해서도 제한이 있는데, 성은 제외하고 5글자를 초과하는 이름을 짓게 되면 출생신고가 수리되지 않는다. 다만, 예외는 있다. 아버지가 외국인일 때, 아버지의 성을 따르고 외국식 이름을 지어서 이미 아버지의 본국에 등록된 경우에는 그 이름으로 우리나라에 출생신고가 가능하다.

○ 자녀의 등록기준지

등록기준지는 가족관계등록부가 있는 지역을 말하는데, 서류상 기준이 되는 주소라고 생각하면 된다. 등록기준지는 당사자가 자유롭게 정할 수 있다(가족관계등록규칙 제4조 제2항 제1호). 자녀가 처음 출생한 경우 부모의 특별한 의사표시가 없는 때에는 자녀가 따르는 성·본을 가진 부모의 등록기준지가 자녀의 등록기준지가 된다(가족관계등록규칙 제4조 제

2항 제2호). 등록기준지는 당사자가 자유롭게 정하는 것이 원칙이므로 등록기준지가 마음에 안 든다면 추후에 변경할 수도 있다. 등록기준지를 변경하기 위해서는 새롭게 변경하고자 하는 등록기준지 시·읍·면의 장에게 변경신고를 하여야 한다(가족관계등록규칙 제4조 제3항). 등록기준지의 변경은 인터넷 신고가 가능한 사항이므로 인터넷 신고를 해도 된다.

출생통보제

가족관계등록법에는 2023.7.18. 출생통보제에 관한 조항이 신설되어, 2024.7.19.부터 시행되고 있다. 출생통보제는 출생신고의무자인 부모가 출생신고를 하지 않을 때 아이의 출생등록될 권리를 보장하고 온전한 성장을 위해 의료기관이 통보한 출생정보를 가지고 국가가 출생등록을 하는 제도이다. 출생통보제가 운영되는 방식은 다음과 같다.

1. 의료기관 출생정보 제출 → 건강보험심사평가원(14일 이내)
2. 건강보험심사평가원 통보 → 시(구)·읍·면(지체 없이)
3. 관할 시(구)·읍·면의 장: 출생신고 여부 확인
4. 출생신고가 안 되었을 경우 최고 → 신고의무자(7일 이내 신고)
5. 7일 후 미신고 시 → 감독법원에 직권기록 허가신청
6. 직권기록허가 → 시(구)·읍·면의 장 직권출생기록

그림 4-1 의료기관에 의한 출생통보제

아이가 병원 등에서 태어났을 때, 가령 의사가 진료기록부에 출생정보를 기재하면, 그 병원에서 건강보험심사평가원에 출생정보를 제출하게 한다. 출생 후 2주 이내로 기간의 제한을 두어 출생정보를 가능한 빨리

보내도록 하고 있다. 건강보험심사평가원은 출생사실을 다시 시·읍·면에 통보하고, 해당 시·읍·면에서 출생신고가 되었는지를 확인한다. 법정 출생신고 기한인 한 달이 지나도록 출생신고가 되지 않으면 신고의무자인 부모에 대해 7일 이내에 출생신고를 할 것을 최고한다. 최고 이후에도 신고의무자가 출생신고를 하지 않으면, 감독법원의 허가를 받아서 해당 자치단체가 직권으로 가족관계등록부에 출생을 기록하게 된다.

출생통보제는 사회적으로 문제가 많았던 미혼부의 출생신고 문제를 해결하는 기능도 하지만 출생신고 자체에 대해서 국가가 적극적으로 개입하는 것이다. 또한 모든 아이들이 최소한 출생신고에서는 누락되지 않게 하는 제도적 장치인 것이다.

05

법적 친자관계의 형성

확실한 모성, 불확실한 부성

아이가 태어났을 때 어머니는 누구일까. 어렵지 않다. 아이를 임신해서 출산한 여성이 아이의 어머니라는 것은 확실한 사실이기 때문이다. 따라서 출산한 여성이 아이의 법적인 모가 되고 이러한 이유로 모자관계는 독립적으로 성립시킬 수가 있다.

그렇다면 아이의 아버지는 누구일까. 물론 출산한 여성의 곁을 지키고 있는 사람이 있다면 아마도 그 사람이 아이의 아버지일 거라고 추정해 볼 수는 있겠지만 모를 일이다. 아이의 아버지가 누구인가는 겉으로 드러나는 사실이 아니기 때문이다. 아이의 어머니만 알 수가 있는 것이고, 경우에 따라서는 아이의 어머니마저 모를 수도 있다. 따라서 친생친자관계에 있어서 민법이 규정하는 것은 결국 아이의 아버지를 결정하는 문제가 된다. 부자관계라는 것은 그 성격 자체가 모자관계와는 다르기 때문에, 아버지와 아이 사이에 혈연관계가 존재한다는 사실을 어떤식으로든 증명하고 확인하는 절차가 필요할 수밖에 없는 것이다. 민법은 친생자를 부모가 혼인했는지의 여부에 따라 구분하고 있는데 그 이유도 결국은 부성을 어떻게 증명하느냐 바로 그 방식에 차이가 있기 때문이다.

법적 부자관계의 형성_혼인 중의 출생자

전술한 바와 같이 부자관계는 불확실한 측면이 있다. 그런데 만약에 출산한 여성이 혼인한 상태라면 우선 그 남편을 아이의 아버지로 추정한다. 법률상 부자관계라는 것은 실제 혈연관계에 따라서 만들어 지는 것이 아니라, '아내가 출산한 아이는 아마도 남편의 자녀일 것이다' 라고 일단 추정하는 것이다. 그 남편이 아이의 아버지일 가능성이 제일 높은 탓이다. 혼인 중 출생자에 대해서는 부부 중 한 명이 출생신고를 하면 법적인 부자관계도 성립하게 되는 것이며, 다른 절차가 필요하지 않다.

혼인 중 출생자는 다시 두 가지 유형으로 구분할 수가 있다. 친생추정을 받는 혼인 중 출생자, 친생추정을 받지 못하는 혼인 중의 출생자이다. 이와 같은 구분이 필요한 이유는 아이의 아버지가 실제 생부가 아니었을 때 그 친자관계를 다투는 방법이 다르기 때문이다. 친생추정을 받는 혼인 중 출생자는 이후 그 법률상 부와의 사이에 실제 혈연관계가 문제 되었을 때 '친생부인의 소'에 의해서만 해당 친자관계를 복멸할 수가 있다. 혼인 중의 출생자라고 하더라도 친생추정의 요건을 충족하지 못하면 '친생자관계부존재확인의 소'에 따라 해당 친자관계를 부인하여야 한다.

혼인 중 출생자라고 하더라도 무조건 친생추정을 받는 것이 아니라 민법이 정한 요건을 충족하여야 하는데, 민법은 '아내가 혼인 중에 임신한 자녀는 남편의 자녀로 추정한다'라고 규정하고 있다(민법 제844조 제1항). 법 문언대로, 아내가 혼인 중에 출산한 자녀가 아니라 혼인 중에 '임신'한 자녀를 남편의 친생자로 추정하는 것이고 이를 친생추정이라 한다. 따라서 친생추정을 받는 혼인 중 출생자는 혼인 중에 임신한 자녀를 말하는 것이다.

다만, 임신 시점을 정확하게 특정하기가 어려우므로 의학적인 관점에서 말하는 최단 임신 기간 및 최장 임신 기간을 통해 임신 시점을 다시 추정하고 있다.

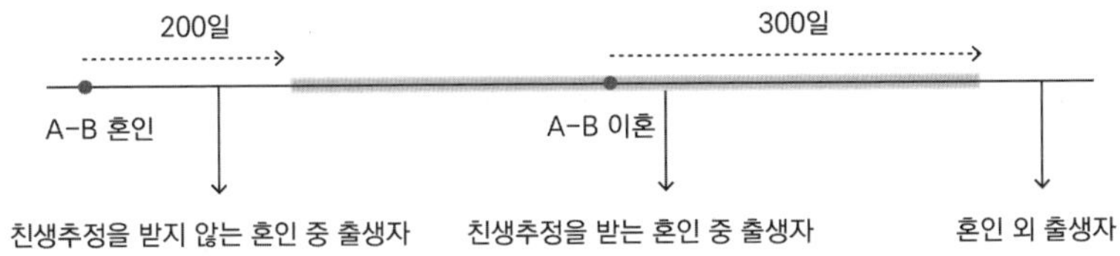

그림 4-2 친생추정제도

먼저, 혼인이 성립하고 나서 200일 후에 출생한 자녀는 혼인 중에 임신한 것으로 추정한다(민법 제844조 제2항). 200일은 의학적인 관점에서 최단 임신 기간으로, 혼인한 날부터 200일 후에 자녀가 출생했다면 모의 현재 남편의 자녀로 친생추정을 받게 된다. 또한 혼인관계가 종료되고 나서 출생한 자녀도 혼인이 종료되기 전에, 즉 혼인이 지속되는 기간 중에 임신이 되었을 수 있다. 그래서 혼인관계가 종료된 날부터 300일 이내에 출생한 자녀도 혼인 중에 임신한 것으로 추정하며(민법 제844조 제2항), 이 자녀는 모의 전남편의 자녀로 친생추정을 받게 된다.

법적 부자관계의 형성_혼인 외의 출생자

여성이 혼인하지 않은 상태라면, 수많은 남성들 중에서 누가 아이의 아버지인지 가늠하기가 어렵다. 이에 우리 민법은 혼인 외의 출생자에 대해서는 '인지'라는 의사표시를 통해서 생물학적인 부자관계를 법적인 부자관계로 전환시킬 수 있게 하고 있다.

인지는 어떤 아이가 본인의 자녀임을 확인하는 의사표시이다. 민법은 '혼인 외의 출생자는 그 생부나 생모가 이를 인지할 수 있다'라고 규정하고 있다(민법 제855조). 인지는 신분관계를 창설하는 중요한 의사표시인 바 생부나 생모만 인지하도록 하는 것인데, 가령 조부모가 어떤 아이를 두고 '이 아이는 내 자식이 낳은 나의 손녀다'라고 확인할 수 없다는 뜻이다. 또한 인지는 보통 혼인 외 출생자의 생부가 하는 것이지만 생모도 인지할 수는 있다. 다만, 모자관계는 인지와 관계 없이 출산과 동시에 성립하는 것이다. 혼인 중 출생자의 경우와 마찬가지로 어머니는 언제나 확실하기 때문이다. 우리 대법원 역시 기아와 같은 특수한 경우를 제외하고는 혼인 외 생모자관계는 분만하였다는 사실로써 명백한 것이므로 혼인 외의 출생자와 생모 간에는 그 생모의 인지나 출생신고를 기다리지 아니하고 자의 출생으로 당연히 법률상의 친족관계가 생긴다고 판시한 바 있다(대법원 1967.10.4. 선고 67다1791 판결). 그런데 부자관계는 겉으로 드러나지 않을 뿐만 아니라, 혼인 외의 출생자의 경우에는 모와의 관계를 통해 부성을 추정할 만한 연결고리가 없으므로 반드시 인지를 하여야 법적인 친자관계를 형성할 수 있는 것이다.

인지는 가족관계등록법에서 정하는 바에 의하여 신고함으로써 그 효력이 생긴다(민법 제859조 제1항). 따라서 인지권자가 인지신고를 하면 된다. 또한 혼인 외의 출생자에 대해 생부가 출생신고를 하면 인지를 한 것과 같은 효과를 인정하고 있다(가족관계등록법 제57조). 인지는 원래 부모가 자발적으로 하는 것인데, 인지권자가 인지를 하지 않거나 거부하는 상황도 있을 것이다. 이런 경우에는 자녀 쪽에서 자녀임을 주장하여 친자관계를 설정할 수도 있다. 이를 강제인지라고 하는데, '인지청구의 소'를 제기하는 것이다.

06

아버지는 누구일까

친생추정을 받는 혼인 중의 출생자_친생부인의 소

친생추정을 받는 혼인 중의 출생자와의 부자관계를 복멸하기 위해서는 '친생부인의 소'를 제기하여야 한다. 그런데 친생부인의 소는 아무나, 또 언제나 할 수 있는 소송이 아니다. 우리 민법은 '친생부인의 소는 부 또는 처가 다른 일방 또는 자를 상대로 하여 그 사유가 있음을 안 날부터 2년 내에 이를 제기하여야 한다'라고 규정하고 있다(민법 제847조 제1항).

이에 따라 현행법상 이 소송의 원고적격은 남편이나 아내한테만 인정되며, 가장 중요한 당사자인 자녀에 대해서도 제소권이 인정되지 않는다. 또 해당 친자관계에 이해관계가 있는 제3자, 즉 생부도 친생부인의 소를 제기할 수는 없다. 남편이나 아내가 친생부인의 소를 제기해서 해당 친자관계를 소멸시켜 주지 않는 이상 생부가 할 수 있는 일은 없는 것이다. 또 하나 중요한 것은 친생부인권은 제척기간이 있는 권리라는 점이다. 본인의 친자가 아님을 알고 2년 안에 친생부인의 소를 제기하여야 하는 것이고, 이 기간이 경과한 뒤에는 본인의 친자가 아님을 유전자 검사 등을 통해 증명하더라도 해당 친자관계를 바로잡을 수 없게 된다. 이처럼 친생부인의 소는 제소요건이 엄격하기 때문에 친생추정은 일반적인 추정과는 다른 강력한 추정력을 부여 받게 된다. 보통 법률상 추정이라고 하면, 반대의 사실이 있을 때 이를 증명하면 뒤집을 수가 있는데, 친생추정은 그렇지 않다. 이 때문에 남편이 생부가 아님이 확실한 경우에도 법률상 부자관계를 복멸할 수 없는 문제가 발생하게 된다.

친생추정을 받지 않는 혼인 중의 출생자_친생자관계부존재확인의 소

혼인 중 출생자라도 친생추정을 받지 않는 자녀는 친생부인의 소가 아니라, '친생자관계부존재확인의 소'를 통해서 법률상 친자관계를 소멸시킬 수 있다. 친생자관계부존재확인의 소는 제소권자의 범위가 상당히 넓다. 자녀, 자녀의 직계비속과 법정대리인, 생모, 남편, 남편의 직계존·비속, 후견인, 기타 이해관계인 등 친생자의 결정 및 부인에 관한 제소권자 누구라도 친생자관계부존재확인의 소를 제기할 수 있기 때문이다(민법 제865조 제1항). 자녀의 신분관계를 두고 가족법상 이해관계가 있는 거의 대부분의 사람들에게 제소권을 인정하는 것이다. 또 제소기간에도 제한이 없기 때문에 친자관계를 부인하고자 하는 경우에는 친생부인의 소보다는 친생자관계부존재확인의 소가 훨씬 유리한 측면이 있다.

친생추정의 배제

친생추정제도는 소송의 원고적격, 또 제척기간 때문에 남성의 기본권을 지나치게 제한한다는 비판이 있었다. 따라서 어떻게든 이 문제를 해결해 줄 필요가 있기 때문에 대법원은 혼인한 부부라도 어떤 이유가 있으면 친생추정을 배제할 수 있는 길을 열어두고 있다. 대법원에 따르면

"민법 제844조는 부부가 동거하여 처가 부의 자를 포태할 수 있는 상태에서 자를 포태한 경우에 적용되는 것이고 부부의 한쪽이 장기간에 걸쳐 해외에 나가 있거나 사실상의 이혼으로 부부가 별거하고 있는 경우 등 동서의 결여로 처가 부의 자를 포태할 수 없는 것이 외관상 명백한 사정이 있는 경우에는 그 추정이 미치지 아니하므로 이 사건에 있어서 처가 가출하여 부와 별거한지 약 2년 2개월 후에 자를 출산하였다면 이에는 동조의 추정이 미치지 아니하여 부는 친생부인의 소에 의하지 않고 친자관계부존재확인소송을 제기할 수 있다."고 설명한다(대법원 1983.7.12. 선고 82므59 판결). 즉, 친생추정에 관한 규정은 부부가 동거하여 처가 부의 자녀를 임신할 수 있는 가능성이 있는 상태에서 자녀를 임신한 경우에만 적용된다는 것이다. 그리고 이와 같이 동서의 결여로 처가 부의 자를 임신할 수 없음이 명백한 경우에는 친생추정을 배제하여 친생자관계부존재확인의 소를 통해 해당 친자관계를 복멸할 수 있다.

친생추정에 대한 예외를 인정하는 경우는 또 있다. 혼인관계가 종료하고 300일 이후에 출생한 자녀에 대한 것이다. 이처럼 출생한 자녀가 전 남편의 자녀일 가능성이 크지 않은 탓인데, 이혼이라는 것은 오늘 결정하면 내일 이루어지는 것이 아니다. 그러므로 실제 부부관계는 이혼 당시보다 훨씬 더 전에 사실상 종지부를 찍었을 수가 있는 것이다. 따라서 혼인관계가 종료하고 300일 이후에 태어난 자녀에 대해서는 제소요건이 엄격한 친생부인의 소에 의하는 것이 아니라, 좀 더 간이한 방법으로 전 남편에 대한 친생추정을 배제할 수 있도록 하자는 취지로 다음과 같은 두 개의 조문을 신설하였다.

✚ 친생부인의 허가 청구(민법 제854조의2)

> ① 어머니 또는 어머니의 전(前) 남편은 제844조 제3항의 경우에 가정법원에 친생부인의 허가를 청구할 수 있다. 다만, 혼인 중의 자녀로 출생

신고가 된 경우에는 그러하지 아니하다.

② 제1항의 청구가 있는 경우에 가정법원은 혈액채취에 의한 혈액형 검사, 유전인자의 검사 등 과학적 방법에 따른 검사결과 또는 장기간의 별거 등 그 밖의 사정을 고려하여 허가 여부를 정한다.

③ 제1항 및 제2항에 따른 허가를 받은 경우에는 제844조 제1항 및 제3항의 추정이 미치지 아니한다.

✚ 인지의 허가 청구(민법 제855조의2)

① 생부(生父)는 제844조 제3항의 경우에 가정법원에 인지의 허가를 청구할 수 있다. 다만, 혼인 중의 자녀로 출생신고가 된 경우에는 그러하지 아니하다.

② 제1항의 청구가 있는 경우에 가정법원은 혈액채취에 의한 혈액형 검사, 유전인자의 검사 등 과학적 방법에 따른 검사결과 또는 장기간의 별거 등 그 밖의 사정을 고려하여 허가 여부를 정한다.

③ 제1항 및 제2항에 따라 허가를 받은 생부가 「가족관계의 등록 등에 관한 법률」 제57조 제1항에 따른 신고를 하는 경우에는 제844조 제1항 및 제3항의 추정이 미치지 아니한다.

혼인관계가 종료된 날부터 300일 이내에 출생한 자녀에 대해서는 굳이 소송까지 하지 않더라도 가정법원에서 허가를 받으면 친생추정을 배제할 수 있는 것이다(민법 제854조의2 제1항 및 제3항). 또한 이와 같이 출생한 자녀에 대해서는 생부를 위해서도 인지허가청구제도가 도입되어, 법률상 부모가 친생부인의 소를 제기하기 전이라도 생부가 가정법원에 인지허가 청구를 할 수 있게 된 것이다(민법 제855조의2 제1항). 법원에서 인지허가를 받은 생부가 해당 자녀를 본인의 친자로 출생신고를 하면, 해당 자녀에 대해서는 친생추정이 미치지 않게 된다(민법 제855조의2 제3항). 다만, 이 두 개의 제도는 혼인 중의 자녀로 이미 출생신고가 된 경우에는 활용할 수 없다는 제한이 있다(민법 제854조의2 제1항 및 제855조의2 제1항).

07

완전한 혼인_혼인의 요건

민법상 혼인이란

혼인에 대해서는 별도의 정의규정이 존재하지는 않는다. 다만, 대법원에 따르면 혼인이란 "남녀가 공동으로 생활하기 위해 도덕이나 풍속 등 그 사회의 규범상 정당시되는 결합을 이루는 법률상, 사회생활상 중요한 의미를 가지는 신분상의 계약"이다(대법원 2015.2.26. 선고 2014므4734, 4741 판결).

우리 민법이 보호하는 혼인은 법률혼이다. 이는 거식혼이나 예식혼에 대비되는 개념으로, 결혼식을 하면 혼인한 것으로 인정하는 것이 아니라, 법률상 제도를 통하여야 법으로 인정되고 또 완전하게 보호받을 수 있는 혼인이 된다는 의미이다. 그리고 민법에서 말하는 법률혼은 신고혼을 의미한다. 따라서 민법상 혼인을 했다는 것은 혼인신고를 했다는 의미가 되는 것이다. 그러므로 민법상 혼인은 1남 1녀가 공동생활관계를 이룬다는 혼인의사를 바탕으로 신고하는 것이라고 정의할 수 있다. 다만, 혼인신고를 하는 것은 혼인의 형식적 요건이다. 민법상 완전한 혼인을 하기 위해서는 몇 가지 요건들을 더 충족하여야 한다.

혼인의 적극적 요건

적극적 요건은 혼인을 하기 위해 갖추어야 하는 것인데, 우선 당사자 사이에 혼인의 합의가 있어야 한다. 혼인도 일종의 계약임은 설명한 바와 같다. 따라서 당사자들이 혼인하겠다는 의사가 있어야 되는 것이고, 또 양쪽의 당사자의 의사가 일치하여야 한다. 다만, 이 혼인의 합의를 위해 양쪽 당사자에게 요구되는 혼인의사는 진정한 혼인의사를 의미한다. 참다운 부부가 되겠다는 의사, 즉 상대방과 생활공동체를 형성하고, 배우자로서 법적인 의무를 다하겠다는 의사로 혼인에 합의하여야 하는 것이다. 그리고 이와 같은 의미의 혼인의사가 당사자 양쪽에 다 있었을 때 유효한 혼인이 된다.

다음으로 중요한 것은 혼인신고를 하는 것이다. 민법은 혼인의 성립에 관하여 '혼인은 「가족관계의 등록 등에 관한 법률」에 정한 바에 의하여 신고함으로써 그 효력이 생긴다'라고 규정하고 있다(민법 제812조 제1항). 진정한 혼인의사가 존재하는지는 사실 당사자만 알 수 있는 부분이고, 결국은 일단 혼인신고를 하면 혼인이 성립하게 되는 것이다. 혼인신고를 하면 이 신고내용에 대한 심사가 이루어지는데, 이때의 심사는 형식적 심사를 의미한다. 신고인이 제출한 서류에만 의존해서, 법이 정한 요건을 구비하고 있는가를 확인하는 것이고, 신고내용이 진실에 부합하는지의 여부까지는 심사하지 않는다. 형식적 심사에 따른 신고내용에 별 문제가 없으면 혼인신고가 수리되고(민법 제813조) 이로써 혼인은 성립하게 된다.

혼인의 소극적 요건(혼인장애사유)

혼인에 문제가 없으려면 혼인의 소극적 요건도 충족하여야 하는데, 어떤 사유들은 없어야 혼인이 가능하다는 의미이다. 그래서 이를 혼인장애사유라고도 한다.

우선 민법은 '18세가 된 사람은 혼인할 수 있다'라고 규정하고 있다(민법 제807조). 민법이 혼인연령을 정해두고 있으므로 18세는 넘어야 혼인이 가능한 것이고 따라서 양쪽 당사자가 모두 18세 미만자는 아니어야 한다. 다만, 18세인 사람은 아직 미성년자이므로 18세인 미성년자가 혼인을 하기 위해서는 부모의 동의를 받아야 한다(민법 제808조 제1항). 그리고 17세인 미성년자는 부모의 동의가 있더라도 혼인할 수 없다. 혼인연령을 충족하지 못하기 때문이다.

다음으로 민법은 근친혼을 금지하고 있으므로 남녀는 서로 근친관계가 아니어야 한다. 민법이 금지하는 근친의 범위는 다음과 같다.

✚ 근친혼 등의 금지(민법 제809조)

> ① 8촌 이내의 혈족(친양자의 입양 전의 혈족을 포함한다) 사이에서는 혼인하지 못한다.
> ② 6촌 이내의 혈족의 배우자, 배우자의 6촌 이내의 혈족, 배우자의 4촌 이내의 혈족의 배우자인 인척이거나 이러한 인척이었던 자 사이에서는 혼인하지 못한다.
> ③ 6촌 이내의 양부모계(養父母系)의 혈족이었던 자와 4촌 이내의 양부모계의 인척이었던 자 사이에서는 혼인하지 못한다.

먼저, 8촌 이내 혈족 사이는 혼인할 수 없다. 여기서 말하는 혈족은 자연혈족과 법정혈족이 다 포함되는 개념이다. 따라서 입양된 경우에는 8촌 이내의 양부모계 혈족들, 또 친생부모계 혈족과 모두 혼인할 수 없는 것이다. 다음으로 '6촌 이내 혈족의 배우자'와 '배우자의 6촌 이내 혈족', '배우자의 4촌 이내 혈족의 배우자'인 인척이거나 이러한 인척관계가 있었던 사람은 혼인할 수 없다. 마지막으로 '6촌 이내의 양부모계 혈족이었던 자'와 '4촌 이내 양부모계의 인척이었던 자'들도 혼인하지 못한다. 이는 과거에 친족관계가 있었던 사람들에게 적용되는 규정인데, 현재의 양부모계 혈족이나 인척은 전술한 제809조 제1항이나 제2항의 규정들이 적용되는 것이다. 입양이 되면 친생자나 양자나 우리 법은 똑같이 취급하기 때문이다. 따라서 민법 제809조 제3항은 입양이 취소되거나 파양되는 등 입양관계가 종료된 경우를 대비한 규정이다.

마지막으로 우리 민법은 '배우자 있는 자는 다시 혼인하지 못한다'라는 중혼 금지 규정을 두고 있다(민법 제810조). 여기에서 말하는 중혼은 법률상 배우자가 있는 사람이 그 혼인관계가 해소되기 전에 다시 혼인하는 것인데, 우리 사회는 일부일처제를 원칙으로 하기 때문에 중혼은 허용되지 않는 것이다.

08

잘못된 혼인_혼인의 무효와 취소

혼인의 무효·취소가 필요한 때

혼인 요건에 흠이 있는 경우라도 혼인신고가 이루어질 수 있다. 그러나 혼인의 요건에 흠이 있다면 설사 혼인신고가 되었더라도 이를 완전하게 유효한 혼인으로 인정하지 않는다. 혼인의 무효, 취소는 이렇게 혼인을 성립시키는 과정에 뭔가 잘못이 있을 때를 위한 제도이다. 예를 들어서, 혼인연령에 도달하지 못한 미성년자가 혼인을 했다면, 이혼을 하는 것이 아니라 혼인을 취소할 수가 있는 것이다.

혼인의 무효 vs 혼인의 취소

혼인의 무효와 취소의 가장 큰 차이는 언제부터 혼인의 효력이 소멸하는가에 있다. 혼인무효에 대해서는 소급효가 인정되므로 혼인이 무효가 되면 '처음부터' 혼인의 효력이 사라지게 되고, 반면, 혼인의 취소에 대해서는 소급효를 인정하지 않는다(민법 제824조). 혼인을 취소하여도 혼인 당시로 돌아가는 것이 아니라, 취소한 날부터 장래를 향해서 혼인관계가 종료되는 것이다. 따라서 가족관계등록부에 혼인기록이 남게 되고, 혼인취소로 표시된다. 즉 취소하기 전까지의 혼인관계는 유효하게 본다는 것이다. 그러므로 혼인 당시부터 취소할 때까지 그 사이에 발생한 혼인에 따른 효과들은 그대로 인정된다. 그래서 혼인의 취소는 법률효과로 따지면 혼인의 무효와 비슷한 것이 아니라 이혼과 비슷한 것이다. 예를 들어 혼인이 성립한 뒤에 배우자가 사망하면, 생존 배우자에게는 상속권이 인정된다. 그런데 이후에 혼인이 무효가 되면, 혼인 당시로 돌아가서 혼인하지 않은 것과 같은 상태가 되기 때문에 생존 배우자는 상속권을 상실하게 된다. 반면, 혼인이 취소가 되면, 취소하기 전까지의 혼인의 효과는 그대로 유지되는 것이므로, 배우자가 사망한 후에 혼인을 취소하더라도 상속권을 유지하게 되는 것이다(대법원 1996.12.23. 선고 95다4830 판결). 즉 혼인의 무효는 신분관계를 혼인하기 전으로 되돌리는 것이고, 혼인의 취소는 이혼과 비슷한 것이다.

혼인무효의 원인

혼인이 무효가 되는 경우는 크게 두 가지가 있다. 첫 번째는 혼인의 합의가 없는 혼인인데(민법 제815조 제1호), 가장 문제 되는 것이 바로 가장혼인이다. 혼인신고가 혼인생활을 위한 것이 아니라 다른 목적을 달성하기 위한 수단이 되었을 때, 즉 상대방과 실제로 부부 공동생활을 하겠다는 생각이 아니라 다른 목적을 위해서 혼인신고를 하고 법적인 부부관계를 만들겠다는 생각이 있었다면, 이는 혼인의 합의가 없었던 경우에 해당하여 무효가 되는 것이다. 따라서 국내취업을 위한 입국을 목적으로 혼인신고를 했다거나(대법원 1996.11.22. 선고 95도2049 판결), 사기죄를 범하는 사람이 금원을 편취하기 위한 수단으로 피해자와 혼인신고를 했다면(대법원 2015.12.15. 선고 2014도11533 판결) 혼인의 합의 없음을 이유로 무효를 주장할 수 있다.

【판례】 혼인의 의사와 혼인의 무효

민법 제815조 제1호는 '당사자 간에 혼인의 합의가 없는 때'에는 그 혼인은 무효로 한다고 규정하고 있고, 이 혼인무효 사유는 당사자 간에 사회관념상 부부라고 인정되는 정신적, 육체적 결합을 생기게 할 의사를 갖고 있지 않은 경우를 가리킨다고 해석할 것이므로, 당사자 사이에 비록 혼인의 계출 자체에 관하여 의사의 합치가 있어 일응 법률상의 부부라는 신분관계를 설정할 의사는 있었다고 인정되는 경우라도 그것이 단지 다른 목적을 달성하기 위한 방편에 불과한 것으로서 그들 간에 참다운 부부관계의 설정을 바라는 효과의사가 없을 때에는 그 혼인은 민법 제815조 제1호의 규정에 따라 그 효력이 없다(대법원 1996.11.22. 선고 96도2049 판결).

1남 1녀가 아닌 동성끼리 혼인에 합의했다면 마찬가지로 혼인의 합의가 없는 때에 해당한다. 우리나라에서 동성혼이 금지되는 이유가 여기에 있다. 민법에 동성혼을 금지하는 규정이 있는 것이 아니라, 이와 같은 이유로 혼인신고를 하더라도 수리될 수 없는 것이다.

【판례】 동성혼이 허용되지 않는 이유

혼인제도가 다양하게 변천되어 왔지만 혼인이 기본적으로 남녀의 결합관계라는 본질에는 변화가 없었고, 아직까지는 일반 국민들의 인식도 이와 다르지 않은 점, 혼인은 가족 구성의 기본 전제가 되고 다음 세대를 길러내는 기초가 되므로 사회나 국가제도에서 차지하는 역할이 큰 점, 우리 헌법이나 민법 등 관련법에서 명문으로 혼인이 남녀 간의 결합이라고 규정하지는 않았지만 구체적으로 성 구별적 용어를 사용하여 그것이 당연한 전제인 것으로 상정하고 있는 점 (중략) 등의 여러 사정을 종합하면, 혼인은 '남녀의 애정을 바탕으로 일생의 공동생활을 목적으로 하는 도덕적, 풍속적으로 정당시되는 결합'을 가리키는 것으로 해석되고, 이를 넘어 '당사자의 성별을 불문하고 두 사람의 애정을 바탕으로 일생의 공동생활을 목적으로 하는 결합'으로 확장하여 해석할 수 없으므로, 현행법의 통상적인 해석으로는 동성인 신청인들의 합의를 혼인의 합의라고 할 수 없고 합의에 따른 신고를 적법한 혼인신고라고 할 수 없다(서울서부지법

2016.5.15.자 2014호파1842 결정).

근친혼에 해당하는 혼인도 무효가 되는데, 민법에 규정된 모든 근친혼이 무효가 되는 것은 아니다. 근친혼 가운데 8촌 이내 혈족 사이 혼인은 무효가 된다(민법 제815조 제2호).[10] 그리고 이 밖에는 근친혼 가운데에서도 매우 가까운 친족들의 혼인만 무효가 된다. 우선 당사자 간에 직계인척관계가 있거나 있었던 때로(민법 제815조 제3호), 직계인척관계는 인척 중에서 직계혈족이 연결되어 있는 친족관계를 말하는 것이다. 대표적으로 시아버지와 며느리, 장모와 사위, 계부와 딸 또는 계모와 아들 같은 관계들이다. 다음으로 당사자 간에 양부모계의 직계혈족관계가 있었던 때로(민법 제815조 제4호), 양부와 양녀, 양모와 양자 사이가 직계인 법정혈족에 해당한다. 이런 경우에는 파양을 하는 등 그 혈족관계가 소멸하더라도 혼인할 수 없는 것이고, 설사 혼인을 한다 하더라도 그 혼인은 무효가 된다.

✚ 혼인의 무효(민법 제815조)

1. 당사자 간에 혼인의 합의가 없는 때
2. 혼인이 제809조 제1항의 규정을 위반한 때*
3. 당사자 간에 직계인척관계(直系姻戚關係)가 있거나 있었던 때
4. 당사자 간에 양부모계의 직계혈족관계가 있었던 때

* [헌법불합치, 2018헌바115, 2022.10.27, 민법(2005.3.31. 법률 제7427호로 개정된 것) 제815조 제2호는 헌법에 합치되지 아니한다. 위 법률조항은 2024.12.31.을 시한으로 개정될 때까지 계속 적용된다.]

---

10) 다만, 이에 대해서는 헌법불합치 결정이 있었던바, 2024년 12월 31일까지만 효력이 유지되므로 이후에는 입법 경과를 지켜보아야 할 것이다. 2025년 7월 현재까지 개정되지 않고 있다.

혼인취소의 사유

민법이 정한 혼인취소의 사유는 크게 세 가지가 있다. 첫째, 혼인성립의 소극적 요건을 위반한 경우이다(민법 제816조 제1호). 혼인적령을 위반했을 때, 미성년자가 부모의 동의 없이 혼인했을 때, 배우자가 있음에도 혼인했다면 이와 같은 혼인은 취소할 수 있다. 또한 근친혼 금지 규정을 위반한 경우에도 취소할 수 있는데, 전술한 제809조에 따른 근친혼의 범위에서, 무효에 해당하는 혼인을 제외한 나머지 범위의 근친혼이 취소의 대상이 된다.

✚ 혼인취소의 사유(민법 제816조)

> 1. 혼인이 제807조 내지 제809조(제815조의 규정에 의하여 혼인의 무효사유에 해당하는 경우를 제외한다. 이하 제817조 및 제820조에서 같다) 또는 제810조의 규정에 위반한 때
> 2. 혼인당시 당사자 일방에 부부생활을 계속할 수 없는 악질 기타 중대사유있음을 알지 못한 때
> 3. 사기 또는 강박으로 인하여 혼인의 의사표시를 한 때

둘째, '혼인당시 당사자 일방에 부부생활을 계속할 수 없는 악질 기타 중대사유있음을 알지 못한 때'로(민법 제816조 제2호), 혼인할 때에는 혼인하는 상대방의 상황에 대해서 충분히 알아야 하는데 혼인을 결정하는 당시에 아주 중요한 정보를 몰랐다면 취소할 수 있게 하는 것이다. 부부생활을 계속할 수 없는 악질 기타 중대사유라는 것은 성병이나 불치병, 정신질환 같은 것이 해당된다. 임신가능여부는 보통 혼인취소의 사유로 인정되지 않는다. 혼인의 목적은 출산이 아니라 부부가 공동생활을 하는데 있는 것이므로 생식기능의 문제는 혼인취소의 사유로 인정되기 어려운 것이다(대법원 2015.2.26. 선고 2014므4734, 4741 판결).

셋째, '사기 또는 강박으로 인하여 혼인의 의사표시를 한 때'에도 혼인

을 취소할 수 있다(민법 제816조 제3호). 사기는 고의로, 즉 작정하고 상대방을 속여서 착오에 빠지게 하는 것을 의미한다. 다만, 혼인할 때 무엇인가를 속았다고 하더라도 언제나 취소할 수 있는 것은 아니다. 사기를 이유로 혼인을 취소하기 위해서는 혼인의 본질적인 내용에 관한 부분을 속았어야 한다. 또한 사기라는 것은 어떤 사실을 적극적으로 속인 경우도 포함되지만, 했어야 하는 말을 하지 않은 경우, 즉 침묵한 경우도 해당된다. 다음으로 강박은 어떤 고의를 가지고, 해코지를 하겠다고 상대를 위협해서 공포심을 일으키는 것이다. 혼인하지 않으면 상대방 또는 가족 등을 살해하겠다는 협박 등으로 인해 어쩔 수 없이 혼인신고에 동의하였다면 강박에 의한 혼인으로 취소할 수 있다.

【판례】 성폭력범죄에 따른 출산경력 불고지와 혼인의 취소

민법 제816조 제3호가 규정하는 '사기'에는 혼인의 당사자 일방 또는 제3자가 적극적으로 허위의 사실을 고지한 경우뿐만 아니라 소극적으로 고지를 하지 아니하거나 침묵한 경우도 포함된다. 그러나 불고지 또는 침묵의 경우에는 법령, 계약, 관습 또는 조리상 사전에 사정을 고지할 의무가 인정되어야 위법한 기망행위로 볼 수 있다. (중략) 아동성폭력범죄 등의 피해를 당해 임신을 하고 출산까지 하였으나 이후 자녀와의 관계가 단절되고 상당한 기간 동안 양육이나 교류 등이 전혀 이루어지지 않은 경우라면, 출산의 경력이나 경위는 개인의 내밀한 영역에 속하는 것으로서 당사자의 명예 또는 사생활 비밀의 본질적 부분에 해당하고, 나아가 사회통념상 당사자나 제3자에게 그에 대한 고지를 기대할 수 있다거나 이를 고지하지 아니한 것이 신의성실 의무에 비추어 비난받을 정도라고 단정할 수도 없으므로, 단순히 출산의 경력을 고지하지 않았다고 하여 그것이 곧바로 민법 제816조 제3호에서 정한 혼인취소사유에 해당한다고 보아서는 아니된다(대법원 2016.2.18. 선고 2015므654, 661 판결).

혼인의 취소는 이와 같은 사유가 있더라도 그 혼인관계가 무조건 종료되는 것은 아니다. 취소권을 가진 사람이 혼인취소를 청구하고, 판결이 확정되어야 취소되는 것이다. 이에 민법은 혼인취소의 청구권자 및 청구권이 소멸하는 사유를 별도로 정해 두고 있는데, 그 내용은 다음과 같다.

표 4-2 혼인취소의 청구권자 및 청구권 소멸 사유

혼인취소 사유	청구권자	청구권의 소멸	민법 규정
혼인연령위반	당사자, 법정대리인	- 성년연령도달 - 혼인 중 임신	제817조 제819조
필요한 동의를 얻지 못한 혼인	당사자, 법정대리인	- (미성년자) 성년연령도달 - (피성년후견인) 성년후견 종료 심판 후 3개월 경과 - 혼인 중 임신	제817조 제819조
근친 사이 혼인	당사자, 직계존속, 4촌 이내 방계혈족	혼인 중 임신	제817조 제820조
중혼	당사자 및 그 배우자, 직계혈족, 4촌 이내 방계혈족	소멸 사유 또는 기간에 정함 없음	제818조
악질 등 중대한 사유를 모르고 한 혼인	당사자	혼인취소 사유가 있음을 안 날부터 6개월 경과	제822조
사기 또는 강박에 의한 혼인	당사자	사기를 안 날 또는 강박을 면한 날부터 3개월 경과	제823조

09

혼인의 일반적 효과

친족관계의 형성

혼인을 하면 우선 상대방과 법적 배우자라는 신분을 취득한다. 이에 따라 상대방 배우자가 사망할 경우에는 생존 배우자에게 상속권이 발생한다. 또한 그 배우자의 혈족들과는 인척관계를 형성하게 된다. 시부모, 시동생, 장인장모, 처제 등 인척이 만들어지고 본인 역시 며느리 또는 사위라는 신분을 가지게 되는 것이다.

성년의제

미성년자가 혼인한 경우에는 신분의 중대한 변화가 일어난다. 민법은 '미성년자가 혼인을 한 때에는 성년자로 본다'라고 규정하고 있는데(민법 제826조의2), 이를 성년의제라고 한다. 19세가 되어야 성년에 이르게 되지만(민법 제4조), 미성년자가 혼인을 하면 아직 19세에 이르지 않았더라도 성년자로 대우하는 것이다.

민법상 미성년자가 법률행위를 함에는 법정대리인의 동의를 얻어야 한다(민법 제5조 제1항). 그런데 혼인한 미성년자는 성년자로 의제되어 단독으로 법률행위를 할 수 있게 된다. 혼인한 미성년자에게 자녀가 있다면 친권을 직접 행사할 수 있다. 반면 혼인하지 않은 상태로 미성년자가 자녀만 출산했다면, 그 자녀의 부모라도 친권을 직접 행사할 수 없다. 혼인하지 않은 미성년자는 그 자녀의 부모라도 여전히 미성년자이고, 민법상으로 미성년자는 본인의 업무도 단독으로 처리할 수 없는 사람이기 때문이다. 이와 같은 경우에는 미성년자의 부 또는 모가 친권을 대리하여 행사하게 된다(민법 제910조). 즉 자녀의 할아버지 또는 할머니가 친권 행사를 대리하는 것이다. 미성년자가 부모가 없는 경우에는 미성년후견인이 미성년자를 갈음하여 미성년자의 자녀에 대한 친권을 행사한다(민법 제948조 제1항).

성년의제가 된 미성년자는 민법상의 법률행위들은 단독으로 할 수 있다. 그리고 일단 성년의제가 된 미성년자는 배우자가 사망하거나 이혼함으로써 혼인관계가 해소된 경우에도 성년의제의 효과는 지속된다. 다만, 성년의제는 모든 법률관계에서 적용되는 것은 아니다. 보통 공법관계에서는 성년의제가 적용되지 않는데, 형법, 선거법이나 미성년자보호에 관한 법률 등에서는 혼인을 하더라도 여전히 미성년자로 취급되는 것이다.

부부 사이 의무

부부 사이에도 꼭 지켜야 하는 법적인 의무가 있다. 부부는 동거하며 서로 부양하고 협조하여야 한다(민법 제826조 제1항). 혼인의 목적은 부부가 공동생활을 하는 데에 있는 것이므로 사실 이와 같은 의무들은 당연한 것이다. 그러나 이는 도의적 의무가 아니라, 법적인 의무인바 이를 위반하면 손해배상을 청구할 수 있고, 또 재판상 이혼사유가 된다.

동거의무는 같은 집에서 살고 생활을 같이 한다는 것이다. 그런데 부부라고 하더라도 언제나 같이 살 수 있는 것은 아니다. 각자의 직장 때문에 주말부부로 지내는 부부도 많고 자녀 교육을 이유로 부부가 떨어져 지내기도 하는데, 이런 상황들을 동거의무 위반으로 볼 수는 없을 것이다. 따라서 정당한 이유로 일시적으로 동거하지 않는 경우에는 서로 인용하여야 한다(민법 제826조 제1항 제2문). 정당한 이유는 보통 해외 근무, 유학, 자녀교육 또는 건강을 위해 요양이 필요한 경우들이 해당될 것이다. 이와 같은 사유가 없음에도 배우자가 집을 떠났다면 동거의무를 위반한 것이 된다. 동거의무를 위반하면 가정법원이 동거명령을 내릴 수는 있으나 당사자가 불응하더라도 강제할 수는 없다. 동거를 강제할 수는 없으나, 동거의무를 위반하면 이는 재판상 이혼사유가 되고 위자료를 청구할 수 있다.

부양의무는 의식주를 포함해서, 부부가 공동생활을 유지하는 데 필요한 것들을 서로가 제공하라는 의무이다. 부양의무를 위반하면 동거의무 위반과 마찬가지로 재판상 이혼 청구가 가능하다. 또 상대방이 부양의무를 다하지 않을 때에는 법원에 부양료 청구소송을 할 수도 있다. 부부 사이 다른 의무들은 그 성격상 법적인 강제가 불가능하지만 부양의무는 경제적 의무인바 강제이행이 가능하다는 특징이 있다. 부양의무는 경우에 따라서 면제될 수 있는데, 가령 본인은 정당한 이유 없이 동거를 거절하는 상황에서 상대방에게 부양료를 청구할 수는 없는 것이다. 상대방에 대해 부부로서의 의무를 요구하기 위해서는 부부 사이 의무를 다하여야 한다.

【판례】 동거를 거부하는 배우자의 부양 의무

민법 제826조 제1항이 규정하고 있는 부부간의 동거 · 부양 · 협조의무는 정상적이고 원만한 부부관계의 유지를 위한 광범위한 협력의무를 구체적으로 표현한 것으로서 서로 독립된 별개의 의무가 아니라고 할 것이므로, 부부의 일방이 정당한 이유 없이 동거를 거부함으로써 자신의 협력의무를 스스로 저버리고 있다면, 상대방의 동거청구가 권리의 남용에 해당하는 등의 특별한 사정이 없는 한, 상대방에게 부양료의 지급을 청구할 수 없다(대법원 1991.12.10. 선고 91므245 판결).

협조의무는 부부의 공동생활에 대해서 정신적, 육체적, 경제적인 방면에서 서로 협력할 의무이다. 협조의무를 위반하더라도 강제이행은 어렵다. 협조의무에서 문제가 될 만한 것은 부부 사이 성생활에 관한 협조의무이다. 성생활은 부부관계에서 중요한 요소이므로, 성생활에 대해서도 부부는 당연히 협조하여야 하는 것이다. 따라서 정당한 이유없이 장기간 동안 성관계를 거부하면, 이는 재판상 이혼사유로 인정될 수 있다. 다만, 어디까지 협조하여야 하는가가 문제일 것이다. 부부 사이에도 강간죄가 성립할 수 있기 때문에 부부로서 성관계를 요구할 수는 있지만 이를 강제할 수는 없는 것이다.

【판례】 부부 사이 강간

강간죄의 보호법익은 현재 또는 장래의 배우자인 남성을 전제로 한 관념으로 인식될 수 있는 '여성의 정조' 또는 '성적 순결'이 아니라, 자유롭고 독립된 개인으로서 여성이 가지는 성적 자기결정권이다. 부부 사이에 민법상 동거의무가 인정된다고 하더라도 거기에 폭행, 협박에 의해 강요된 성관계까지 참아야 할 의무가 내포되어 있다고 할 수는 없다. 결론적으로 헌법이 보장하는 혼인과 가족생활의 내용, 가정에서의 성폭력에 대한 인식의 변화, 형법의 체계와 그 개정 경과, 강간죄의 보호법익과 부부의 동거의무의 내용 등에 비추어 보면, 형법 제297조가 정한 강간죄의 객체인 '부녀'에는 법률상 처가 포함되고, 혼인관계가 파탄된 경우뿐만 아니라 혼인관계가 실질적으로 유지되고 있는 경우에도 남편이 반항을 불가능하게 하거나 현저히 곤란하게 할 정도의 폭행이나 협박을 가하여 아내를 간음한 경우에는 강간죄가 성립한다고 보아야 한다(대법원 2013.5.16. 선고 2012도14788, 2012전도252 전원합의체 판결).

마지막으로 부부 사이에는 정조의무라는 성적 성실의무가 있다. 민법에 직접적으로 규정된 의무는 아니지만 대법원은 이를 넓은 의미의 협조의무라고 보며 동거의무 내지 부부공동생활을 유지할 의무에서 정조의무를 인정하고 있다(대법원 2014.11.20. 선고 2011므2992 전원합의체 판결). 배우자가 제3자와 부정한 행위를 하고 정조의무를 위반하면 이는 재판상 이혼사유로 인정되고(민법 제840조 제1호), 정조의무 위반이라는 불법행위에 대하여 손해배상을 청구할 수도 있다. 또한 배우자와 부정행위를 한 제3자에게도 손해배상 청구가 가능하다. 이른바 상간녀 위자료 소송, 상간남 위자료 소송 등이 바로 배우자와 부정행위를 한 상대방에 대하여 책임을 묻는 것이다. 제3자가 배우자와 부정행위를 했다면 이는 부부의 공동생활을 침해한 것이고, 또한 부부의 혼인관계 유지를 방해한 것이므로 손해배상책임이 발생한다. 다만, 예외적으로 혼인관계가 사실상 이미 파탄된 경우에는 그 부정한 행위로 인하여 부부 공동생활이 침해되었다거나 방해된 것이 아니므로 그로 인한 손해가 발생했다고 보기 어려울 것이다. 그러므로 법률상 배우자가 있는 경우라도 부부관계가 사실상 파탄된 경우에는 정조의무가 문제 되지 않고, 상간자에 대한 배상책임도 발생하지 않는다.

【판례】 혼인관계의 파탄과 부정한 행위

[1] 제3자도 타인의 부부공동생활에 개입하여 부부공동생활의 파탄을 초래하는 등 혼인의 본질에 해당하는 부부공동생활을 방해하여서는 아니 된다. 제3자가 부부의 일방과 부정행위를 함으로써 혼인의 본질에 해당하는 부부공동생활을 침해하거나 유지를 방해하고 그에 대한 배우자로서의 권리를 침해하여 배우자에게 정신적 고통을 가하는 행위는 원칙적으로 불법행위를 구성한다.

[2] 비록 부부가 아직 이혼하지 아니하였지만 실질적으로 부부공동생활이 파탄되어 회복할 수 없을 정도의 상태에 이르렀다면, 제3자가 부부의 일방과 성적인 행위를 하더라도 이를 두고 부부공동생활을 침해하거나 유지를 방해하는 행위라고 할 수 없고 또한 그로 인하여 배우자의 부부공동생활에 관한 권리가 침해되는 손해가 생긴

다고 할 수도 없으므로 불법행위가 성립한다고 보기 어렵다(대법원 2014.11.20. 선고 2011므2997 전원합의체 판결).

일상가사대리권

민법은 '부부는 일상의 가사에 관하여 서로 대리권이 있다'라고 규정하는바(민법 제827조 제1항), 혼인을 하면 배우자는 서로가 일상의 가사에 관하여 대리할 수 있다. 민법상 대리행위가 유효하기 위해서는 대리인이 본인에 대하여 해당 법률행위에 관하여 위임을 하여야 한다. 대리권을 받아야 되는 것이다. 대리권이란 본인이 아닌 제3자가 본인을 위해 대신 법률행위를 할 수 있는 권한이다. 그런데 부부 사이에는 별도로 대리권을 수여하지 않더라도 일상의 가사에 대하여는 서로 대리할 수 있는 것이고 이를 일상가사대리권이라고 한다.

일상의 가사는 쉽게 말해서 부부가 공동생활을 하는 데 필요한 일상적인 행위들이다. 일반적으로 가족의 의식주가 관련된 사무들, 즉 식료품이나 의복을 구입하고, 임대료를 지급하거나 여러 가지 공과금을 납부하는 행위가 일상의 가사에 해당하는 것들이다. 또 부부 사이에 자녀가 있으면 학원비나 교재비를 지급하는 등 자녀 양육이나 교육에 관한 사무들도 일상의 가사에 속하는 것으로 본다. 반면에, 부동산을 매각하거나 담보를 제공하는 등의 처분행위, 채무에 대한 연대보증을 하는 행위들은 보통 일상의 가사에 해당하는 것으로 보지 않는다. 일상의 가사에 관한 법률행위인지 여부를 판단함에 있어서는 그 법률행위를 한 부부공동체의 내부 사정이나 그 행위의 개별적인 목적만을 중시할 것이 아니라, 그 법률행위의 객관적인 종류나 성질 등도 충분히 고려하여 판단하여야 한다는 것이 대법원의 입장이다(대법원 1997.11.28. 선고 97다31229 판결). 그리고 이와 같은 일상의 가사에 속하는 행위들은 배우자의 이름으로 대신 법률행위를 할 수 있고, 배우자는 본인이 한 행위가 아니더라도 책임을 부담하여야 한다는 것이 일상가사대리권의 내용이다.

10

부부재산

부부재산제도

부부재산제도는 부부 사이의 재산관계를 규율하는 제도이다. 부부재산에 관하여 원칙은 부부가 약정하는 것이고, 약정이 없는 경우에는 민법에 정해진 부부재산제를 따르는데, 이를 법정 부부재산제라고 한다. 법정 부부재산제는 부부별산제이다.

부부재산계약

혼인을 했을 때 부부의 재산관계는 부부가 약정하는 것이 원칙인바, 민법에는 부부재산계약에 관한 조항이 있다. 부부재산계약은 부부가 될 사람들이 혼인하기 전에 그 재산에 관하여 따로 약정하는 것이다(민법 제829조 제1항). 계약 내용에 관해서는 따로 정해진 바가 없으므로 당사자들이 자유롭게 정하면 된다. 다만, 사회질서에 반하는 약정이 포함되어 있다면 그 조항은 효력이 없다. 민법은 '선량한 풍속 기타 사회질서에 위반한 사항을 내용으로 하는 법률행위는 무효로 한다'라고 규정하고 있으며(민법 제103조) 이는 민법의 대원칙이기도 하다. 양성평등이나 다른 사회질서에 반하는 약정은 효력이 없는바, 약속한다고 다 되는 것이 아니라 민법이 허용하는 범위 내로 제한되는 것이다.

부부가 혼인성립 전에 그 재산에 관하여 약정한 때에는 혼인 중에 이를 변경할 수 없으나 정당한 사유가 있는 때에는 법원의 허가를 얻어 변경할 수 있다(민법 제829조 제2항). 즉, 원칙은 변경할 수 없는데 정당한 사유가 있으면 변경이 가능한 것이고, 부부가 합의해서 바꾸면 되는 것이 아니라 법원의 허가를 받아야 하는 것이다. 계약의 형식에는 특별한 제한이 없다. 다만, 이 계약내용을 부부 사이가 아니라, 제3자에 대해서도 주장하기 위해서는 혼인 성립 전에 등기를 하여야 한다(민법 제829조 제4항).

그림 4-3 부부재산약정등기_예

【약 정 자】	(약정자의 표시)		
표시번호	접수	약정자의 기본사항	등기원인 및 기타사항
1	2007년 9월 3일	부 김갑동 781023-164231 서울특별시 마포구 공덕동 223 처 이을순 810207-2546778 서울특별시 서초구 서초동 967	

【약 정 사 항】	(약정의 내역)		
사항번호	접수	등기원인	약정내역
1	2007년 9월 3일 제23호	2007년 9월 1일 부부재산약정	1. 부부재산 중 다음에 기재한 것은 각자의 재산으로 한다. (부의 재산) 가. 서울특별시 마포구 공덕동 100번지 토지 100m2 나. 2006년식 소나타 01마9324 (처의 재산) 가. 서울특별시 서초구 서초동 967번지 청솔아파트 101-111 나. 국민은행 예금 5천만 원 2. 부의 특유재산의 사용, 수익 및 관리는 처가 한다. 3. 혼인 중 새로 취득한 재산은 부부공유로 한다.

법정 부부재산제(부부별산제)

부부재산계약을 체결하지 않았을 경우에는 전술한 바와 같이 민법에 정해진 부부재산제를 따르게 된다. 부부재산계약을 체결하는 경우가 많지 않으므로 법정재산제를 알고 있는 것이 중요하다.

우리나라의 법정 부부재산제는 부부별산제로, 부부가 각자 별도로 재산을 소유하고 관리한다는 것이다. 민법은 '부부의 일방이 혼인전부터 가진 고유재산과 혼인중 자기의 명의로 취득한 재산은 그 특유재산으로 한다'라고 규정하며(민법 제830조 제1항), '부부는 그 특유재산을 각자 관리, 사용, 수익한다'라는 특유재산의 관리 등에 관하여 명시하고 있다(민법 제831조). 쉽게 말하면 내 돈은 내 것이고, 네 돈은 네 것이라는 의미이다. 그렇기 때문에 일방 배우자에게 막대한 채무가 있더라도 이를 상대방 배우자가 대신 갚을 필요는 없는 것이다. 그리고 부부의 누구에게 속한 것인지 분명하지 않은 재산이 부부의 공유재산이 된다(민법 제830조 제2항). 부부 또는 가족이 함께 사용하는 가재도구 같은 것들이다. 따라서 현행법상 부부재산은 각자의 명의대로 따라가는 것이고 소유가 불명확한 재산들만 부부의 공유물이 된다.

그런데 명의상으로는 가령 남편의 특유재산인데, 사실상 부부가 협력해서 취득한 재산이 있을 수 있다. 그러나 이런 경우에도 우선은 부부별산제의 원칙에 따라서 해당 재산은 남편에게 귀속된다. 다만, 부부재산제도에서 부부의 특유재산은 우선 그 명의대로 '추정'되는 것이고, 추정은 반대의 사실이 있음을 증명하면 이를 뒤집을 수가 있다. 따라서 해당 재산을 취득할 당시에 재산 명의자가 아닌 배우자가 해당 재산을 취득하는 데에 실질적인 대가를 부담했다는 것을 증명하면 이를 부부의 공유 또는 다른 일방의 명의로 변경할 수 있고 이를 특유재산 추정의 번복이라 한다. 유의할 것은 특유재산 추정의 번복을 위해서는 가사노동과 같은 추상적인 기여로는 부족하다. 이른바 '내조의 공'이라는 것은 특유재산의 추정을 번복하는 사유로 인정되지 않는 것이다. 부부 각자가 대금을 분담했거나, 연대채무를 부담했거나 하는 등의 실질적·구체적인 기여가 필요하다.

【판례】 특유재산 추정의 번복

부부의 일방이 혼인 중 그의 명의로 취득한 부동산은 그의 특유재산으로 추정되는 것으로서 그 부동산을 취득함에 있어 상대방의 협력이 있었다거나 혼인생활에 있어 내조의 공이 있었다는 것만으로는 위 추정을 번복할 수 있는 사유가 되지 못하고 그 부동산을 부부 각자가 대금의 일부씩을 분담하여 매수하였다거나 부부가 연대채무를 부담하여 매수하였다는 등의 실질적 사유가 주장입증되는 경우에 한하여 위 추정을 번복하고 그 부동산을 부부의 공유로 인정할 수 있다(대법원 1986.9.9. 선고 85다카1337, 1338 판결).

일상가사로 인한 채무의 연대책임

우리 민법은 부부별산제가 원칙이므로 배우자의 채무는 배우자의 채무인 것이지 이를 상대방이 같이 갚아 줄 의무는 없다. 그런데 예외적으로 부부 한쪽의 채무를 상대방이 같이 책임져야 하는 경우가 있는데 일상의 가사에 관해서 어떤 채무가 발생했다면, 이 채무에 대해서는 부부가 공동으로 책임을 져야 한다(민법 제832조). 일상의 가사에 대해서는 어차피 부부가 공동으로 책임을 부담하는 것이므로 이에 관한 대리권도 인정하는 것이다. 즉, 부부재산은 서로 분리가 되어 있고, 각자가 한 일들은 각자가 책임지는 것이 원칙인데, 예외적으로 일상가사가 관련된 행위들만 서로 대리할 수가 있고 책임도 같이 지는 것이다.

11

법이 보호하는 사실혼

사실혼의 의의

사실혼은 두 사람이 혼인의사를 가지고 실제로는 부부로 생활하고 있는데, 혼인신고를 하지 않은 사람들, 즉 법적으로는 부부가 아닌 관계를 말한다. 민법에 사실혼에 관한 별도의 규정은 없다. 그럼에도 불구하고 사실혼이 중요한 것은 법률혼에 준하는 보호를 받기 때문이다.

사실혼의 요건

보통 동거와 사실혼을 비슷하게 생각하지만 단순한 동거관계는 법적인 의미가 없다. 동거는 남녀가 그냥 같이 사는 것이고, 사실혼은 표현 그대로 사실상 혼인한 상태와 다름없어야 하므로 법이 보호하는 사실혼으로 인정되기 위한 요건은 까다롭다. 대법원에 따르면, 사실혼이 성립하기 위해서는 당사자 사이에 주관적으로 혼인의사의 합치가 있고, 객관적으로 부부공동생활이라고 인정할 만한 혼인생활의 실체가 존재하여야 한다(대법원 2001.1.30. 선고 2000도4942 판결).

✚ 법률혼의 장애사유와 사실혼의 성립

> 대법원은 비록 민법에 의하여 혼인이 무효로 되는 근친자 사이의 사실혼 관계라고 하더라도, 그 반윤리성·반공익성이 혼인법질서 유지 등의 관점에서 현저하게 낮다고 인정되는 경우에는 근친자 사이의 혼인을 금지하는 공익적 요청보다는 유족의 생활안정과 복리향상이라는 유족연금제도의 목적을 우선할 특별한 사정이 있고, 이와 같은 특별한 사정이 인정되는 경우에는 그 사실혼관계가 혼인무효인 근친자 사이의 관계라는 사정만으로 유족연금의 지급을 거부할 수 없다고 설시한 바 있다. 그러나 이에 앞서 혼인할 경우 그 혼인이 무효로 되는 근친자 사이의 사실혼관계라면 원칙적으로 혼인법질서에 본질적으로 반하는 사실혼관계라고 추단할 수 있다고 설명한다(대법원 2010.11.25. 선고 2010두14091 판결).
> 이에 따라 일반적으로는 당사자들의 관계에 혼인무효 사유가 존재하면 사실혼도 성립할 수 없다고 보아야 한다. 따라서 동성끼리의 사실혼을 인정하지 않은 하급심 판결이 있다(인천지방법원 2004.7.23. 선고 2003드합292 판결). 반면, 당사자들 사이에 혼인취소 사유가 있다면, 이때는 사실혼관계를 인정해 주는 경향을 보인다. 형부와 처제 사이 사실혼을 인정한 하급심 판결도 있다(서울가정법원 2013.3.26. 선고 2012드합7526, 2011느합319 판결). 그런데 중혼의 경우에는 혼인취소 사유에 해당하지만 특별한 사정이 없는 한 이를 사실혼으로 인정하기 어렵다고 본다(대법원 1996.9.20. 선고 96므530 판결). 중혼적 사실혼을 보호하게 되면 부첩관계를 보호하는 것과 같은 결과가 되기 때문이다. 다만, 비록 중혼적 사실혼관계일지라도 법률혼인 전 혼인이 사실상 이혼상태에 있다는 등의 특별한 사정이 있다면 법률혼에 준하는 보호가 필요하다는 것이 대법원의 입장이다(대법원 2009.12.24. 선고 2009다64161 판결).

사실혼의 해소

법률혼과 같이 우선 당사자가 합의하면 사실혼관계를 해소할 수 있다. 그런데 사실혼은 일방의 의사만으로도 파기할 수가 있는데, 이 점이 법률혼과 다른 점이다. 법률혼관계를 해소하기 위해서, 즉 이혼함에 있어서는 재판상 이혼원인이 존재하지 않는 한 부부 일방의 의사로만 혼인관계를 해소할 수 없다. 다만, 사실혼의 경우에도 사실혼 파기에 원인을 제공한 사람은 손해배상 책임을 지게 된다.

【판례】 일방이 의식불명인 사실혼의 해소

사실혼관계의 당사자 중 일방이 의식불명이 된 상태에서 상대방이 사실혼관계의 해소를 주장하면서 재산분할심판청구를 한 사안에서, 위 사실혼관계는 상대방의 의사에 의하여 해소되었고 그에 따라 재산분할청구권이 인정된다. (중략) 상대방이 의사능력이 없거나 생사가 3년 이상 불명인 경우 등에서의 재판상 이혼과의 균형상으로도 굳이 상대방에 대한 의사표시 및 그 수령 등을 그 해소의 요건으로 할 필요는 없다. 나아가 현재 우리 판례는 당사자의 사망으로 인한 사실혼관계 해소의 경우에 재산분할청구권을 부인하는 태도를 취하고 있는데, 이러한 법상태를 전제로 하더라도 재산분할청구제도의 제반 취지를 살릴 방도는 무엇인지를 강구할 필요가 있다는 점도 고려되어야 할 것이다(대법원 2009.2.9.자 2008스105 결정).

사실혼의 효과

사실혼과 법률혼의 가장 큰 차이는 결국 혼인신고 여부이다. 사실혼은 법률혼에 준하는 보호를 받지만 혼인신고로 인해 발생하는 혼인의 효과들은 인정될 수 없다. 혼인신고를 하여야 법적인 배우자관계가 성립되고, 그 배우자의 혈족 등과 인척관계도 형성되는 것이다. 그러므로 사실혼 배우자에게는 혼인으로 인한 친족관계가 만들어지지 않는다. 법적 배우자라는 신분이 없기 때문에 상속권도 당연히 인정되지 않는다. 이 점이 사실혼 배우자와 법률혼 배우자의 가장 큰 차이이다. 다만, 사실혼 배우자가 사망했을 때 상속권은 인정되지 않지만 근로기준법이나 산업재해보상보험법, 국민연금법, 군인연금법 등은 사실혼 배우자를 유족으로 인정하고 보상금이나 연금을 수령할 수 있도록 하고 있다. 이 밖에도 사실혼 배우자가 상속재산에 대해서 권리를 행사할 수 있는 경우가 있는데 우리 민법에는 상속재산분여제도라는 것이 있다. 피상속인에 대해 상속권을 주장하는 자가 없는 경우에 가정법원은 피상속인과 생계를 같이 하고 있던 자, 피상속인의 요양간호를 한 자 기타 피상속인과 특별한 연고가 있던 자의 청구에 의하여 상속재산의 전부 또는 일부를 분여할 수 있도록 하고 있는데(민법 제1057조의2 제1항), 사실혼 배우자는 피상속인과 생계를 같이하던 사람에 해당되는 것이므로, 다른 상속인이 없다면 생계를 같이했음을 소명해서 상속재산을 나눠 받을 수 있게 된다.

반면에, 부부공동생활을 전제로 발생하는 혼인의 효과들은 대부분 인정하고 있다. 동거, 부양, 협조, 정조의무는 부부 공동생활을 전제로 하는 의무이기 때문에 사실혼 부부에게도 당연히 인정되는 것이고, 따라서 여기에 어떤 잘못이 있으면 손해배상책임도 발생한다(대법원 1998.8.21. 선고 97므544, 551 판결). 또한 일상의 가사에 대해서는 서로 대신 처리할 수가 있고, 일상가사로 채무가 발생했다면 이 채무도 연대하여 책임져야 한다. 부부재산에 관한 규정들도 마찬가지로 적용되는데, 사실혼 배우자도 부부재산계약을 체결할 수 있다. 다만, 부부재산계약을 제3자에게도 주장하기 위해서는 혼인신고를 하기 전에 등기하여야 하는데, 사실혼 부부가 계약을 체결하고 등기를 한다고 하더라도, 혼인신고를 하지 않으면 의미가 없는 것이므로 결국 제3자에 대해서는 부부재산계약 내용을 주장할 수 없게 된다. 그렇지만 당사자들 사이에서는 계약내용이 유효하다. 그리고 재산문제를 서로 약속하지 않았다면, 법정 부부재산제에 관한 규정이 유추적용된다. 혼인 전에 각자가 가지고 있던 재산, 또 혼인 후에 자기 명의로 취득한 재산은 특유재산이 되는 것이고, 이는 각자가 관리, 사용, 수익하는 것이다. 상대방 명의의 특유재산에 대해서 다른 일방 또는 쌍방이 그 재산의 대가를 부담하여 취득한 것이 증명된 때에는 특유재산의 추정은 번복되어 그 다른 일방의 소유이거나 쌍방의 공유로 전환된다(대법원 1994.12.22. 선고 93다52068(본소), 52075(반소) 판결). 이처럼 재산에 관한 문제는 법률혼의 경우와 거의 유사하게 취급된다고 볼 수 있고, 따라서 사실혼관계를 파기할 때에는 이혼할 때와 마찬가지로 재산분할 청구도 가능한 것이다.

【판례】 사실혼 배우자의 사망과 재산분할청구권

사실혼관계에 있었던 당사자들이 생전에 사실혼관계를 해소한 경우 재산분할청구권을 인정할 수 있으나, 법률상 혼인관계가 일방 당사자의 사망으로 인하여 종료된 경우에도 생존 배우자에게 재산분할청구권이 인정되지 아니하고 단지 상속에 관한 법률 규정에 따라서 망인의 재산에 대한 상속권만이 인정된다는 점 등에 비추어 보면, 사실혼관계가 일방 당사자의 사망으로 인하여 종료된 경우에는 그 상대방에게 재산분할청구권이 인정된다고 할 수 없다(대법원 2006.3.24. 선고 2005두15595 판결).

12

누구나 이혼할 자유가 있다_협의이혼

이혼의 자유

부부는 협의만 하면 이혼할 수 있다(민법 제834조). 서로 합의하에 혼인을 해소할 때에는 왜 이혼하는지 그 이유도 중요하지 않다. 더 이상 같이 살기 싫다는 이유로 헤어지는 것도 충분히 가능하다는 것이다. 유책배우자라도 마찬가지이다. 유책배우자는 이혼하기 어렵다고 하지만 협의이혼제도가 있기 때문에 협의이혼을 통해서는 얼마든지 혼인관계를 해소할 수 있다.

협의이혼의 성립요건

협의이혼은 가정법원의 확인을 받아 이혼신고를 하면 성립한다(민법 제836조). 다만, 협의이혼은 결국 계약이기 때문에 당연히 부부가 이혼에 우선 합의하여야 한다. 서로 이혼하겠다는 의사는 합치되어야 하는 것이다. 여기에서 말하는 이혼의사는 '법률상 부부관계를 해소하겠다는 의사'를 의미한다.

이혼합의를 하고 나면, 바로 이혼신고를 할 수 있는 것이 아니라 가정법원의 확인을 받아야 한다. 혼인신고를 함에 있어서는 요구하지 않던 '가정법원의 확인'이라는 절차를 더 거쳐야 하는 것이다. 혼인은 하기 쉽게 만들어 두어 제도적으로 장려하는 것이고, 이혼은 바람직한 것은 아니므로 헤어지는 것은 조금 더 어렵게 해 둔 부분이다. 협의이혼의사 확인제도는 협의이혼을 빙자한 축출이혼을 방지한다는 차원에서 최소한 법원이 이혼의사라도 확인하라는 취지로 도입된 것이기도 하다.

가정법원에서 이혼의사 확인을 받은 것만으로는 협의이혼의 효력이 발생하지 않는다. 이혼의사 확인을 받은 뒤에 이혼할 마음이 사라졌다면 이혼신고를 하지 않으면 되는 것이다. 이혼의사 확인을 받은 후에 이혼신고를 하여야 비로소 이혼이 성립하게 되는데, 유의할 것은 협의이혼신고에 대해서는 기한이 정해져 있음이다. 이혼신고는 가정법원으로부터 확인서 등본을 교부 또는 송달받은 날부터 3개월 이내에 행하여야 한다(가족관계등록법 제75조 제2항). 이 기간이 경과하면 그 가정법원의 확인은 효력을 상실하는바(가족관계등록법 제75조 제3항), 이혼하기 위해서는 절차를 다시 시작하여야 한다. 따라서 협의이혼을 위해서는 가정법원에서 이혼의사 확인을 받고 기한 내에 이혼신고를 마쳐야 한다.

협의이혼의 절차

협의이혼의 절차는 다음과 같다. 부부가 이혼에 합의한 뒤에는 가정법원의 확인을 받아야 하는데, 확인을 받기 위해서는 부부가 가정법원에 출석해서 협의이혼의사확인신청서를 제출하고 이혼에 관한 안내를 받아야 한다(민법 제836조의2 제1항 및 가족관계등록규칙 제73조 제1항). 부부 양쪽이 출석하여야 하고, 협의이혼의사확인신청서의 제출은 대리인이 대신해 줄 수 없기 때문에 법원출두가 곤란한 경우에는 협의이혼이 어렵다. 다만, 부부 중 한쪽이 재외국민이거나 수감자로서 출석하기 어려운 경우에는 예외적으로 다른 쪽이 출석하여 협의이혼의사확인신청서를 제출하고 이혼에 관한 안내를 받으면 된다(가족관계등록규칙 제73조 제2항). 가정법원의 안내를 받는 것도 의무적인 사항이며, 법원에서는 이혼을 하면 법적으로 어떤 효과가 발생하는지 또 양육할 자녀가 있는 경우에는 부부가 협의하여야 하는 사항들도 함께 안내해 준다.

이후 바로 가정법원이 이혼의사 확인을 해 주는 것은 아니고 일정한 기간이 지나야 확인을 받을 수가 있는데, 이 기간을 숙려기간이라고 한다. 숙려기간은 양육할 자녀 유무에 따라 다르게 정해져 있다. 양육할 자녀가 있으면 3개월이고, 양육할 자녀가 없으면 1개월의 숙려기간이 지나야 한다(민법 제836조의2 제2항). 숙려기간이 지나면 비로소 이혼의사 확인을 받을 수 있게 되는 것이고, 법원이 지정한 날짜에 부부 양쪽을 다 출석시켜서 직접 이혼의사를 확인하게 된다. 이렇게 가정법원의 확인을 받고 나면, 당사자가 이혼신고를 할 수 있는 것이고 이혼신고를 함으로써 이혼이 성립한다.

✚ 가정법원이 '확인'하는 사항

> 먼저 당사자 사이에 이혼의사가 존재하는지를 확인한다. 다만, 이는 형식적인 과정이다. 당사자가 이혼을 결정할 수 있는 의사능력이 있는지, 또 실제 이혼의사를 표시하는 과정에서 어떤 문제가 있었는지 등을 심리하지 않는다. 따라서 가정법원이 이혼의사를 확인하더라도 협의이혼의 무효나 취소문제가 발생할 수 있다.
>
> 다음으로 부부 사이에 양육할 자녀가 있다면 가정법원은 친권자나 양육에 관한 사항을 부부가 협의했는지의 여부도 확인한다. 양육하여야 할 자녀가 있는 경우에는 자의 양육과 친권자 결정에 관한 협의서 또는 가정법원의 심판정본을 제출하여야 하는데(민법 제836조의2 제4항), 부부가 함께 출석하여 신청하고 이혼에 관한 안내를 받은 경우 협의서는 확인기일 1개

월 전까지 제출할 수 있고, 그 심판정본 및 확정증명서는 확인기일까지 제출할 수 있다(가족관계등록예규 제395호「협의이혼의 의사확인 사무 및 가족관계 등록사무의 처리지침」제2조 제3항). 양육하여야 할 자녀가 있음에도 친권자 및 양육사항에 관한 협의가 이루어지지 않았다면 이혼의사 확인은 거부된다. 그러므로 양육할 자녀가 있는 부부라면 이혼협의를 할 때 친권자와 양육사항을 포함해서 협의하여야 하며, 협의가 이루어지지 않을 때는 가정법원에 양육 및 친권자 지정심판을 청구하여 자녀문제를 먼저 해결하여야 하는 것이다.

13

잘못된 이혼_협의이혼의 무효와 취소

협의이혼의 무효와 가장이혼

민법에 협의이혼의 무효에 관한 규정은 없다. 그러나 협의이혼은 결국 계약이기 때문에 이혼이 무효가 될 수 있고, 가사소송법에는 이혼무효에 관한 규정들이 있다(가사소송법 제23조 및 제24조).

이혼이 무효가 되는 경우는 하나다. 이혼의 합의가 없는 때로, 이혼신고는 수리되었더라도 당사자 사이에 이혼의 합의가 없었다면, 그 협의이혼은 무효가 된다. 다만, 협의이혼을 하기 위해서는 가정법원이 이혼의사를 확인하기 때문에 합의 자체가 없었던 경우는 드물 것이다. 그런데 이혼의사를 무엇으로 볼 것이냐, 즉 진정한 이혼의사로 합의한 것인지가 문제 될 수 있는데, 합의는 했더라도 실제 이혼할 생각이 아니었다면 법률적으로는 이혼합의가 없었던 걸로 볼 여지가 있기 때문이다. 그래서 이혼무효에서 제일 문제가 되는 것은 바로 가장이혼이다.

가장이혼은 당사자가 실제로 이혼할 생각은 없는데 채무를 면탈하는 등 다른 목적을 달성하기 위해서 서류상으로만 이혼하는 것이므로, 이와 같은 이혼의사를 바탕으로 이혼을 합의한 경우에도 이혼이 성립하는가가 문제 될 수 있는 것이다. 이에 대해 대법원은 "일시적으로나마 그 법률상의 부부관계를 해소하려는 당사자 간의 합의하에 협의이혼신고가 된 이상, 그 협의이혼에 다른 목적이 있다 하더라도 양자 간에 이혼의 의사가 없다고는 할 수 없고 따라서 그 협의이혼은 무효로 되지 아니한다."라고 설명한다(대법원 2016.12.29. 선고 2016다249816 판결). 이혼이 가장이혼으로서 무효가 되려면 누구나 납득할 만한 특별한 사정이 인정되어야 한다(대법원 2017.9.12. 선고 2016두58901).

【판례】 이혼의사의 의미

이혼의 효력발생 여부에 관한 형식주의 아래에서의 이혼신고의 법률상 중대성에 비추어, 협의이혼에 있어서의 이혼의 의사는 법률상의 부부관계를 해소하려는 의사를 말한다 할 것이므로, 일시적으로나마 그 법률상의 부부관계를 해소하려는 당사자 간의 합의하에 협의이혼신고가 된 이상, 그 협의이혼에 다른 목적이 있다 하더라도 양자 간에 이혼의 의사가 없다고는 말할 수 없고 따라서 그 협의이혼은 무효로 되지 아니한다 할 것이다. 따라서 피고와 위 소외 1이 일시적으로나마 이혼신고를 하기로 하는 합의하에 협의이혼신고를 한 사실이 인정되는 이상, 그 이혼신고를 함에 있어 사실상의 부부관계까지 해소할 의사는 없었고 위 소외 1이 그 장인, 장모를 상대로 노임청구를 하기 위한 목적이 있었다 하더라도 이혼의사가 결여되어 무효라고는 할 수 없는 것이다(대법원 1993.6.11. 선고 93므171 판결).

협의이혼의 취소

부부가 이혼을 결정하는 과정에 사기 또는 강박이 있었다면 취소할 수 있다(민법 제838조). 그리고 이를 이유로 한 협의이혼의 취소는 사기를 안 날 또는 강박을 면한 날부터 3개월을 경과한 때에는 그 취소를 청구하지 못한다(민법 제839조 및 제823조).

예를 들면, 배우자와 빨리 이혼을 하고 다른 사람과 혼인을 했으면 하는데, 상대방이 잘못한 것도 없고, 이혼에 합의해 줄 것 같지 않으니까 경제사정이나 다른 것을 핑계로 배우자를 속이고 이혼하는 경우가 사기에 해당될 수 있다. 따라서 전술한 가장이혼의 경우 무효를 주장해서 이를 되돌리기는 어렵지만 사기를 이유로 취소할 수는 있는 것이다. 다만, 증명의 문제는 남는다. 반면에 배우자에 대하여 이혼을 계속 거부한다면 불이익이 있을 것이다 또는 죽여버리겠다는 식으로 협박을 해서 이혼을 결정한 경우는 강박에 해당될 수 있다.

14

강제로 이혼하기_재판상 이혼원인

재판상 이혼

재판상 이혼은 부부의 이혼의사가 합치되지 않은 상태로 이혼을 하는 것이다. 일방이 이혼을 원하고 상대방은 이혼을 원하지 않는 경우에는 민법에 규정된 이혼사유가 발생했을 때만 이혼을 할 수 있다. 민법에는 6가지 이혼사유가 정해져 있는데, 이 사유 가운데 하나가 있으면 상대방의 의사와 관계없이 판결을 통한 이혼이 가능하다.

법원은 원고가 주장한 이혼사유에 관하여만 심판하여야 하며 원고가 주장하지 아니한 이혼사유에 관하여는 심판을 할 필요가 없고 그 사유에 의하여 이혼을 명하여서도 안되는바(대법원 1963.1.31. 선고 62다812 판결), 이혼을 원하는 당사자는 이혼원인들을 명확하게 주장할 필요가 있다.

✚ 재판상 이혼원인(민법 제840조)

1. 배우자에 부정한 행위가 있었을 때
2. 배우자가 악의로 다른 일방을 유기한 때
3. 배우자 또는 그 직계존속으로부터 심히 부당한 대우를 받았을 때
4. 자기의 직계존속이 배우자로부터 심히 부당한 대우를 받았을 때
5. 배우자의 생사가 3년 이상 분명하지 아니한 때
6. 기타 혼인을 계속하기 어려운 중대한 사유가 있을 때

부정한 행위

보통 부정한 행위라고 하면, 제일 먼저 간통이 떠오를 것이다. 그러나 다른 사람과 꼭 성관계까지 있어야 부정한 행위에 해당하는 것은 아닌데, 고령이고 중풍으로 좌측 팔다리가 마비되는 등의 이유로 정교능력이 없어 실제로 정교를 갖지는 못하였다 하더라도, 배우자 아닌 자와 동거한 행위는 배우자로서의 정조의무에 충실치 못한 것으로서 부정한 행위에 해당한다는 대법원 판결도 있었다(대법원 1992.11.10. 선고 92므68 판결). 부정한 행위는 간통을 비롯해서 이보다 훨씬 넓은 의미에서, 부부 사이 정조의무에 충실하지 못한 모든 행위들이 다 포함되는 개념이다.

부정한 행위가 이혼원인으로 인정받기 위해서는 세 가지 요건을 동시에 충족하여야 한다. 우선 외형적으로 봤을 때 '혼인의 순결에 반하는 사실'이 있어야 하는데, 간통을 하는 등의 행위들이 필요한 것이다. 다음으로 그 행위는 내심의 자유로운 의사에 의한 행동이어야 한다. 당사자가 원한 행동이어야 한다는 뜻이다. 가령 누군가에게 강간을 당했다면, 이는 자유로운 의사로 한 행동이 아니므로 부정한 행위에 해당하지 않는다. 마지막으로 부정행위는 혼인 중에 발생하여야 한다. 혼전의 성경험이나 약혼상태에서 벌어진 일들은 여기에서 말하는 부정한 행위에 해당

하지 않는다.

한편, 부정한 행위로 인한 이혼은 다른 일방이 사전에 동의했거나 이를 용서한 때 또는 이를 안 날로부터 6월, 그 사유 있은 날로부터 2년을 경과한 때에는 이혼을 청구하지 못한다(민법 제841조).

【판례】 부정한 행위에 대한 사전동의

당사자가 더 이상 혼인관계를 지속할 의사가 없고 이혼의사의 명백한 합치가 있는 경우에는 비록 법률적으로는 혼인관계가 존속한다 하더라도 상대방의 간통에 대한 사전동의라고 할 수 있는 종용에 관한 의사표시가 그 합의 속에 포함되어 있는 것으로 보아야 한다(대법원 1997.2.25. 선고 95도2819 판결).

【판례】 부정한 행위에 대한 사후용서

배우자의 간통사실을 알고 난 후 그 상대방으로부터 배우자를 더 이상 만나지 않겠다는 합의각서를 받은 경우, 간통의 유서에 해당한다(대법원 1999.8.24. 선고 99도2149 판결).

악의의 유기

악의의 유기는 정당한 이유 없이 부부공동생활을 폐지하기 위하여 동거, 부양, 협조의무 등을 저버리고 배우자를 방치하는 것이다. 정당한 이유 없이 집을 나가서 돌아오지 않는다거나 생활비를 계속 주지 않는다면 악의의 유기를 이유로 이혼청구를 할 수 있다.

심히 부당한 대우

배우자 또는 그 직계존속으로부터 심히 부당한 대우를 받았을 때 또는 본인의 직계존속이 그 배우자로부터 심히 부당한 대우를 받았을 때에는 재판상 이혼을 청구할 수 있다. 심히 부당한 대우는 혼인관계의 지속을 강요하는 것이 가혹하다고 여겨질 정도의 폭행이나 학대 또는 중대한 모욕을 받은 경우를 말한다. 장기간 가정폭력이 있었고 폭행으로 인해서 상대방이 입원할 정도로 상해를 입었다면, 심히 부당한 대우에 해당한다고 본 판례가 있다(대법원 1983.10.25. 선고 82므28 판결). 또한 사회생활이 방해받을 정도로 모욕했다면 심히 부당한 대우가 인정될 수 있다(대법원 1986.3.25. 선고 85므72 판결).

3년 이상의 생사불명

배우자의 생사를 알 수 없는 경우에도 재판상 이혼을 청구할 수 있다. 상대방의 생사조차 모르는 상황이면 협의이혼을 할 수가 없기 때문에 재판상 이혼만 가능하다. 상대방이 없기 때문에 소장을 보낸다거나 할 수 없으므로 공시송달을 하고, 상대방이 없는 궐석재판으로 진행된다.

✚ 공시송달

> 공시송달은 가령 재판을 위해서는 상대방에게 소장을 보내서 알려야 되는데, 주소를 알 수 없을 때 송달할 서류를 법원에 게시하고 일정한 기간이 지나면 상대방에게 송달된 것으로 간주하는 제도이다.

생사불명을 이유로 재판상 이혼을 청구하기 위해서는 배우자의 생사를 알 수 없는 기간이 3년을 넘어야 한다. 3년을 계산하는 기산점은 배우자의 생존을 증명할 수 있는 최후의 시기, 즉 마지막 소식이 있었던 때이다.

기타 혼인을 계속하기 어려운 중대한 사유

혼인을 계속하기 어려운 중대한 사유가 있는 때라 함은 부부간의 애정과 신뢰가 바탕이 되어야 할 혼인의 본질에 상응하는 부부공동생활관계가 회복할 수 없을 정도로 파탄되고 그 혼인생활의 계속을 강제하는 것이 일방 배우자에게 참을 수 없는 고통이 되는 경우를 말하며, 이를 판단함에 있어서는 그 파탄의 정도, 혼인계속의사의 유무, 파탄의 원인에 관한 당사자 책임의 유무, 혼인생활의 기간, 자녀의 유무, 당사자의 연령, 이혼후의 생활보장 기타 혼인관계의 제반사정을 두루 고려하여야 한다(대법원 1987.7.21. 선고 87므24판결). 그렇기 때문에 비슷한 잘못이 있더라도 부부의 상황에 따라서 결과가 달라질 수 있는바, 이는 앞선 이혼원인과 달리 상대적 또는 추상적 이혼원인이라고 한다. 따라서 어떤 사유가 있으면 반드시 이혼할 수 있다고 설명하기는 어렵지만 대법원이 중대한 사유로 인정한 것은 유부녀 강간 등 파렴치 범죄, 합리적인 이유 없는 성관계의 거부, 성적 불능 등 정상적인 성생활 불가, 불치의 정신병, 지나친 신앙생활이나 상습적인 도박 등이 있으며 사실상 이혼상태인 경우에도 혼인을 계속하기 어려운 중대한 사유로 인정된 바 있다. 사실상 이혼은 이혼에 대해서는 부부가 서로 합의하고 부부공동생활도 폐지한 상황에서 이혼신고만 하지 않은 상태를 말하는 것이다. 반면에, 임신불능이나 생식불능은 혼인을 계속하기 어려운 중대한 사유에 해당하지 않는다. 또한 정신병이나 성기능 장애가 있더라도 일시적이거나 회복이 가능한 경우들은 중대한 사유로 인정되기 어렵다.

【판례】 성적 불능 등 정상적인 성생활 불가

부부 중에 성기능의 장애가 있거나 부부간의 성적인 접촉이 부존재하더라도 부부가 합심하여 전문적인 치료와 조력을 받으면 정상적인 성생활로 돌아갈 가능성이 있는 경우에는 그러한 사정은 일시적이거나 단기간에 그치는 것이므로 그 정도의 성적 결함만으로는 '혼인을 계속하기 어려운 중대한 사유'가 될 수 없으나, 그러한 정도를 넘어서서 정당한 이유 없이 성교를 거부하거나 성적 기능의 불완전으로 정상적인 성생활이 불가능하거나 그 밖의 사정으로 부부 상호 간의 성적 욕구의 정상적인 충족을 저해하는 사실이 존재하고 있다면, 부부간의 성관계는 혼인의 본질적인 요소임을 감안할 때 이는

'혼인을 계속하기 어려운 중대한 사유'가 될 수 있다(대법원 2010.7.15. 선고 2010므1140 판결).

【판례】 혼인 후 2년 동안 성관계가 없었던 경우

부부간의 성관계는 혼인의 본질적 요소이므로 성적 불능 기타 부부 상호 간의 성적 요구의 정상적인 충족을 저해하는 사실이 존재하는 경우, 이는 '혼인을 계속하기 어려운 중대한 사유'가 될 수 있으므로, 정당한 이유 없이 성교를 거부하거나 성적 기능의 불완전으로 정상적인 성생활이 불가능한 경우에는 혼인을 계속하기 어려운 중대한 사유가 있다고 할 것이나, 전문적인 치료와 조력을 받으면 정상적인 성생활로 돌아갈 가능성이 있는 경우에는 일시적인 성기능의 장애가 있거나 부부간의 성적인 접촉이 단기간 부존재하더라도 그 정도의 성적 결함만으로는 '혼인을 계속하기 어려운 중대한 사유'가 될 수 없다(대법원 2009.12.24. 선고 2009므2413 판결).

혼인을 계속하기 어려운 중대한 사유에는 이혼청구가 가능한 기간이 정해져 있다. 다른 일방이 이를 안 날부터 6월, 그 사유 있은 날부터 2년을 경과하면 이혼을 청구하지 못한다(민법 제842조).

15

유책배우자의 이혼청구

재판상 이혼청구를 할 수 있는 자

민법에 정해진 이혼사유가 있으면 한쪽이 이혼을 원하지 않더라도 이혼을 할 수 있다. 그렇다고 재판상 이혼사유가 있는 부부라면 누구라도 이혼청구를 할 수 있는 것은 아니다. 부부 양쪽의 이혼청구를 다 허용하면 잘못이 없는 쪽에서 이혼까지 당할 수 있는데 이는 공평하지 않은 것이다. 따라서 원칙적으로 잘못한 배우자, 이른바 유책배우자는 이혼청구를 할 수 없다.

유책배우자의 이혼청구

유책배우자의 이혼청구는 원칙적으로 불가능하다. 그러나 대법원은 다음과 같은 경우에 한해 예외적으로 유책배우자의 이혼청구를 허용하고 있다(대법원 2015.9.15. 선고 2013므568 전원합의체 판결).

첫째, 상대방 배우자도 혼인을 유지할 의사가 없어 일방의 의사에 따라 이혼을 하거나 또는 축출이혼의 가능성이 없는 경우이다. 예를 들어, 남편의 외도로 혼인관계가 파탄된 상황에서 아내가 이혼에 동의하지는 않지만 사실 아내 역시 혼인관계를 지속할 의사가 없을 때, 그럼에도 불구하고 이혼을 해 주면 남편이 바로 다른 여성과 재혼할 것이 확실하기 때문에 보복을 하겠다는 심정으로 이혼을 거부하고 있을 때에는 유책배우자의 이혼청구도 허용될 수 있는 것이다.

둘째, 혼인 파탄에 대한 유책성이 이혼청구를 배척하여야 할 정도로 남아있지 않다면 유책배우자라도 이혼청구를 할 수 있다. 유책성이 크지 않은 경우는 다음과 같다. 우선 유책배우자의 유책성을 상쇄할 정도로 배우자와 자녀를 충분히 보호하고 배려했을 때이다. 다음으로 어떤 잘못을 하고 난 뒤 상당한 시간이 경과하여 부부 중 누가 이 혼인파탄에 책임이 있는지를 따지는 자체가 무의미해진 경우이다.

【판례】 상대방 배우자의 혼인계속의사의 판단

민법 제826조 제1항에 따라, 부부는 정신적·육체적·경제적으로 결합된 공동체로서 서로 협조하고 보호하여 부부공동생활로서의 혼인이 유지되도록 상호 간에 포괄적으로 협력할 의무를 부담한다.

상대방 배우자의 혼인계속의사를 인정하려면 소송 과정에서 그 배우자가 표명하는 주관적 의사만을 가지고 판단할 것이 아니라, 혼인생활의 전 과정 및 이혼소송이 진행되는 중 드러난 상대방 배우자의 언행 및 태도를 종합하여 그 배우자가 악화된 혼인관계를 회복하여 원만한 공동생활을 영위하려는 노력을 기울임으로써 혼인유지에 협조할 의무를 이행할 의사가 있는지 객관적으로 판단하여야 한다. 따라서 일방 배우자의 성격적 결함이나 언행으로 인하여 혼인관계가 악화된 경우에도, 상대방 배우자 또한 원만한 혼인관계로의 복원을 위하여 협조하지 않은 채 오로지 일방 배우자에게만 혼인관계 악화에 대한 잘못이 있다고 비난하고 대화와 소통을 거부하는 경우, 이혼소송 중 가정법원이 권유하는 부부상담 등 혼인관계의 회복을 위하여 실시하는 조치에 정당한 이유 없이 불응하면서 무관심한 태도로 일관하는 경우에는 혼인유지를 위한 최소한의 노력조차 기울이지 않았다고 볼 여지가 있어, 설령 그 배우자가 혼인계속의사를 표명하더라도 이를 인정함에 신중하여야 한다.

과거에 일방 배우자가 이혼소송을 제기하였다가 유책배우자라는 이유에서 기각 판결이 확정되었더라도 그 후로 상대방 배우자 또한 종전 소송에서 문제 되었던 일방 배우자의 유책성에 대한 비난을 계속하고 일방 배우자의 전면적인 양보만을 요구하거나 민형사소송 등 혼인관계의 회복과 양립하기 어려운 사정이 남아 있음에도 이를 정리하지 않은 채 장기간의 별거가 고착화된 경우, 이미 혼인관계가 와해되었고 회복될 가능성이 없으며 상대방 배우자에 대한 보상과 설득으로 협의에 의하여 이혼을 하는 방법도 불가능해진 상태까지 이르렀다면, 종전 이혼소송의 변론종결 당시 현저하였던 일방 배우자의 유책성이 상당히 희석되었다고 볼 수 있고, 이는 현재 이혼소송의 사실심 변론종결 시를 기준으로 판단하여야 한다(대법원 2022.6.16. 선고 2021므14258).

16

친권자 지정

친권자

우리 법 체계에서 미성년자는 단독으로 법률행위를 할 수 없다. 미성년자는 정신적으로나 육체적으로 충분히 성숙하지 못했기 때문에 본인에게 이익이 되는 방향으로 무엇인가를 결정하기 어렵다고 보기 때문이다. 이에 미성년자의 경우에는 누군가의 보호가 필요한 것이고, 재산문제이든 비재산적인 문제이든 미성년자의 일을 본인의 일처럼 처리해 줄 사람은 우선 부모기 때문에 친권이라는 이름으로 미성년자를 보호하도록 하고 있다. 따라서 미성년자의 친권자는 언제나 부모가 된다(민법 제909조 제1항).

친권의 행사와 친권자 지정

친권은 부모가 혼인 중인 때에는 공동으로 행사한다(민법 제909조 제2항). 부모가 혼인 중이면 보통은 동거하는 경우가 많고, 동거하기 어려운 경우라도 서로 연락하기가 수월하기 때문에 자녀문제에 대해서도 빠른 결정이 가능하므로 친권을 공동행사 하는 데 별 문제가 없다. 그런데 부모가 이혼을 하게 되면 친권의 공동행사가 어려워지기 때문에 이혼을 할 때에는 친권자를 다시 정하도록 하는 것이다.

협의이혼을 할 때는 부모가 협의해서 친권자를 정하면 된다. 협의할 수 없거나 협의가 이루어지지 않은 경우에는 가정법원이 직권으로 또는 당사자의 청구에 따라 친권자를 지정하여야 한다(민법 제909조 제4항).

재판이혼을 할 때에는 가정법원이 직권으로 친권자를 정한다(민법 제909조 제5항). 그렇다고 재판이혼의 경우 친권자 지정에 관하여 부모의 의사가 반영될 여지가 없는 것은 아니다. 가사소송법은 가정법원이 재판상 이혼을 심리할 때, 나중에 이혼청구가 인용될 경우를 대비하여 친권자를 협의하라는 권고를 하도록 규정하고 있다(가사소송법 제25조 제1항). 법원이 개별 가정의 상황을 세세하게 파악하기는 쉽지 않은바, 결국 부모의 결정을 우선할 수밖에 없을 것이다. 따라서 재판이혼에서도 부모가 협의로 친권자를 결정할 수 있는 경우에는 가정법원이 협의된 내용을 받아주게 되는 것이고, 협의가 어렵다면 친권자만큼은 가정법원이 반드시 지정하라는 의미로 해석하여야 한다.

✚ 친권자 지정 청구제도

부모가 이혼하면서 한쪽이 친권자로 지정되었는데, 그 단독친권자였던 사람이 사망하면 어떻게 될까.

2011.5.19. 민법은 제909조의2를 신설하여, 친권자 지정 청구제도를 도입하였다. 해당 제도가 도입되기 전에는 이혼 등으로 단독 친권자로 정해진 부모의 일방이 사망하면 생존해 있는 부 또는 모의 친권이 자동으로 부활하였다. 그런데 이로써 부적격의 부 또는 모가 친권자가 되고 이는 미성년자의 복리에 악영향을 미칠 우려가 있는 것이다. 이에 현행법은 단독친권자가 사망한 경우에는 친권이 자동으로 부활하는 것이 아니라 친권

자 지정 청구가 있을 때 가정법원이 친권자로 정해지지 않았던 부모의 다른 일방에 대해 친권자로서 그 적격성을 심사하는 과정을 거치도록 하고 있다.

단독친권자였던 부모 일방이 사망한 경우에는 생존하는 부 또는 모, 미성년자, 미성년자의 친족은 그 사실을 안 날부터 1개월, 사망한 날부터 6개월 내에 가정법원에 생존하는 부 또는 모를 친권자로 지정할 것을 청구할 수 있다(민법 제909조의2 제1항). 법정된 기간 내에 친권자 지정 청구가 없거나 해당 친권자 지정 청구가 미성년자의 복리를 위하여 적합하지 않은 경우에는 가정법원이 미성년후견인을 선임하게 된다(민법 제909조의2 제3항 및 제4항). 부모가 이혼한 경우뿐만 아니라, 입양관계가 해소되거나 양부모가 사망했을 때 역시 정하여진 친권자가 없어진 경우에 해당하기 때문에 친권자 지정 청구가 가능하다(민법 제909조의2 제2항).

17

이혼에 따른 양육책임

양육에 관한 사항과 그 결정

미성년자녀가 있는 부부는 양육책임을 부담하여야 하는데, 부부가 이혼하는 경우에는 이혼 후 양육에 관한 책임을 어떠한 방식으로 분담할 것인지에 대해서도 결정하여야 한다. 양육에 관한 사항은 부모가 협의로 결정하면 되는데, 양육에 관한 사항 중에서도 ① 양육자의 결정 ② 양육비용의 부담 ③ 면접교섭권의 행사 여부 및 그 방법은 반드시 포함하여야 한다(민법 제837조 제2항). 부부가 협의한 내용이 자녀의 복리에 반하는 경우에는 가정법원은 보정을 명하거나 직권으로 그 자녀의 의사·나이와 부모의 재산상황, 그 밖의 사정을 참작하여 양육에 필요한 사항을 정한다(민법 제837조 제3항). 양육에 관한 사항의 협의가 이루어지지 아니하거나 협의할 수 없는 때에는 가정법원은 직권으로 또는 당사자의 청구에 따라 이에 관하여 결정한다(민법 제837조 제4항).

○ 양육자의 결정

양육자는 친권자와는 별개로, 실제로 자녀와 동거하면서 자녀를 양육하는 사람이다. 부부가 협의로 양육자를 결정할 때는 별 다른 제한이 없다. 가정법원이 양육자를 결정하는 경우에는 조금 다른데, 우선 대법원은 공동양육에 대해 부정적이다. 부모 모두를 자녀의 공동양육자로 지정하는 것은 부모가 공동양육을 받아들일 준비가 되어 있고 양육에 대한 가치관에서 현저한 차이가 없는지, 부모가 서로 가까운 곳에 살고 있고 양육환경이 비슷하여 자녀에게 경제적 · 시간적 손실이 적고 환경 적응에 문제가 없는지, 자녀가 공동양육의 상황을 받아들일 이성적 · 정서적 대응능력을 갖추었는지 등을 종합적으로 고려하여 공동양육을 위한 여건이 갖추어졌다고 볼 수 있는 경우에만 가능하다고 보는 것이다(대법원 2020.5.14. 선고 2018므15534 판결). 또한 법원에서 양육자를 정할 때, 이혼의 유책성은 크게 영향을 미치지 않는다. 가령 아내의 부정행위로 이혼을 한 경우라도 모를 양육자로 지정하는 것이 자녀에게는 더 바람직할 수 있는 것이기 때문이다. 다만, 폭력, 알콜중독, 도박 등이 원인이 되어 이혼을 했다면 이는 자녀의 성장에 악영향을 미칠 우려가 있을 것이므로 이와 같은 사유는 양육자 지정에 불리하게 작용할 것이다.

○ 양육비용의 부담

양육비용을 지급할 의무가 있는 사람은 비양육자이다. 이는 비양육자만 양육비를 감당하여야 함이 아니라, 원래 양육비용은 부모가 공동으로 부담하는 것이 원칙인데, 공동의 양육비용 중에서 비양육자 본인 몫에 해당하는 양육비를 양육자에게 지급하는 것이다.

양육비는 자녀가 성년이 될 때까지 부담하여야 한다. 양육비용은 우선 부모가 협의로 정할 수 있지만, 협의가 어려워 가정법원이 양육비를 결정할 때에는 서울가정법원의 양육비 산정기준표에 따라 양육비를 책정하게 된다. 자녀의 연령 및 부모의 합산 소득에 따라 표준양육비가 정해져 있고, 여기에 도시 또는 농촌 등의 거주 지역, 자녀의 수, 교육비나 고액의 치료비 등 양육비에 대한 다른 가산요소나 감산요소를 합산하여 양육비를 산정하게 된다. 그리고 이렇게 산정한 양육비 총액에서 비양육자가 분담하는 비율은 보통 60% 정도가 된다.

○ 면접교섭권의 행사 여부 및 그 방법

면접교섭권은 자녀를 직접 양육하지 않는 부 또는 모와 자녀가 직접 만나거나 연락할 권리로, 민법은 '자(子)를 직접 양육하지 아니하는 부모의 일방과 자(子)는 상호 면접 교섭할 수 있는 권리를 가진다'라고 규정하고 있다(민법 제837조의2 제1항).

면접교섭권자는 원칙적으로 비양육자인 부 또는 모와 그 자녀이다. 예외적으로 자녀의 조부모 등에게 면접교섭권이 인정되는 경우가 있는데, 비양육자인 일방이 사망하였거나 질병, 외국거주, 그 밖에 불가피한 사정으로 자녀를 면접교섭할 수 없는 경우에는 비양육부·모의 직계존속이 가정법원의 허가를 받아 그 손자녀와 면접교섭을 할 수 있다(민법 제837조의2 제2항).

양육사항의 변경

민법은 '가정법원은 자(子)의 복리를 위하여 필요하다고 인정하는 경우에는 부·모·자(子) 및 검사의 청구 또는 직권으로 자(子)의 양육에 관한 사항을 변경하거나 다른 적당한 처분을 할 수 있다'라고 규정하고 있다(민법 제837조 제5항). 따라서 양육사항에 대해서 결정한 내용들은 이혼을 하고 나서 시간이 흐른 다음이라도 바꿀 수 있다.

우선 당초의 협의나 결정 자체가 부당했다면 이를 변경할 수 있다. 당사자가 협의로 정한 부분도 문제가 있으면 변경할 수 있고, 가정법원이 정해 준 양육사항도 바꿀 수 있는 것이다. 다음으로 당초 결정 자체에는 문제가 없었는데 그 이후에 어떠한 사정변경이 있는 경우에도 변경이 가능하다. 예를 들어, 이혼할 당시에는 자녀 양육에 관한 특이점이 없어 일반적인 기준에 따라 양육비를 정했는데, 자녀가 성장하는 과정에서 질병 등으로 고액의 치료비가 필요한 경우에는 양육비를 조정할 필요가 있을 것이다. 이와 같은 경우에는 양육비 변경 청구를 할 수 있다. 반대로 실직을 했다거나 또 다른 자녀를 양육하여야 하는 상황 등 양육비 지급의무자에게 사정변경이 있을 수도 있다. 이와 같은 경우에는 양육비 감액이 필요한데, 이는 받아들여지기가 쉽지 않다. 양육사항에 대한 변경은 '자녀의 복리를 위해서 필요하다고 인정하는 경우'에 허용되기 때문이다. 양육비를 감액하는 것은 일반적으로 자녀의 복리를 위하여 필요한 조치라고 보기 어려운 탓이다.

【판례】 양육비의 감액

종전 양육비 부담이 '부당'한지 여부는 친자법을 지배하는 기본이념인 '자녀의 복리를 위하여 필요한지'를 기준으로 판단하여야 할 것이다. 특히 양육비의 감액은 일반적으로 자녀의 복리를 위하여 필요한 조치라고 보기 어려우므로, 가정법원이 양육비 감액을 구하는 심판청구를 심리할 때에는 양육비 감액이 자녀에게 미치는 영향을 우선적으로 고려하되 종전 양육비가 정해진 경위와 액수, 줄어드는 양육비 액수, 당초 결정된 양육비 부담 외에 혼인관계 해소에 수반하여 정해진 위자료, 재산분할 등 재산상 합의의 유무와 내용, 그러한 재산상 합의와 양육비 부담과의 관계, 쌍방 재산상태가 변경된 경우 그 변경이 당사자의 책임으로 돌릴 사정이 있는지 유무, 자녀의 수, 연령 및 교육 정도, 부모의 직업, 건강, 소득, 자금 능력, 신분관계의 변동, 물가의 동향 등 여러 사정을 종합적으로 참작하여 양육비 감액이 불가피하고 그러한 조치가 궁극적으로 자녀의 복리에 필요한 것인지에 따라 판단하여야 한다(대법원 2019.1.31.자 2018스566 결정).

18

'우리' 재산이잖아_재산분할

재산분할청구제도의 의의

재산분할청구권은 혼인 중에 형성한 재산을 나누어 달라는 권리이다. 법정 부부재산제에 따르면 부부라도 재산은 각자의 명의대로 귀속되는 것이므로 이혼할 경우에도 재산 명의자에 따라 재산을 나눠 가지면 되는 것이다. 그런데 과거에는 아내가 경제활동을 하는 대신에 주로 가사노동을 담당했기 때문에 본인 명의의 재산을 형성하지 못한 경우가 많았다. 그러다 보니 부부관계에 문제가 생기면 한쪽이 경제력이 전혀 없는 상태로 이혼하는 상황이 발생하거나 경제력이 없는 배우자가 생활고를 염려하여 혼인생활을 지속하여야만 하는 상황에 처하게 되었다. 그리고 이와 같은 문제를 해결하기 위해 도입된 것이 바로 재산분할청구제도이다.

재산분할청구제도의 입법목적은 다음과 같다. 첫째, 한쪽의 재산이라도, 혼인 중에 공동으로 노력해서 재산가치가 증가했거나 보존된 경우에는 그 노력에 정당한 보상을 하여야 된다는 것이다. 결국 가사노동을 인정하라는 의미가 된다. 둘째, 이혼 후에 경제력이 없는 배우자가 생활고에 시달리는 것을 방지하고자 함으로, 이는 실질적인 이혼의 자유를 보장한다는 목적이 있다. 배우자가 부당한 일을 당하고도 경제상황을 염려하여 혼인생활을 유지하는 일은 없도록 한다는 것이다. 따라서 재산분할청구권에는 두 가지 성격이 다 포함되어 있다. 혼인 중에 양쪽의 협력으로 형성된 공동재산의 청산이라는 성격에 이혼 후 상대방에 대한 부양적인 성격이 가미된 제도인 것이다(대법원 2000.9.29. 선고 2000다25569 판결).

재산분할청구권의 내용

재산분할청구권은 이혼한 부부 일방에게 인정되는 권리로, 전술한 바와 같이 공동의 재산을 청산한다는 의미가 있기 때문에 유책배우자라도 재산분할청구가 가능하다. 재산분할은 당사자가 협의하는 것이 원칙이고, 재산분할에 관하여 협의가 되지 아니하거나 협의할 수 없는 때에는 가정법원이 당사자의 청구에 의하여 당사자 쌍방의 협력으로 이룩한 재산의 액수 기타 사정을 참작하여 분할의 액수와 방법을 정한다(민법 제839조의2 제2항). 유의할 것은 재산분할청구권을 행사할 수 있는 기간이 정해져 있다는 것이다. 재산분할청구권은 이혼한 날부터 2년을 경과한 때에 소멸한다(민법 제839조의2 제3항). 따라서 기산점이 중요한데, 기산점이 되는 '이혼한 날'은 협의이혼과 재판이혼의 경우가 다르다. 협의이혼의 경우 '이혼한 날'은 이혼신고일이 되고, 재판이혼의 경우에는 이혼판결의 확정일이 된다.

【판례】 재산분할청구권 행사기간의 법적 성질

재산분할청구권은 이혼한 날로부터 2년 내에 행사하여야 하고 그 기간이 경과하면 소멸되어 이를 청구할 수 없는바, 이때의 2년이라는 기간은 일반 소멸시효기간이 아니라 제척기간으로서 그 기간이 도과하였는지 여부는 당사자의 주장에 관계없이 법원이 당연히 조사하여 고려할 사항이다(대법원 1994.9.9. 선고 94다17536 판결).

재산분할의 대상

재산분할의 대상이 되는 재산은 다음과 같다. 첫째, 혼인 중에 형성한 재산이어야 하고, 둘째, 부부가 협력해서 형성한 재산이어야 한다. 셋째, 이혼 당시에 현존하는 재산이 그 대상이 된다. 다만, '이혼 당시'가 언제인지는 협의이혼과 재판이혼의 경우가 다른데, 협의이혼의 경우는 이혼 신고일이 기준이 된다. 재판상 이혼의 경우 분할의 대상이 되는 재산과 그 액수는 이혼소송의 사실심 변론종결일을 기준으로 하여 정하는 것이 원칙이다(대법원 2019.10.31. 선고 2019므12549, 12556 판결).

✚ 사실심

> 사실심은 1심과 2심(항소심)을 뜻한다. 비교되는 표현은 법률심으로 대법원의 심리가 법률심에 해당한다. 사실심은 사실관계에 대해서 다툴 수가 있는 것이고, 법률심은 사실관계를 다투는 게 아니라 법리적인 부분에 대해서만 판단하는 것이다.

재산분할의 대상이 되는 재산을 보다 구체적으로 살펴보면 다음과 같다. 우선 부부 공유재산은 당연히 나눌 수 있다. 또한 재산분할은 혼인 중에 형성된 실질적인 공동재산에 대한 권리기 때문에 한쪽 명의의 재산이라도 재산분할청구를 할 수 있다.

퇴직금이나 퇴직연금과 같은 장래의 수입도 혼인 기간 중에 발생한 소득이 근거가 된다면, 분할의 대상으로 인정해 준다. 다만, 비슷하지만 재해연금이나 국가유공자 보상금 같은 것들은 재산분할대상에 포함되지 않는다. 재해연금은 표현대로 당사자가 재해를 입어서 수령하는 것이므로 여기에 배우자의 기여가 있었다고 볼 수 없다. 국가유공자 보상금에도 마찬가지로 배우자의 기여행위는 있을 수 없는 것이다.

또 일방 명의의 재산은 원칙적으로 분할할 수 있는 재산은 아니지만 특유재산일지라도 다른 일방이 적극적으로 특유재산의 유지에 협력하여 감소를 방지했거나 증식에 협력했다고 인정되는 경우에는 분할대상이 될 수 있다(대법원 1996.12.23. 선고 95므1192, 1208 판결). 또한 부부 중 일방이 상속받은 재산이거나 이미 처분한 상속재산을 기초로 형성된 부동산이더라도 이를 취득하고 유지함에 있어 상대방의 가사노동 등이 직간접적으로 기여한 것이라면 재산분할의 대상이 된다(대법원 1998.4.10. 선고 96므1434 판결).

재산분할의 대상에는 적극재산만 해당되는 것은 아니다. 혼인 중에 발생한 제3자에 대한 채무도 나눠야 하는데, 일상가사에 관한 채무는 무조건 분할해서 갚아야 하는 것이고 그 밖의 채무는 경우에 따라 다르다. 일반적으로는 배우자의 채무를 책임질 필요가 없지만 공동재산을 유지하기 위해서 부담한 채무 또는 부부 공동의 이익을 위해서 채무가 발생한 경우라면 청산의 대상이 될 수 있다(대법원 2006.9.14. 선고 2005다74900 판결).

19

재산을 빼돌려?_재산분할과 사해행위취소권

채권자취소권

채권자취소권은 사해행위취소권이라고도 하는데, 채무자가 본인의 어떤 행위가 채권자한테 해가 될 것을 '알면서도' 그 법률행위를 했을 때, 채권자가 이 법률행위를 취소할 수 있도록 해서 재산을 회복하게 해 주는 것이다. 민법은 '채무자가 채권자를 해함을 알고 재산권을 목적으로 한 법률행위를 한 때에는 채권자는 그 취소 및 원상회복을 법원에 청구할 수 있다. 그러나 그 행위로 인하여 이익을 받은 자나 전득한 자가 그 행위 또는 전득당시에 채권자를 해함을 알지 못한 경우에는 그러하지 아니하다'라고 규정하고 있다(민법 제406조 제1항).

채권자취소권을 행사하기 위해 중요한 것은 첫째, 채권이 사해행위 이전에 형성되어 있어야 하고 둘째, 사해행위로 인하여 채무자의 책임재산이 감소하여 잔존재산만으로 채무의 전부를 변제하기에 부족하여야 한다. 셋째, 채무자나 수익자, 또 전득자가 악의가 있어야 한다. 이와 같은 요건이 충족되면 이 행위는 사해행위에 해당하는 것으로 보아 채권자가 채무자의 법률행위를 취소할 수 있고, 다만, 채권자취소권은 채권자가 취소원인을 안 날로부터 1년, 법률행위가 있은 날로부터 5년 내에 행사하여야 한다(민법 제406조 제2항).

재산분할과 채권자취소권(채무초과상태임에도 재산분할을 하였을 때)

채무가 본인의 적극재산보다 많은 사람이 재산분할을 하게 되면, 결국 채무자의 책임재산이 감소하기 때문에 재산분할에서도 채권자취소권이 문제 될 수 있다. 재산분할에 대한 사해성이 인정되면 채권자가 재산분할을 취소할 수 있게 되는 것이므로 재산분할이 사해행위에 해당하느냐가 중요하다.

채무초과 상태에 있는 채무자가 재산분할을 통해 일정한 재산을 양도하여 결과적으로 일반 채권자에 대한 공동담보를 감소시키는 결과를 초래한다고 할지라도 원칙적으로는 사해행위로 인정되지 않는다. 재산분할은 혼인 중에 형성된 재산 가운데 원래 본인의 몫을 찾아가는 청산적인 성격을 가지는 것이다. 즉, 재산분할의 대상이 되는 재산은 부부의 실질적인 공동재산인 것이고 배우자가 재산분할을 통해 취득하는 재산은 원래 본인이 기여한 몫을 되돌려받는 것에 불과하므로 재산형성에 대한 기여에 상당하는 재산분할이 책임재산을 감소시키는 결과가 된다고 볼 수 없는 까닭이다. 다만, 상당한 정도를 벗어나는 초과부분까지 적법한 재산분할이라고 할 수 없기 때문에 이는 사해행위에 해당하여 취소의 대상이 될 수 있다. 이 경우 취소되는 범위는 그 상당한 정도를 초과하는 부분에 한정되며, 재산분할이 상당한 정도를 벗어난다는 사실에 대한 입증책임은 채권자에게 있다(대법원 2000.9.29. 선고 2000다25569 판결).

재산분할청구권 보전을 위한 사해행위취소권

이혼하는 부부가 아직 재산문제를 해결하지 않은 상태에서 일방이 제3자에 대해 본인의 재산을 처분했다면 이 처분행위가 문제 될 수 있다. 남편이나 아내가 재산분할 전에 재산을 미리 처분한 경우에는 가압류 또는 가처분 제도를 활용하여 재산을 보전할 수 없다. 가압류·가처분은 재산의 명의가 부부 일방에 남아 있는 경우에 가능한 것이다. 그러나 이와 같은 경우 사해행위취소권을 행사하면 제3자 명의의 재산에 대해 이를 사해행위로서 취소하여 재산을 회복하는 것이 가능하다.

채권자취소권을 행사하기 위해서는 해당 처분행위 이전에 피보전채권이 먼저 형성되어 있어야 한다. 따라서 이혼이 성립하여 재산분할청구권이 구체적 권리로 확정되었을 경우 해당 재산의 처분행위가 사해행위에 해당하면 민법 제406조에 따라 채권자취소권을 행사할 수 있다. 반면에 재산분할청구권이 아직 구체적 권리로 확정되기 전이라면 채권자취소권을 행사할 수 있는 요건을 충족시키기가 어려워진다. 그러나 민법은 '부부의 일방이 다른 일방의 재산분할청구권 행사를 해함을 알면서도 재산권을 목적으로 하는 법률행위를 한 때에는 다른 일방은 제406조 제1항을 준용하여 그 취소 및 원상회복을 가정법원에 청구할 수 있다'라고 규정하여 재산분할청구권보전을 위한 사해행위취소권을 인정하고 있다(민법 제839조의3 제1항). 따라서 부부의 일방이 이혼 및 재산분할청구를 준비하는 상황이거나 이미 이혼 및 재산분할청구를 하여 소송이 계속 중에 있는 상태에서도 부부의 일방이 상대방 배우자의 재산분할청구권 행사를 해할 목적으로 본인의 재산을 처분한 때에는 채권자취소권을 행사할 수 있게 된다. 즉 재산분할청구권을 보전하기 위한 채권자취소권은 이혼이나 재산분할청구를 하기 전에 먼저 행사할 수도 있는 것이다. 다만, 해당 재산의 처분행위에 대한 사해성이 인정되기 위해서는 채무자인 일방 배우자가 단순히 재산을 처분한 것이 아니라 채권자인 상대방 배우자의 재산권을 해함을 알면서도, 즉 재산분할을 회피하기 위한 목적으로 공동재산을 감소시켜야 하는 것이다. 그리고 해당 처분행위의 취소 및 원상회복에 대한 청구는 취소원인을 안 날로부터 1년, 법률행위가 있은 날로부터 5년 내에 행사하여야 한다(민법 제839조의3 제2항 및 제406조 제2항).

20

혼인파탄의 잘못을 배상하다_ 이혼과 위자료

이혼에 대한 손해배상(위자료)

이혼의 경우 부부 일방은 과실 있는 상대방에 대하여 재산상의 손해와 정신상 고통에 대한 손해배상청구권을 행사할 수 있다(민법 제843조 및 제806조). 민법은 재판상 이혼의 경우에만 손해배상청구권에 관하여 규정하고 있으나 협의이혼의 경우에도 손해배상청구권은 인정될 수 있다. 이혼으로 인한 손해배상은 결국 불법행위로 인한 손해를 배상하는 것이므로 혼인이 해소되는 방식은 문제 되지 않는 것이다. 다만, 이혼하는 경우의 손해배상은 보통 정신적 고통에 대한 위자료를 지급하는 것을 의미한다. 이론상으로는 재산상 손해배상청구도 가능하지만 재산상 손해는 사실상 인정되기 어려운 탓이다.

【판례】 이혼과 재산상 손해

일단 혼인이 성립되어 지속된 이상, 부부공동체로서 의미 있는 혼인생활을 하였다고 인정할 수 없을 만큼 단기간에 파탄되거나 당초부터 혼인을 계속할 의사가 없어 그로 인하여 혼인의 파국을 초래하였다고 인정되는 등 신의칙 내지 형평의 원칙에 비추어 혼인 불성립에 준하여 처리함이 타당한 특별한 경우가 아니라면, 일방 당사자는 배우자를 상대로 재산분할을 청구하는 외에 결혼식 등 혼인 생활을 위하여 지출한 비용 또는 예물 · 예단 등의 반환을 구하거나 그 상당액의 손해배상을 구할 수 없다(대법원 2014.6.12. 선고 2014므329,336,343 판결).

재산분할청구권과 위자료청구권의 비교

재산분할청구권은 공동재산을 청산한다는 목적이 있는바, 당사자 사이에서만 행사할 수가 있고, 유책배우자라도 부부의 공동재산에 기여한 바가 있다면 재산분할을 청구할 수 있다. 재산분할청구권은 이혼이 성립한 날부터 2년이 지나면 소멸한다.

표 4-3 재산분할청구권과 위자료청구권

구분	재산분할청구권	위자료청구권
근거	민법 제839조의2	민법 제843조☞제806조
목적	청산 및 부양	손해배상
당사자	배우자	배우자, 제3자
유책자의 청구	가능	불가능
이혼의 유형	협의이혼 · 재판이혼	
소멸	이혼 후 2년 (민법 제839조의2 제3항)	손해를 안 날부터 3년/ 불법행위를 한 날부터 10년 (민법 제766조 제1항 및 제2항)

위자료청구권은 손해배상의 성격을 가지는 권리이다. 따라서 유책배우자는 위자료 청구를 할 수 없다. 또한 배우자에 대해서도 행사할 수가 있지만, 이혼에 원인을 제공한 제3자가 있다면, 그 제3자에 대한 위자료 청구도 가능하다. 위자료청구권을 행사할 수 있는 기간도 정해져 있는데, 불법행위에 대한 손해배상청구권에 관한 민법 제766조를 적용한다. 이에 따라 위자료 청구권은 '손해 및 가해자를 안 날'부터 3년 안에 행사하여야 하고, 또한 불법행위가 있었던 때부터 10년이 지나면 소멸하게 된다. 이혼 후에 상당한 시간이 경과하여 전 배우자의 부정한 행위 등을 알게 되었는데 그 시점이 부정행위가 있었던 당시로부터 10년이 지났으면 3년의 소멸시효와는 관계없이 위자료청구는 할 수 없게 되는 것이다.

제 5 부

형사

01

사기와 공갈

사기죄의 성립

사기죄는 타인을 기망하여 착오에 빠뜨리고 처분행위를 유발하여 재물을 교부받거나 재산상 이익을 얻음으로써 성립하는 범죄로, 사기죄가 성립하면 10년 이하의 징역 또는 2천만 원 이하의 벌금에 처해진다(형법 제347조).

사기죄가 성립하기 위해서는 해당 기망행위로 인해 재물이나 재산상 이득을 취하여야 하는바, 사기죄의 성부는 기망행위의 유무에 달려 있다. 사기죄의 요건이 되는 기망은 널리 재산상의 거래관계에 있어 서로 지켜야 할 신의성실 의무를 저버리는 모든 적극적 또는 소극적 행위를 말하는 것이고, 그중 소극적 행위로서의 부작위에 의한 기망은 법률상 고지의무 있는 자가 일정한 사실에 관하여 상대방이 착오에 빠져 있음을 알면서도 그 사실을 고지하지 아니함을 말하는 것인데, 일반거래의 경험칙상 상대방이 그 사실을 알았더라면 당해 법률행위를 하지 않았을 것이 명백한 경우에는 신의칙에 비추어 그 사실을 고지할 법률상 의무가 인정된다(대법원 2006.2.23. 선고 2005도8645 판결). 따라서 기망행위는 허위의 사실을 고지하여 상대방을 적극적으로 속인 경우뿐만 아니라, 어떠한 사실을 고지하지 않은 경우도 문제 되는 것이다. 또한 사기죄는 보호법익인 재산권이 침해되었을 때 성립하는 범죄이므로, 사기죄의 기망행위라고 하려면 불법영득의 의사 내지 편취의 범의를 가지고 상대방을 기망한 것이어야 한다(대법원 2019.12.27. 선고 2015도10570 판결).

【판례】 편취 범의의 판단

사기죄의 주관적 구성요건인 편취의 범의는 피고인이 자백하지 않는 이상 범행 전후 피고인의 재력, 환경, 범행의 내용, 거래의 이행과정 등과 같은 객관적인 사정 등을 종합하여 판단할 수밖에 없고, 그 범의는 확정적인 고의가 아닌 미필적 고의로도 족하다. 특히 물품거래관계에 있어서 편취에 의한 사기죄의 성립 여부는 거래 당시를 기준으로 피고인에게 납품대금을 변제할 의사나 능력이 없음에도 피해자에게 납품대금을 변제할 것처럼 거짓말을 하여 피해자로부터 물품 등을 편취할 고의가 있었는지 여부에 의하여 판단하여야 하며, 어음할인의 방법으로 금원을 교부받은 경우에는 어음이 지급기일에 결제되지 않으리라는 점을 예견하였거나 지급기일에 지급될 수 있다는 확신이 없으면서도 그러한 내용을 수취인에게 고지하지 아니하고 이를 속여서 할인을 받았다면 사기죄가 성립한다(대법원 2008.2.28. 선고 2007도10416 판결).

✚ 돈을 빌려놓고 갚지 않는다면 사기죄가 성립할까.

> 대법원은 차용금의 편취에 의한 사기죄의 성립 여부는 거래시점, 즉 차용 당시를 기준으로 판단하여야 한다고 설명한다. 차용 당시에는 상대방이 변제할 의사와 능력이 있었다면 그 후에 차용사실을 전면 부인하면서 변제를 거부한다고 하더라도 이는 단순한 민사상의 채무불이행에 불과할 뿐 형사상 사기죄가 성립한다고 할 수 없다는 것이다(대법원 1996.3.26. 선고 95도3034 판결). 따라서 돈을 빌릴 당시에 갚을 의사가 있었다면 추후 어떠한 사정이 있어 갚지 못하게 되었더라도 사기죄가 성립하기 어렵다. 차용금의 편취로 사기죄가 성립하기 위해서는 돈을 빌릴 당시부터 돈을 안 갚을 것인데 갚을 것처럼 속여서 돈을 빌렸음을 입증하여야 한다.

공갈죄의 성립

공갈죄는 사람을 공갈하여 재물의 교부를 받거나, 재산상의 이익을 취했을 때 성립하는 죄로, 공갈죄가 성립하면 사기죄와 마찬가지로 10년 이하의 징역 또는 2천만 원 이하의 벌금에 처한다(형법 제350조).

공갈이란 폭행 또는 협박 등 타인에게 공포심을 일으키는 행위를 의미하는데 공갈죄의 수단으로서 협박은 사람의 의사결정의 자유를 제한하거나 의사실행의 자유를 방해할 정도로 겁을 먹게 할 만한 해악을 고지하는 것이다. 다만, 해악의 고지는 명시적인 방법뿐만 아니라 언어나 거동에 의하여 상대방으로 하여금 어떠한 해악에 이르게 할 것이라는 인식을 갖게 한 것으로도 충분하다(대법원 1995.3.10. 선고 94도2422 판결). 따라서 폭력배와 잘 알고 있다는 지위를 이용하여 불법한 위세를 보였다면 해악의 고지를 한 것으로 인정될 수 있다(대법원 2003.5.13. 선고 2003도709 판결).

또한 공갈죄가 성립하려면 폭행 또는 협박을 당한 사람이 재산상 이익을 공여하는 처분행위를 하여야 한다. 택시요금을 지불하지 않기 위해서 운전기사를 폭행하고 도주하였더라도 운전기사는 원래 얻을 수 있었던 택시요금이라는 재산상 이익 실현이 방해된 것에 불과하므로 공갈죄가 성립하기 어렵다(대법원 2012.1.27. 선고 2011도16044 판결).

✚ 공갈죄와 유사범죄와의 구분

> 공갈은 폭행 또는 협박을 그 수단으로 하여 재산상 이익을 취한다는 점에서 우선 강도죄와 유사한 점이 있다. 그러나 강도죄의 수단으로 행해지는 폭행 또는 협박과 정도상의 차이가 있는데 강도죄가 성립하기 위해서는 폭행 또는 협박이 상대방의 저항을 억압하는 정도에 이르러야 한다. 또한 공갈죄는 폭행 또는 협박으로 스스로 재산을 처분하는 등 재산상 손해를

야기하여야 하는 반면, 강도죄는 재산상 이익을 강취함으로써 성립하는 것이다. 다음으로 공갈은 협박이 수단이 된다는 점에서 협박죄와도 유사한데, 협박죄는 의사결정의 자유 등 자유권을 보호법익으로 하지만 공갈죄는 결국 재산에 관한 범죄이므로 주된 보호법익은 재산권이다. 그리고 공갈죄에서 자유권은 부차적인 보호법익이 된다. 마지막으로 하자있는 의사에 의한 처분행위로써 재물 또는 재산상 이익을 취한다는 점에서는 사기죄와 유사하다. 다만, 사기죄는 상대방의 기망행위로 처분행위 등에 이르러야 하고 공갈죄는 폭행 또는 협박에 의해 처분에 이르러야 하는 것이다.

사기·공갈 등 재산범죄와 친족상도례

친족상도례(親族相盜例)는 친족 간 재산범죄의 처벌과 소추조건에 관한 특례를 말하는 것으로 사기죄와 공갈죄를 비롯한 대부분의 재산범죄(강도죄 및 손괴죄 제외)에 준용된다. 가정 내부의 문제는 국가형벌권이 간섭하지 않는 것이 바람직하다는 정책적 고려와 함께 가정의 평온이 형사처벌로 인해 깨지는 것을 막으려는 데에 친족상도례 규정의 취지가 있다.

직계혈족, 배우자, 동거친족, 동거가족 또는 그 배우자 간의 친족상도례가 적용되는 재산범죄에 대해서는 그 형을 면제한다(형법 제328조 제1항). 그리고 그 밖의 친족이 범한 동일한 죄에 대해서는 이를 친고죄로 하는데, 즉 고소가 있어야 공소를 제기할 수 있도록 한 것이다(형법 제328조 제2항). 다만, 재산범죄의 가해자와 피해자 사이에 일정한 친족관계가 있는 경우 일률적으로 형을 면제하도록 규정한 형법 제328조 제1항에 대해서는 2025.12.31.을 시한으로 입법자가 개정할 때까지 적용중지를 명하는 헌법불합치 결정(헌재 2024.6.27.자 2020헌마468 등 결정)이 있었다. 따라서 재산범죄에 대한 해당 조항의 적용은 중지된 상태이고, 이후 형법의 개정 경과를 지켜보아야 할 것이다.

한편, 직계혈족, 배우자, 동거친족, 동거가족 또는 그 배우자 이외의 친족 사이에서 일어난 재산범죄를 친고죄로 정한 형법 제328조 제2항은 유효하다. 여기에서 말하는 친족은 민법 제777조가 규정한 친족을 말하는 것이므로 친족관계의 법적 효력은 8촌 이내의 혈족, 4촌 이내의 인척, 배우자에게 미친다. 형사소송법은 친고죄에 대하여 범인을 알게 된 날로부터 6개월을 경과하면 고소하지 못한다고 고소기간을 정해두고 있다(형사소송법 제230조). 따라서 4촌이나 또는 그보다 먼 친족의 재산범죄에 대해서 상대방이 변제를 약속하여 좋은 마음으로 갚기를 기다려주다가 6개월이 지나면 고소기간이 지나 처벌이 불가능해지므로 유의하여야 한다.

02

디지털 성범죄

디지털 성범죄란 무엇인가?

디지털 성범죄는 정보통신기술을 이용하여 성적 목적을 추구하는 불법행위이다. 이는 기존의 성범죄와는 달리, 인터넷, 모바일 기기, SNS, 채팅 애플리케이션 등 다양한 디지털 매체를 활용하는 방식으로 이루어진다. 디지털 성범죄의 특징은 가해자가 물리적 접촉 없이도 피해자의 인격권, 성적 자기결정권을 침해할 수 있다는 점이다. 이로 인해 피해는 빠르게 확산될 수 있으며, 그 영향은 온라인상에서 끝없이 이어질 수 있다는 점에서 더욱 심각하다.

전통적인 성범죄와 디지털 성범죄의 차이

전통적인 성범죄는 일반적으로 성폭력, 성희롱 등 물리적 접촉을 포함한 범죄로 정의된다. 그러나 디지털 성범죄는 온라인과 디지털 공간을 이용해 성적 침해가 발생하는 점에서 차이를 보인다. 즉, 물리적 공간에 국한되지 않고, 인터넷과 디지털 기기를 통해 전 세계 어디에서나 성적

범죄가 발생할 수 있다는 것이다. 또한 디지털 성범죄는 피해자가 범죄 발생 당시뿐만 아니라 그 이후에도 피해를 계속해서 겪을 수 있기 때문에 피해의 확산 속도가 매우 빠르고, 피해의 범위가 예기치 않게 확대될 수 있다. 예를 들면, 불법 촬영된 영상이 온라인에 유포되면 피해자는 계속해서 그 영상을 접하게 되고, 그로 인한 2차 피해가 지속될 수 있다.

그리고 디지털 성범죄는 가해자가 피해자와 물리적으로 접촉하지 않더라도 온라인상에서 피해를 입힐 수 있기 때문에 피해자가 그 상황을 인지하거나 대응하기가 매우 어렵다. 반면, 전통적인 성범죄의 경우에는 피해가 발생한 순간부터 법적 대응이 가능한 경우가 많다. 그러나 디지털 성범죄는 기술적 특성으로 인해 가해자 추적과 증거 확보가 어려워 법적 절차가 지연되는 경우가 많다.

디지털 성범죄의 주요 유형

디지털 성범죄의 대표적인 유형은 다음과 같다.

• 불법 촬영(몰래카메라)

불법 촬영은 상대방의 동의 없이 신체 일부, 나체, 성행위 장면 등을 촬영하는 행위이다. 이는 화장실, 탈의실, 지하철 등 공공장소뿐 아니라 일상생활 공간에서도 발생할 수 있다. 최근에는 초소형 카메라, 휴대폰, 몰래 설치된 CCTV 등 다양한 장치가 범죄에 사용되고 있다.

• 불법 촬영물의 유포 및 재유포

불법 촬영물의 유포 및 재유포는 불법 촬영된 영상이나 사진을 피해자의 동의 없이 인터넷, SNS, 웹하드, 단체 채팅방 등에 올리거나 이미 유포된 촬영물을 다시 퍼뜨리는 행위이다. 최초 유포자뿐 아니라 재유포자도 모두 처벌 대상이다.

• 유포 협박 및 강요(리벤지 포르노 등)

유포 협박 및 강요는 불법 촬영물이나 사적인 사진·영상을 빌미로 피해자에게 금전, 추가 촬영, 만남 등을 강요하거나 가족·지인에게 유포하겠다고 협박하는 행위이다. 이별 후에 재회를 요구하며 협박하는 경우도 포함된다.

• 딥페이크·합성물 제작 및 유포

딥페이크·합성물 제작 및 유포는 인공지능과 합성 기술을 이용해 피해자의 얼굴이나 신체를 성적 이미지 또는 영상에 합성·편집하여 유포하는 행위이다. 실제로 촬영에 직접 참여하지 않았더라도 피해가 발생할 수 있다. 특히 최근에는 '지인 능욕'과 같이 일상 사진을 성적 이미지로 변형해 유포하는 사례가 늘고 있다.

• 불법 촬영물·성착취물 소비 및 유통

불법 촬영물·성착취물 소비 및 유통은 불법 촬영물이나 아동·청소년 성착취물을 소지, 구입, 저장, 시청하거나 이를 유통·판매·공유하는 행위이다. 단순 시청이나 저장만으로도 처벌받을 수 있다.

• 사이버 성적 괴롭힘

사이버 성적 괴롭힘은 온라인상에서 성적 모욕, 명예훼손, 음란 메시지·사진·영상을 반복적으로 보내는 행위, 단체 채팅방이나 커뮤니티에서 성희롱·성적 비방을 하는 행위 등이 해당된다. 피해자의 개인정보를 유포하고, 여러 사람이 집단적으로 모욕하는 경우도 발생한다.

• 온라인 그루밍 및 성착취

온라인 그루밍 및 성착취는 SNS, 채팅 앱 등에서 가해자가 아동·청소년 등 취약계층과 친밀감을 쌓은 뒤, 성적 촬영을 유도하거나 성 착취를 목적으로 접근하는 행위이다. 피해자가 범죄임을 인지하지 못한 채 점점 가해자의 통제를 받게 되는 경우가 많다.

피해자가 겪는 어려움

디지털 성범죄의 피해자는 법적 대응에서 여러 가지 어려움을 겪을 수 있다. 첫째, 범죄의 증거를 확보하기 어렵다는 점이다. 불법 촬영된 영상이나 이미지가 유포될 경우, 이를 추적하고 삭제하는 과정이 매우 복잡하고 시간이 많이 소요된다. 예를 들면, 한 피해자의 경우, 가해자가 영상을 여러 인터넷 사이트에 올린 탓에 경찰에 신고한 뒤에도 단기간에 완전히 삭제되지 않는 일이 많았다. 이런 상황에서 피해자가 반복적으로 고통을 겪게 된다.

둘째, 디지털 성범죄는 익명성 때문에 가해자를 추적하는 것이 어려워 법적 처벌이 지연되거나 어려운 경우가 많다. 특히 SNS나 메신저를 통한 성희롱의 경우, 가해자가 여러 개의 계정을 만들어서 피해자에게 접근하는 등 교묘한 방법으로 법의 추적을 피해가는 경우가 많다. 이러한 과정은 피해자의 피해구제에 있어 많은 시간과 에너지를 소모하게 한다. 더 나아가 가해자가 피해자를 위협하거나 협박하는 경우, 법적 구제를 받는 데 있어 피해자가 심리적으로 더욱 어려움을 겪기도 한다.

셋째, 피해자는 종종 사회적 낙인을 두려워해 신고를 꺼린다. 피해 사실이 대중에게 알려질 경우, 개인의 이미지나 명예가 훼손되는 2차 피해가 발생할 수 있다는 우려 때문이다. 이로 인해 피해자는 가해자에게 맞서기보다는 침묵하거나 피해를 은폐하려는 경향을 보일 수 있다.

디지털 성범죄 관련 법률

우리나라는 여러 법률을 통해 디지털 성범죄를 규제하고 있다.

○ 성폭력범죄의 처벌 등에 관한 특례법(성폭력처벌법)

- 불법 촬영(성폭력처벌법 제14조 제1항)

상대방의 동의 없이 신체를 촬영하는 행위는 7년 이하의 징역 또는 5천만 원 이하의 벌금에 처해진다. 카메라, 스마트폰 등 어떤 기기를 사용하든 모두 해당된다.

• 불법 촬영물의 유포 및 재유포(성폭력처벌법 제14조 제2항, 3항)

촬영 당시 동의 여부와 관계 없이 촬영물이나 영상을 피해자의 의사에 반해 유포하거나 다시 퍼뜨리는 경우에도 7년 이하의 징역 또는 5천만 원 이하의 벌금에 처해진다. 특히 영리 목적으로 유포한 경우에는 3년 이상의 징역에 처해진다.

• 불법 합성(성폭력처벌법 제14조의2)

인공지능 등 디지털 기술을 이용해 피해자의 얼굴이나 신체를 성적 이미지나 영상에 합성·편집·가공해 유포하거나 이를 소지·구입·저장·시청하는 행위도 처벌 대상이다. 이 경우 7년 이하의 징역 또는 5천만 원 이하의 벌금에 처해지며, 영리 목적으로 반포한 경우에는 3년 이상의 징역, 단순 소지·시청만 해도 3년 이하의 징역 또는 3천만 원 이하의 벌금에 처해진다.

• 유포 협박 및 강요(성폭력처벌법 제14조의3)

불법 촬영물이나 합성물을 유포하겠다고 협박하거나 이를 빌미로 금전·추가 촬영·만남 등을 강요하는 행위도 3년 이하의 징역 또는 3천만 원 이하의 벌금에 처해진다.

✚ 중요 개정 사항

> 과거에는 딥페이크를 이용한 음란물 제작 자체를 처벌할 수 있는 별도의 규정이 없어, 이를 유포하는 경우에만 성폭력처벌법상의 통신매체이용음란죄로 처벌할 수 있었다. 그러나 2020년의 법 개정으로 딥페이크 영상 제작·유포를 직접 처벌하는 조항(제14조의2)이 신설되었다. 이로써 딥페이크 음란물을 제작하거나 유통하는 행위 모두 처벌대상이 되었으며, 영

리 목적의 유포나 상습적인 범죄에는 가중처벌이 적용된다.

그리고 2024년 10월 16일부터 시행된 개정 성폭력처벌법(제14조의2)은 딥페이크 등 허위영상물 범죄에 대한 처벌을 대폭 강화하였다. 개정의 주요 내용은 다음과 같다.

• 허위영상물 제작 자체도 처벌

기존에는 '반포 등을 할 목적'이 있어야 처벌이 가능했으나, 개정법에서는 단순히 피해자의 얼굴이나 신체, 음성 등을 성적 욕망 또는 수치심을 유발할 수 있는 형태로 편집 · 합성 · 가공만 해도 7년 이하의 징역 또는 5천만 원 이하의 벌금에 처한다. 즉, 유포 목적이 없어도 제작만으로 처벌받게 되었다.

• 유포 및 반포 시 처벌 강화

편집 · 합성 · 가공된 허위영상물이나 그 복제물을 피해자의 의사에 반해 유포, 반포, 제공, 전시, 상영, 방송, 배포, 판매, 임대, 광고, 공개, 전송, 저장, 보관, 수집, 구매, 시청, 이용, 소지 등 다양한 방식으로 유통한 경우에도 7년 이하의 징역 또는 5천만 원 이하의 벌금에 처한다. 영리 목적으로 정보통신망을 이용해 유포한 경우에는 3년 이상의 유기징역에 처한다.

• 단순 소지 · 구입 · 저장 · 시청도 처벌

반포 목적 없이 단순히 허위영상물(딥페이크 등)을 소지, 구입, 저장, 시청한 경우에도 3년 이하의 징역 또는 3천만 원 이하의 벌금에 처한다. 이로써 단순 소비자도 처벌 대상이 되었다.

• 상습범 가중처벌

상습적으로 위반한 경우에는 각 죄에 정해진 형의 2분의 1까지 가중하여 처벌한다.

이번 개정으로 딥페이크 등 허위영상물의 제작, 유포뿐 아니라 단순 소지 · 시청까지 모두 처벌 대상이 되었고, 법정형도 대폭 상향되었다. 피해자 의사에 반하는 모든 형태의 허위영상물 제작과 유통, 소비 행위가 엄격히 금지되므로 단순 호기심이나 공유도 중대한 범죄가 될 수 있다는 점에 유의하여야 한다.

○ 아동 · 청소년의 성보호에 관한 법률(청소년성보호법)

• 아동 · 청소년 성착취물의 제작 · 배포 등(청소년성보호법 제11조)

아동 · 청소년을 대상으로 한 성착취물을 제작, 수입 또는 수출한 경우, 무기징역 또는 5년 이상의 징역에 처해진다. 영리 목적으로 아동 · 청소년 성착취물을 판매, 대여, 배포, 제공하거나 이를 목적으로 소지, 운반, 광고, 소개하거나 공연히 전시 또는 상영한 경우, 5년 이상의 징역에 처해진다. 단순히 배포, 제공, 광고, 소개, 공연히 전시 또는 상영만 한 경우에도 3년 이상의 징역에 처해진다. 성착취물 제작에 아동 · 청소년을 알선한 경우, 3년 이상의 징역, 성착취물 구입 · 소지 · 시청만 해도 1년 이상의 징역에 처해진다.

○ 온라인 그루밍(청소년성보호법 제15조, 제15조의2)

성적 착취를 목적으로 19세 이상의 사람이 정보통신망을 통해 아동 · 청소년에게 성적 욕망이나 수치심, 혐오감을 유발할 수 있는 대화를 지속적 · 반복적으로 하거나, 성적 행위를 하도록 유인 · 권유하는 행위는 3년 이하의 징역 또는 3천만 원 이하의 벌금에 처해진다. 이는 실제 만남이나 성착취물이 제작되지 않아도 온라인상에서 성적 목적의 대화나 유인 · 권유만으로도 처벌이 가능하다는 의미이다.

○ 정보통신망 이용촉진 및 정보보호 등에 관한 법률(정보통신망법)

• 불법정보의 유통금지(정보통신망법 제44조의7)

정보통신망 이용촉진 및 정보보호 등에 관한 법률에서는 인터넷이나 SNS 등 정보통신망을 통해 음란물이나 명예훼손 정보 등 불법정보를 유통하는 행위를 엄격히 금지하고 있다. 누구든지 정보통신망을 통해 음란한 영상이나 사진, 글, 소리 등을 배포 · 판매 · 임대하거나 사람을 비방할 목적으로 사실 또는 허위의 사실을 드러내어 타인의 명예를 훼손하는 내용의 정보를 유통해서는 안 된다. 이 밖에도 반복적으로 공포심이나 불안감을 유발하는 메시지, 청소년 유해매체물, 개인정보 불법 거래, 국가 기밀 누설, 범죄를 교사·방조하는 정보 등도 모두 유통이 금지된다. 이 법을 위반해 불법정보를 유통한 경우, 1년 이하의 징역 또는 1천만 원 이하의 벌금에 처해진다.

○ 형법

• 명예훼손죄(형법 제307조)

디지털 성범죄와 관련하여 형법은 명예훼손죄와 모욕죄를 엄격하게 처벌하고 있다. 명예훼손죄는 사실이든 허위이든 타인의 명예를 훼손하는 내용을 불특정 또는 다수가 알 수 있는 상태에서 적시할 때 성립한다. 사실을 적시한 경우에는 2년 이하의 징역이나 금고 또는 500만 원 이하의 벌금에 처해지며, 허위 사실을 적시한 경우에는 5년 이하의 징역, 10년 이하의 자격정지 또는 1천만 원 이하의 벌금형이 처해진다. 이러한 규정은 인터넷 게시글, 댓글, SNS 등 온라인 공간에서도 동일하게 적용된다. 또한 사실을 적시하더라도 공공의 이익에 관한 것이 아니라면 처벌받을 수 있다.

• 모욕죄(형법 제311조)

모욕죄는 구체적인 사실을 언급하지 않더라도 여러 사람이 인식할 수 있는 상태에서 타인을 모욕하는 발언이나 표현을 하면 성립하며, 1년 이하의 징역이나 금고 또는 200만 원 이하의 벌금에 처해진다. 온라인 단체 채팅방이나 게시판에서의 욕설, 성적 비하 발언 등도 모두 처벌 대상이 되므로 타인의 명예나 인격을 훼손하는 언행은 반드시 주의하여야 한다.

○ 아동복지법

• 아동에 대한 금지행위(아동복지법 제17조)

아동복지법 제17조는 아동의 신체적, 정신적 건강을 해치는 다양한 행위를 엄격히 금지하고 있다. 이 법에 따르면 신체적 학대, 성적 학대, 정서적 학대, 방임 등 아동의 건강이나 발달을 저해하는 모든 행위가 금지된다. 신체적 학대란 아동에게 신체적 손상을 입히거나 건강과 발달을 해치는 행위를 의미하고, 성적 학대는 아동에게 음란한 행위를 시키거나 성희롱 등 성적 수치심을 주는 행위, 성적인 도의관념에 어긋나 아동의 건전한 성 가치관 형성을 저해할 수 있는 모든 행위를 포함한다. 정서적 학대는 아동의 정신건강과 발달에 해를 끼치는 언어적·심리적 폭력이나 가혹행위를 말하며, 방임은 보호자가 아동의 의식주, 보호, 양육, 치료 등 기본적인 돌봄을 소홀히 하는 경우를 뜻한다. 이러한 행위들은 각각 행위의 종류와 정도에 따라 1년, 3년, 5년, 10년 이하의 징역 또는 1천만 원, 3천만 원, 5천만 원, 1억 원 이하의 벌금 등으로 처벌된다.

○ 전기통신사업법

• 불법촬영물 유통방지(전기통신사업법 제22조의3)

온라인상에서 불법촬영물의 유통을 막기 위해 전기통신사업법에서는 다양한 의무와 제재를 규정하고 있다. 부가통신사업자, 웹하드사업자, 대형 포털·SNS 등 일정 규모 이상의 온라인서비스 제공자는 불법촬영물이 유통되지 않도록 기술적·관리적 조치를 반드시 취하여야 한다. 예를 들면, 이용자가 불법촬영물로 의심되는 게시물을 신고할 수 있는 기능을 마련하고, 신고가 접수되면 신속하게 해당 콘텐츠를 삭제하거나 접속을 차단하여야 한다. 또한 게시물 등록 전에 자동으로 불법촬영물인지 여부를 비교·식별하여 게재를 제한하는 시스템을 갖추는 것도 의무에 포함된다. 이러한 의무를 위반하면 방송통신위원회 등 관계 기관으로부터 시정명령을 받거나 최대 5천만 원 이하의 과태료가 부과될 수 있다. 시정명령을 이행하지 않을 경우에는 사업의 일부 또는 전부 정지, 심한 경우에는 사업 폐지 명령까지 받을 수 있다.

디지털 성범죄 예방을 위한 실천법

○ **개인정보 보호의 중요성**(SNS 사용 시 주의사항)

SNS는 우리의 일상 속에서 필수적인 소통 도구로 자리 잡았지만, 개인정보가 무분별하게 노출될 위험이 크기 때문에 사용할 때 각별한 주의가 필요하다. 개인 정보, 위치, 활동 내역 등을 과도하게 공유하면 제3자에게 악용될 수 있다. 특히, 공공장소에서 계정에 로그인하거나 비밀번호를 쉽게 추측할 수 있게 설정해 두는 것은 큰 위험을 초래할 수 있다. SNS에 글이나 사진을 올릴 때는 개인적인 정보나 위치가 노출되지 않도록 설정을 점검하고, 친구 목록을 관리하여 신뢰할 수 있는 사람만 접근할 수 있도록 하는 것이 중요하다. 또한 각종 SNS에서 제공하는 개인정보 보호 설정을 적극적으로 활용하면 불필요한 정보 유출을 효과적으로 예방할 수 있다.

○ **안전한 인터넷 사용법**(안전한 앱, 사이트 설정)

인터넷을 사용할 때는 신뢰할 수 있는 사이트와 앱만 이용하는 것이 기본이다. 인증되지 않은 앱이나 웹사이트에서 개인정보를 입력하거나 결제를 진행하면, 해킹이나 피싱 피해를 입을 수 있다. 따라서 항상 URL 주소를 확인하고, 공식 앱 마켓에서만 애플리케이션을 다운로드해야 한다. 인터넷 뱅킹이나 쇼핑 사이트를 이용할 때에는 반드시 암호화가 적용된 웹사이트인지 확인하는 것이 중요하다. 또한 스마트폰이나 컴퓨터에서 중요한 개인 정보를 관리하는 앱의 보안 설정을 강화하고, 비밀번호를 주기적으로 변경하여 2단계 인증을 활성화하면 계정을 더욱 안전하게 보호할 수 있다.

○ 카메라나 스마트폰의 보안 설정 방법

스마트폰은 개인적인 정보와 활동을 관리하는 중요한 장치이므로 이를 안전하게 보호하는 것이 중요하다. 스마트폰의 카메라와 마이크에 대한 권한을 불필요한 앱이 접근하지 않도록 설정하는 것이 필요하다. 예를 들면, 앱이 실행되었을 때 카메라나 마이크 사용 권한을 명시적으로 요청하는지 확인하고, 불필요한 권한을 부여하지 않도록 한다. 또한 스마트폰의 잠금 화면 기능을 활성화하여, 분실하거나 도난당했을 때 다른 사람이 개인정보에 접근하는 것을 방지할 수 있다. 그리고 자동 업데이트 기능을 켜 두어 최신 보안 패치를 적용하고, 안티바이러스 앱을 설치하여 악성 소프트웨어로부터 기기를 보호하는 것도 좋은 방법이다.

○ 의심스러운 링크나 이메일 피하기

디지털 세상에서 가장 흔한 공격 방식 중 하나가 바로 피싱이다. 해커들은 의심스러운 이메일이나 메시지를 통해 사용자의 개인정보를 탈취하려 하기 때문에 링크나 첨부 파일을 클릭할 때 항상 주의하여야 한다. 의심스러운 출처의 이메일을 받았을 경우에는 발신자 주소를 확인하고, 이메일 내 링크를 클릭하기 전에는 마우스를 올려 실제 URL이 무엇인지 확인하는 것이 좋다. 또한 개인정보를 요구하는 이메일이나 메시지는 대부분 사기일 가능성이 높으므로 이러한 요청은 무시하고 해당 이메일을 삭제하는 것이 안전하다. 은행이나 쇼핑몰 등에서 보내온 이메일이나 문자메시지도 반드시 공식 웹사이트를 통해 직접 확인하도록 하고, 이메일이나 메시지에 포함된 링크를 클릭하기보다는 홈페이지에 접속하는 방식을 선택하는 것이 바람직하다.

디지털 성범죄 피해를 당했을 때의 대응 방법

○ **피해를 당했을 경우 해야 할 일**(증거 보존, 신고 방법)

디지털 성범죄의 피해를 입었다면, 가장 중요한 것은 피해를 입은 사실을 빠르게 기록하고 증거를 보존하는 것이다. 불법 촬영물, 음란한 메시지, 또는 부적절한 영상 등을 받았다면, 가능한 한 그 내용을 스크린샷으로 저장하거나 파일을 다운로드해 두는 것이 좋다. 이러한 증거는 사건을 해결하는 데 매우 중요한 역할을 한다. 다만, 증거를 확보한 뒤에는 그 증거를 삭제하지 않도록 주의하여야 한다. 그리고 피해 사실을 믿을 수 있는 사람에게 먼저 알리고, 공식적인 신고 절차를 거쳐 경찰에 디지털 성범죄 신고를 하여야 한다.

○ **경찰 및 관련 기관에 신고하는 방법**(사이버 수사대, 디지털 성범죄 피해자 지원 기관)

디지털 성범죄 피해를 입었을 경우에는 경찰 사이버 수사대에 사건을 신고하여야 한다. 사이버 수사대는 디지털 환경에서 발생하는 범죄를 전문적으로 담당하며 신속하고 정확한 수사를 위해 피해자의 적극적인 협조가 필요하다. 사이버 범죄 신고는 경찰청 공식 웹사이트(police.go.kr)에서 직접 신청하거나 가까운 경찰서를 방문하여 접수할 수 있다. 또한 디지털 성범죄에 특화된 피해자 지원기관(디지털 성범죄 피해자지원센터)도 운영되고 있다. 이들 기관은 피해자가 사건 처리와 법적 절차를 진행하는 동안 심리적 지원과 법률 상담을 제공한다. 피해자는 이러한 기관을 통해 필요한 정보와 실질적인 도움을 받아 사건을 보다 원활하게 해결할 수 있다.

○ **법적 절차 및 피해자 지원 서비스**(상담, 법률 지원, 정신적 지원)

디지털 성범죄 피해자는 법적 절차를 통해 자신을 보호할 수 있다. 변호사와의 상담을 통해 사건에 대한 법적 대응 방법을 알 수 있으며, 법률 지원 서비스를 이용하면 무료 또는 저렴한 비용으로 법적 지원을 받을 수 있다. 예를 들면, 국선변호인 제도를 활용하거나 디지털 성범죄 피해자지원센터를 통해 각종 지원을 받을 수 있다. 또한 피해자의 정신적 회복을 위한 지원도 중요하다. 심리 상담 서비스는 사건으로 인한 스트레스와 트라우마를 극복하는 데 도움을 주며, 피해자는 이러한 상담을 통해 감정적 안정을 찾고, 일상생활로 원활하게 복귀할 수 있다. 피해자가 받을 수 있는 다양한 법적·정신적 지원을 적극적으로 활용하면, 사건 해결을 물론 피해 회복에도 큰 도움이 된다.

관련기관과 연락처

디지털 성범죄 피해를 입었거나 불법촬영물 등으로 고통받고 있다면, 다음과 같은 전문 기관에서 상담, 법적 지원, 삭제 요청, 심리적 지원 등 다양한 도움을 받을 수 있다. 기관별 대표 연락처와 특징은 다음과 같다. 한국여성인권진흥원 디지털 성범죄 피해자지원센터는 디지털 성범죄 피해자에게 법률·심리 상담, 삭제 지원, 수사 연계 등 종합적인 지원을 제공한다. 365일 24시간 상담이 가능하며, 대표 전화는 02-735-8994이다. 또한 여성긴급전화 1366(365일 24시간 운영)도 전국 어디서나 이용할 수 있다. 성폭력피해상담소(한국성폭력위기센터 02-883-9284)에서는 법률·심리 상담 등 다양한 지원을 받을 수 있다. 해바라기센터는 전국 각 지역에 설치되어 있으며, 성폭력과 아동학대 피해자에게 상담, 치료, 법률 지원 등 종합 서비스를 제공한다. 각 지역 해바라기센터의 연락처는 해당 센터 홈페이지에서 확인할 수 있다. 경찰청 사이버수사국에서는 사이버범죄 신고시스템(ECRM)을 통해 온라인으로 디지털 성범죄를 신고할 수 있으며, 긴급한 경우 112로 24시간 신고가 가능하다. 청소년사이버상담센터(청소년전화 1388)는 청소년을 위한 사이버 성폭력 피해

예방과 상담을 24시간 제공한다. 이처럼 각 기관은 피해자의 상황에 맞는 맞춤형 지원과 신속한 상담, 삭제, 법적 조치까지 다양한 도움을 제공하므로 자신이 피해를 입었거나 위험을 느낄 때는 주저하지 말고 즉시 연락해 지원을 요청하는 것이 중요하다.

03

교제폭력

교제폭력이란

교제폭력이란 친밀한 관계 또는 현재 교제 중인 또는 교제하였던 사람 간의 관계에서 발생하는 신체적 · 정서적 · 경제적 · 심리적 폭력을 말한다. 헤어지자는 연인의 요청을 거절하거나, 이별하더라도 집요하게 스토킹으로 이어지는 것 또한 명백한 교제폭력에 해당한다.

표 5-1 교제폭력의 유형

유형	내용	유형	내용
통제	• 누구와 함께 있는지 항상 확인 • 옷차림을 제한 • 내가 하는 일이 자신의 마음에 들지 않으면 그만두게 함 • 일정을 통제하고 간섭 • 휴대폰, 이메일, SNS 등을 자주 점검	언어 · 정서적	• 욕을 하거나 모욕적인 말 • 위협을 느낄 정도로 소리 지르기 • 안 좋은 일이 있을 때 너 때문이야라고 탓함 • 나를 괴롭히기 위해 악의에 찬 말 • 내가 형편없는 사람이라 느낄 정도로 비난

경제적	• 돈을 빌리고 갚지 않음 • 데이트 비용 청구 등 지불 강요 • 협박하여 재물이나 재산상 이익을 취함	신체적	• 팔목이나 몸을 힘껏 움켜쥠 • 세게 밀침 • 팔을 비틀거나 머리채를 잡음 • 폭행으로 멍/상처가 생김 • 뺨을 때림
성적	• 나의 의사에 상관없이 가슴/엉덩이/성기를 만짐 • 내가 원하지 않는데 몸을 만짐 • 내가 원하지 않는데 애무를 함 • 나의 기분에 상관없이 키스 • 내가 원하지 않는데 성관계 강요	스토킹	• 접근하거나 따라다니거나 진로를 막음 • 일상생활 장소에서 기다리거나 지켜봄 • 전자통신망을 이용하여 글이나 영상 전송 • 일상적인 물건 등을 훼손 • 개인정보의 배포 또는 게시

자료: 한국여성인권진흥원 홈페이지의 내용을 바탕으로 수정 · 보완

교제폭력의 특징

교제폭력은 첫째, 친밀한 인적관계 사이에서 발생한다. 애정에 기반해서 통제나 학대가 이루어지기 때문에 애정이나 질투로 포장되기가 쉽고, 피해자들이 상대방의 행위를 범죄로 인식하지 못하는 경우도 많다. 이와 같은 관계의 특성으로 인하여 가해자와 피해자는 주소, 직장, 연락처를 비롯한 중요한 개인정보들을 자연스럽게 공유할 수밖에 없다. 그래서 교제폭력이 발생하면 피해자의 불안감이 가중되는 경향을 보인다. 본인의 정보들을 상대방이 알고 있다는 사실로 인해 2차 가해를 염려하여 처벌을 포기하는 경우도 많다.

둘째, 일반적인 폭력범죄는 대부분 그 폭력이 한 번에 그치지만 교제폭력범죄는 반복적으로 발생한다는 특징이 있다. 범죄가 반복될수록 빈도가 잦아지고 또 정도가 심해지는 특징을 보인다. 그래서 다른 어떤 범죄보다도 초기에 단호한 대처가 중요하다.

셋째, 교제폭력범죄는 교제관계가 유지되고 있을 때뿐만 아니라 관계가 단절된 경우에도 발생하는 경향을 보인다. 특히, 상대방에 대해 이별을 통보하였을 때 상대방이 그 관계의 단절을 인정하지 못하고 찾아와서 소란을 피우거나, 또 불법 촬영물을 빌미로 (성)폭행, 협박하거나 교제를 반대하는 부모를 살해하는 중범죄로 이어지기도 한다. 결별을 이성적으로 받아들이지 못하고 상대방에게 집착하는 것이다.

넷째, 교제폭력은 하나의 범죄만 성립하기보다는 여러 범죄들이 복합적으로 발생하는 경우가 많다. 가해자가 주거에 침입해서 성폭행을 저지르고 감금하거나, 폭행하고 공갈, 협박 등에 의한 재산범죄를 저지르는 것이다.

이와 같은 교제폭력의 특성으로 인해 폭력이 상당기간 지속된 경우에도 교제관계가 가진 친밀성 때문에 피해를 은폐하기도 하고 가해자가 회유나 협박을 하면 처벌을 주저하게 된다. 피해자가 교제폭력범죄를 신고하거나 고소해도 폭행죄와 같은 반의사불벌죄에 해당하는 범죄들은 처벌의사를 철회하는 경우가 많다. 즉, 교제폭력은 특수한 인적관계 내에서 행해지기 때문에 결국 범죄를 은폐하거나 축소하게 되고 초기 범죄 이후에 살인 등 다른 강력범죄로 이어지게 하는 원인이 되는 것이다.

교제폭력 관련법

교제폭력에는 일반적인 범죄와는 다른 특성들이 분명히 나타나지만 교제폭력범죄를 위한 특별법은 존재하지 않는다. 폭력의 유형에 따라 형법, 경범죄처벌법, 성폭력범죄의 처벌 등에 관한 특례법 등이 적용되는 것이다. 다만, 스토킹에 관하여는 스토킹행위를 처벌할 근거가 없었기 때문에 2021년 스토킹범죄의 처벌 등에 관한 법률(이하, '스토킹처벌법')을 제정, 시행하고 있다. 스토킹처벌법은 스토킹행위 및 스토킹범죄를 정의하고, 스토킹범죄의 처벌 및 그 절차에 관한 특례와 스토킹범죄 피해자에 대한 보호절차를 규정하고 있다.

스토킹처벌법에 따른 스토킹행위란 정당한 이유 없이 상대방의 의사에 반(反)하여 다음의 행위를 하여 상대방에게 불안감 또는 공포심을 일으키는 것을 말한다. 첫째, 상대방 또는 그의 동거인, 가족(이하 '상대방 등')에게 접근하거나 따라다니거나 진로를 막아서는 행위이다. 둘째, 상대방 등의 주거, 직장, 학교, 그 밖에 일상적으로 생활하는 장소(이하 '주거 등') 또는 그 부근에서 기다리거나 지켜보는 행위이다. 셋째, 상대방 등에게 우편 · 전화 · 팩스 또는 정보통신망을 이용하여 물건이나 글 · 말 · 부호 · 음향 · 그림 · 영상 · 화상(이하 '물건 등')을 도달하게 하거나 정보통신망을 이용하는 프로그램 또는 전화의 기능에 의하여 글 · 말 · 부호 · 음향 · 그림 · 영상 · 화상이 상대방 등에게 나타나게 하는 행위이다. 특히, 가해자가 전화를 걸었는데 피해자가 받지 않은 부재중 전화나 피해자가 전화를 받기는 하였으나 가해자가 아무 말도 하지 않음으로써 음향이 명확하게 도달하지 않았더라도 여러 차례의 전화 시도는 스토킹에 해당할 수 있다.

【판례】 벨소리를 울리게 하거나 '부재중 전화 문구'가 표시되도록 한 행위 등이 스토킹행위에 해당하는지 여부

[1] 스토킹처벌법의 문언, 입법 목적 등을 종합하면, 피고인이 전화를 걸어 피해자의 휴대전화에 벨소리가 울리게 하거나 부재중 전화 문구 등이 표시되도록 하여 상대방에게 불안감이나 공포심을 일으키는 행위는 실제 전화통화가 이루어졌는지와 상관없이 스토킹처벌법 제2조 제1호 (다)목에서 정한 스토킹행위에 해당한다.

[2] 피고인이 피해자의 의사에 반하여 정당한 이유 없이 전화를 걸어 피해자와 전화통화를 하여 말을 도달하게 한 행위는, 전화통화 내용이 불안감 또는 공포심을 일으키는 것이었음이 밝혀지지 않더라도, 피고인과 피해자의 관계, 지위, 성향, 행위 전후의 여러 사정을 종합하여 전화통화 행위가 피해자의 불안감 또는 공포심을 일으

키는 것으로 평가되면, 스토킹처벌법 제2조 제1호 (다)목 스토킹행위에 해당하게 된다. 설령 피고인이 피해자와의 전화통화 당시 아무런 말을 하지 않아 '말을 도달하게 하는 행위'에 해당하지 않더라도 피해자의 수신 전 전화 벨소리가 울리게 하거나 발신자 전화번호가 표시되도록 한 것까지 포함하여 피해자에게 불안감이나 공포심을 일으킨 것으로 평가된다면 '음향, 글 등을 도달하게 하는 행위'에 해당하므로 마찬가지로 위 조항 스토킹행위에 해당한다(대법원 2008.2.28. 선고 2007도10416 판결).

넷째, 상대방 등에게 직접 또는 제3자를 통하여 물건 등을 도달하게 하거나 주거 등 또는 그 부근에 물건 등을 두는 행위이다. 다섯째, 상대방 등의 주거 등 또는 그 부근에 놓여져 있는 물건 등을 훼손하는 행위이다. 여섯째, 「개인정보 보호법」 제2조 제1호의 개인정보, 「위치정보의 보호 및 이용 등에 관한 법률」 제2조 제2호의 개인위치 정보 또는 이들 정보를 편집·합성 또는 가공한 정보(해당 정보주체를 식별할 수 있는 경우)를 정보통신망을 이용하여 제3자에게 제공하거나 배포 또는 게시하는 행위이다. 마지막으로 정보통신망을 통하여 상대방 등의 이름, 명칭, 사진, 영상 또는 신분에 관한 정보를 이용하여 자신이 상대방 등인 것처럼 가장하는 행위도 스토킹행위에 해당한다. 그리고 이와 같은 행위를 지속적 또는 반복적으로 하면 스토킹범죄가 성립한다.

표 5-2 교제폭력 유형에 따른 처벌

구분	내용	비고
폭행죄 (형법 제260조)	2년 이하의 징역 또는 500만 원 이하의 벌금	반의사 불벌죄
상해죄 (형법 제257조)	7년 이하의 징역 또는 1,000만 원 이하의 벌금	

구분	내용	비고
협박죄 (형법 제283조)	3년 이하의 징역 또는 500만 원 이하의 벌금	반의사 불벌죄
강제추행죄 (형법 제298조)	10년 이하의 징역 또는 1,500만 원 이하의 벌금	친고죄 폐지
강간죄 (형법 제297조)	3년 이상의 유기징역	친고죄 폐지
주거침입죄 (형법 제319조)	3년 이하의 징역 또는 500만 원 이하의 벌금	
사기죄 · 공갈죄 (형법 제347조, 제350조)	10년 이하의 징역 또는 2,000만 원 이하의 벌금	
스토킹범죄 (스토킹처벌법 제18조)	3년 이하의 징역 또는 3,000만 원 이하의 벌금	반의사 불벌죄 폐지
경범죄* (경범죄처벌법 제3조 제1항)	10만 원 이하의 벌금	

* 경범죄에 해당하는 행위로 규정된 '지속적 괴롭힘'은 상대방의 명시적 의사에 반하여 지속적으로 접근을 시도하여 면회 또는 교제를 요구하거나 지켜보기, 따라다니기, 잠복하여 기다리기 등의 행위를 반복하여 하는 것이며 이와 같은 행위가 결국 교제폭력으로 이어지는 양상을 보인다.

교제폭력에 대한 대응

교제폭력이 발생했을 때 제일 먼저 할 수 있는 대처는 경찰에 신고하는 것이다. 112에 전화신고도 가능하지만, 통화가 어려운 경우에는 문자 신고도 가능하다. 또한 신고자가 112에 신고를 하면 경찰관이 신고자 휴대전화로 문자를 전송하는데, 여기에 포함된 URL을 누르면 본인의 위치 및 휴대전화로 찍히는 영상까지 실시간으로 112 상황실에 전달된다.

교제폭력이 반복되거나 심각해지면 결국 형사고소를 통해 문제를 해결할 수밖에 없다. 고소를 결심했다면 피해 증거를 확보하는 것이 중요하다. 가령 상대방에게 폭행으로 피해를 입었다면 날짜와 장소,

방법 등을 구체적으로 기록해 두어야 한다. 교제폭력에 관한 상담기관에서 상담을 진행하고 기록을 남겨 두면 나중에 증거로 활용될 수 있다.

교제폭력의 피해자는 접근금지가처분신청을 할 수 있다(민사집행법 제300조 제2항). 피해자를 위협한 적이 있거나 그럴 만한 우려가 있는 상대방이 접근하지 못하게 막는 것이다. 교제폭력에 관해 형사고소를 하더라도 수사기관에서 조사를 하고 판결이 날 때까지는 생각보다 많은 시간이 소요된다. 접근금지가처분신청은 보통 한달 정도면 결정문을 받아 볼 수 있기 때문에 고소를 하더라도 접근금지가처분신청을 같이 하여야 피해자 보호에 유리하다.

상대방으로 인하여 물질적 손해가 있었거나 정신적인 피해를 입었다면 손해배상청구 소송을 할 수도 있다. 예를 들어, 폭행으로 인한 치료비 또는 폭행사건으로 인해 회사를 휴직하거나 사업을 중단했다면 그 기간 동안 상실된 수입에 대한 손해를 상대방에게 청구할 수 있는 것이다.

신변안전조치 신청을 할 수도 있다. 검사 또는 경찰서장은 범죄신고자나 그 친족 등이 보복을 당할 우려가 있는 경우에는 일정 기간 동안 해당 검찰청 또는 경찰서 소속 공무원으로 하여금 신변안전을 위하여 필요한 조치를 하게 하거나 대상자의 주거지 또는 현재지를 관할하는 경찰서장에게 신변안전조치를 하도록 요청할 수 있고, 범죄신고자, 그 법정대리인 또는 친족 등이 신변안전조치를 신청할 수도 있다(특정범죄신고자 등 보호법 제13조).

✚ 신변안전조치의 종류(특정범죄신고자 등 보호법 제13조의2)

1. 일정 기간 동안의 특정시설에서의 보호
2. 일정 기간 동안의 신변경호
3. 참고인 또는 증인으로 출석 · 귀가 시 동행

> 4. 대상자의 주거에 대한 주기적 순찰이나 폐쇄회로 텔레비전의 설치 등 주거에 대한 보호

스토킹행위에 대한 대응

스토킹행위를 경찰에 신고했을 때에는 상황에 따라서 응급조치, 긴급응급조치, 잠정조치 등을 통해 피해자 보호가 가능하도록 스토킹처벌법에 법적 근거를 마련하고 있다.

경찰이 스토킹 행위에 대한 신고를 받으면 현장에 나가서 스토킹 행위자에 대해서는 그 스토킹행위를 제지하고 향후에 스토킹행위를 중단하라고 통보하고, 이를 반복적으로 계속하면 처벌될 수 있다고 경고한다. 스토킹행위자와 피해자는 분리하여 수사하도록 하고 있으며, 피해자에 대해서는 강화된 보호조치인 긴급응급조치나 잠정조치를 요청할 수 있는 절차들을 안내한다. 또한 피해자가 동의한 경우에는 스토킹 피해관련 상담소나 보호시설에 피해자를 인도한다.

경찰은 스토킹행위 신고와 관련하여 스토킹행위가 지속적 또는 반복적으로 행하여질 우려가 있고 스토킹범죄의 예방을 위하여 긴급을 요하는 경우 스토킹행위자에게 직권으로 또는 스토킹행위의 상대방이나 그 법정대리인 또는 스토킹행위를 신고한 사람의 요청에 의하여 ① 스토킹행위의 상대방 등이나 그 주거 등으로부터 100미터 이내의 접근 금지 ② 스토킹행위의 상대방 등에 대한 전기통신기본법 제2조 제1호의 전기통신을 이용한 접근 금지 등을 내용으로 하는 긴급응급조치를 할 수 있다. 종전에는 긴급응급조치 불이행에 대해서 천만 원 이하의 과태료를 부과하였으나, 2023년에 법률을 개정하여 1년 이하의 징역 또는 천만 원 이하의 벌금에 처하는 등 처벌을 강화하고 있다. 다만, 긴급응급조치는 피해자의 행위를 제한하는 것이므로 경찰이 검사에 대하여 사후승인

신청을 하여야 한다. 검사는 판사에 대해 사후승인 청구를 하여야 하는데, 만약 이 사후승인을 청구하지 않거나 판사가 사후승인을 하지 않으면 해당조치는 취소된다.

스토킹 피해자 보호를 위해 필요한 경우에는 법원이 ① 스토킹범죄 중단에 관한 서면 경고 ② 피해자 또는 그의 동거인, 가족이나 그 주거, 직장, 학교, 또는 일상적으로 생활하는 장소의 100미터 이내 접근 금지 명령 ③ 피해자 또는 그의 동거인, 가족에 대한 전기통신기본법 제2조 제1호의 전기통신을 이용한 접근 금지 명령 ④ 전자장치 부착 등에 관한 법률 제2조 제4호의 위치추적 전자장치의 부착 ⑤ 국가경찰관서의 유치장 또는 구치소에의 유치 등 잠정조치를 할 수 있다. 잠정조치를 위반한 경우에는 2년 이하의 징역 또는 2천만 원 이하의 벌금에 처해질 수가 있는데, 만약 전자장치가 부착된 사람이 잠정조치 기간 중에 이 전자장치를 임의로 분리하거나 손상시키면 3년 이하의 징역 또는 3천만 원 이하의 벌금에 처해진다.

표 5-3 스토킹처벌법에 따른 피해자 보호조치

구분	응급조치 (법 제3조)	긴급응급조치 (법 제4조)	잠정조치 (법 제9조)
성격	• 신고 시 현장에 나가 즉시 취하는 조치	• 신고 시 스토킹 범죄로 발전할 우려가 있고 예방을 위해 긴급한 경우(사후승인)	• 스토킹 피해자 보호를 위해 필요한 경우
유형	① 스토킹 행위 제지·중단 통보·처벌 서면 경고 ② 스토킹행위자와 피해자 등의 분리·수사 ③ 긴급응급조치·잠정조치 안내 ④ 상담소·보호시설로 인도	① 100m 이내 접근 금지 ② 전기통신을 이용한 접근 금지	① 서면경고 ② 100m 이내 접근 금지 ③ 전기통신을 이용한 접근 금지 ④ 위치추적 전자장치 부착 ⑤ 유치장 또는 구치소에 유치
기간		• 1개월 이내	• 3개월 이내(피해자 보호를 위해 최대 6개월까지 연장 가능) • 1개월 이내(⑤의 경우)

구분	응급조치 (법 제3조)	긴급응급조치 (법 제4조)	잠정조치 (법 제9조)
위반 시 제재		• 1년 이하의 징역 또는 1천만 원 이하의 벌금	• 2년 이하의 징역 또는 2천만 원 이하의 벌금(②/③ 위반) • 3년 이하의 징역 또는 3천만 원 이하의 벌금(④위반)

찾아보기

저자 약력

우병창

고려대학교 법과대학 법학사/동 대학원 법학석사 · 법학박사
한국가족법학회 회장/한일법학회 부회장
(현) 숙명여자대학교 법과대학 교수/학장
(현) 한중법학회 회장
(현) 新아시아가족법삼국회의 코디네이터
(현) 서울가정법원 가사조정위원

김보람

숙명여자대학교 법과대학 법학사/동 대학원 법학석사 · 법학박사
파리1대학교 소르본 법 · 철학연구소(Institut des Sciences Juridique et Philosophique de la Sorbonne) 연구원(chercheur doctorant)
숙명여자대학교 법학연구소 연구원
단국대학교 법학연구소 연구원
(현) 숙명여자대학교 법학연구소 연구교수

김나래

숙명여자대학교 법과대학 법학사/동 대학원 법학석사 · 법학박사
법무부 법무심의관실 전문위원
강남대학교 정경학부 초빙교수
(현) 한국법학원 학술연구부 민사팀 연구위원
(현) 숙명여자대학교 법학부 강사
(현) 사이버한국외국어대학교 산업안전주택관리학부 강사

생활법률

초판발행 2025년 9월 1일

지은이 우병창 · 김보람 · 김나래
펴낸이 안종만 · 안상준

편 집 이승현
기획/마케팅 정성혁
표지디자인 BEN STORY
제 작 고철민 · 김원표

펴낸곳 (주) 박영사
서울특별시 금천구 가산디지털2로 53, 210호(가산동, 한라시그마밸리)
등록 1959. 3. 11. 제300-1959-1호(倫)
전 화 02)733-6771
f a x 02)736-4818
e-mail pys@pybook.co.kr
homepage www.pybook.co.kr
ISBN 979-11-303-2468-5 93360

정 가 16,000원